Vivre sa maternité en pleine conscience

Exercices pratiques pour rester sereine durant sa grossesse et les premières années avec son enfant

Cassandra Vieten

Traduction de Catherine Verhaeghe
Préfaces de Sylvia Boorstein et
Anne Gendre

Vivre sa maternité en pleine conscience

Exercices pratiques pour rester sereine durant sa grossesse et les premières années avec son enfant

de boeck

Mindful Motherhood. Practical Tools for Staying Sane During Pregnancy and Your Child's First Year.

1re édition

Fond Jean Pâques, 4 – 1348 Louvain-la-Neuve

Imprimé en Belgique

Dépôt légal :
Bibliothèque nationale, Paris : septembre 2014
Bibliothèque royale de Belgique, Bruxelles : 2014/0074/319

ISSN 2294-6217
ISBN 978-2-8041-8896-2

« *Vivre sa maternité en pleine conscience* contient ce que beaucoup de livres sur la parentalité oublient : l'information rassurante que chaque maman possède cette faculté de savoir, au plus profond d'elle-même, comment s'occuper de son enfant. *Vivre sa maternité en pleine conscience* est une merveille. »

Christiane Northurp, MD,
auteur de *Women's Bodies, Women's Wisdom*

« Sensé, rassurant et utile. Ce livre est réellement bien pour les jeunes mamans. »

Jack Kornfield, auteur de *The Wise Heart*
et *Après l'extase, la lessive*

« Dans *Vivre sa maternité en pleine conscience*, vous expérimenterez la sagesse d'une mère, d'une clinicienne et d'une chercheuse qui souligne les étapes accessibles et pratiques pour transformer les défis en triomphes durant la grossesse et l'éducation de jeunes enfants. Lisez ce livre, offrez-le comme cadeau à une *baby shower*, emmenez-le avec vous lors de vos visites chez le pédiatre – mais le plus important, intégrez-le dans votre vie et savourez ses secrets pour une vie plus riche pour vous et votre enfant. »

Daniel J. Segal, MD,
auteur de *Parenting from the Inside Out*
and *The Mindful Brain*

« Ce livre inspirera, guidera et rassurera les femmes durant leur grossesse et après la naissance de leur enfant. Rien n'est plus important pour nos familles, nos enfants et l'avenir du monde. Les papas en profiteront également. »

Paul Ekman, Ph.D., coauteur avec le Dalaï-Lama,
du livre *Emotional Awareness*

« Le lien entre une mère et son enfant est une des relations spirituelles les plus importantes que nous ayons. »

Baba Ram Dass,
aussi connu sous le nom de Richard Alpert,
auteur de *Remember, Be Here Now*

« C'est un très beau livre – bouleversant, intensément pratique et rempli de sagesse. »

Ruth A. Bear, Ph.D., Professeur de psychologie
à l'Université du Kentucky

« C'est un livre bienvenu et nécessaire. Ces pratiques de méditation peuvent être d'une grande aide pour surmonter les difficultés rencontrées durant la grossesse et après l'arrivée de bébé. Ces pratiques psychologiques essentielles viennent d'une femme qui a gagné le droit d'enseigner une voie classique du développement humain et de l'appliquer au domaine de la maternité. »

Robert Bruce Newman, auteur de *Calm Birth and Calm Healing*

« Lorsqu'elle est transmise d'une mère à son enfant, la pleine conscience nous permet de tisser une couverture d'harmonie solide et suffisante pour deux. Les suggestions pratiques et simples de Cassandra Vieten aideront toutes les familles qui se sont agrandies récemment à naviguer au travers de cette étape merveilleuse, mais souvent compliquée. »

Zindel V. Segal, Ph.D., C. Psych.,
Morgan Firestone Chair en Psychothérapie
au centre de santé mentale et d'addiction à Toronto,
ON, Canada. Auteur du livre *La thérapie cognitive basée sur la pleine conscience pour la dépression.*

« Avec sagesse, profondeur et humilité, *Vivre sa maternité en pleine conscience* nous guide sur le chemin miraculeux et difficile de la maternité. Il lie à la fois le savoir, les expériences personnelles et les outils pratiques, nous aidant à devenir les plus aimants, présents et heureux parents que nous sommes. En tant que scientifique et maman, j'ai trouvé ce livre immensément précieux. »

Shauna Shapiro, coauteur avec Linda Carlson,
du *The Art and Science of Mindfulness*

« Vieten écrit avec amour et tendresse au sujet de la maman consciente et l'importance de rester dans le présent. Quel que soit l'âge de votre enfant, vous ne vous tromperez jamais si vous élevez votre enfant dans l'amour et la patience. »

Jerry Jampolsky, MD, coauteur du livre
A Mini Course for life

Ce livre est dédié à David et Indigo et à mon cercle de mamans fabuleuses

en commençant par ma propre maman,
Billie, dont la force et la sagesse sont
une source de soutien constant, Ameae,
dont la grâce et la bonne volonté
m'ont maintenue à flot d'une façon
dont elle n'a peut-être même pas conscience,
et les mamans qui m'ont soutenue
et inspirée un peu plus chaque jour :

Amy

Elana *Avvy*

Jean *Jen* *Jnana*

Julia *Kim* *Rachel*

Vicky *Wendy*

Sommaire

PARTIE 3

Une maternité en pleine conscience au quotidien

Remerciements

Ce livre a pris forme après plusieurs années de travail et il est le fruit de très nombreuses collaborations.

Tout d'abord, merci à Jean Doyle et Mary Gregory de la Fondation Bella Vista, qui ont financé le développement et le travail de recherche sur le programme *Vivre sa maternité en pleine conscience* ainsi que la création de ce livre avec son site internet. Un merci sincère également à Virginia Hubble, Julia Diamond et à toutes les personnes de la Fondation Mental Insight, qui ont également contribué à ce travail.

Un merci du fond du cœur à Catharine Sutker, Jess Beebe, Carole Honeychurch, Amy Shoup, Matt McKay, et tout le monde chez New Harbinger Publications, ainsi qu'à Matthew Gilbert chez Noetic Books, qui ont tous aidé à mener ce livre à terme.

Une appréciation chaleureuse à mon collègue John Astin, qui a collaboré avec moi sur le projet *Vivre sa maternité en pleine conscience* et qui m'a énormément influencée avec sa vision éclairante et son ouverture de cœur.

Une profonde gratitude pour Jnana Gowan, qui a développé la série de yoga du programme *Vivre sa maternité en pleine conscience* et qui a animé les programmes *Vivre sa maternité en pleine conscience* lorsqu'ils ont été mis en place.

Merci à Suze Allen de Manuscript Mentor, qui a corrigé le manuscrit.

Merci à Billie Rogers pour son aide au niveau des corrections.

Merci à toutes les personnes qui ont travaillé sur le projet *Vivre sa maternité en pleine conscience* : Amy Beddoe, Lisa Bialy, Raymond Buscemi, Mary Costello, Sharifa Karen Krongold,

Sue Louiseau, Liz Miller, Daniel Rechstaffen, Jessica Welborn et Vicky Willey.

De la gratitude également pour Warren Browner de l'Institut de recherche du California Pacific Medical Center et pour l'Institut des sciences noétiques, tous deux ont financé et hébergé ce projet.

Pour terminer, merci aux personnes qui ont conseillé, consulté et inspiré le projet Vivre sa maternité en pleine conscience, incluant Nancy Bardacke, Sylvia Boorstein, Sona Dimidjian, Elissa Epel, Rick Hanson, Jon Kabat-Zinn, Dacher Keltner, Kari Marble, Gayle Peterson, Ricki Pollycove, Marilyn Schlitz, Zindel Segal et Phil Shaver.

Préface

de Sylvia BOORSTEIN

Lorsque mon premier enfant, Michael, est né, il y a un peu plus de cinquante ans à Topeka, au Kansas, j'avais deux « livres bébé » pour me fournir des conseils et du soutien : *The Common Sense Book of Baby and Child Care* (Le livre du bon sens pour s'occuper de son bébé et de son enfant) du Dr. Benjamin Spock en 1957, et *Mother and Child* (Mère et enfant) du Dr. D. W. Winnicott en 1957 également. Je vivais dans une nouvelle ville avec mon mari récemment diplômé. Ma mère vivait à un millier de kilomètres de chez moi une distance plus longue à l'époque où les téléphones portables n'existaient pas. J'étais une enfant unique après la Grande Dépression où les gens avaient plusieurs enfants. Le premier lange que j'ai changé dans ma vie était celui que j'ai mis à Michael quand je l'ai habillé pour rentrer à la maison après mon séjour à l'hôpital. À cette époque-là, nous utilisions des épingles de nourrice pour attacher les langes en tissu. « Soyez prudente de ne pas le piquer », me disait l'infirmière lorsqu'elle me regardait me battre avec le lange en tissu beaucoup trop retroussé sur le corps de Michael qui faisait moins de trois kilos.

Je consultais régulièrement mon livre du Dr. Spock pour des conseils sur la manière de soulager les coliques, quelles sont les différentes couleurs et consistances des selles tout en étant toujours dans la limite du normal, ou quand faut-il suspecter que mon bébé a une otite. Mais j'ai souvent lu le livre de Winnicott, peut-être chaque jour, pour garder mon courage intact. Ce livre est maintenant depuis longtemps épuisé, car il a été incorporé dans le livre *The Child, The Family and The Outside World* (L'enfant, la famille et le monde extérieur) en 1992. Je me suis séparée de mon exemplaire il y a longtemps, mais le premier passage, du moins ce dont je me souviens, ressemble de très près à ceci : « Je ne sais pas comment m'occuper de votre bébé, parce que c'est votre bébé, que vous êtes sa maman et que donc vous saurez. Vous saurez parce que vous êtes la maman de votre bébé, et vous êtes liés ensemble pas un lien naturel d'amour. Les mamans, depuis les temps ancestraux, ont toujours su comment s'occuper de leurs bébés sans les conseils venant de livres écrits par d'autres personnes. » Peut-être pas exactement ces mots, mais avec des mots semblables à ceux-ci. J'étais plus qu'encouragée. J'étais rassurée. Même, et peut-être plus, les jours difficiles. Les jours où j'essayais ceci ou cela en réponse à la détresse de Michael et que rien ne semblait marcher et que je ressentais du désespoir, je pensais : « Je suis sa maman. Je l'aime. Nous trouverons une solution ensemble. »

Comme j'aurais souhaité avoir eu le livre *Vivre sa maternité en pleine conscience* à cette époque-là. Cette superbe présentation de techniques de base pour calmer l'esprit, le garder sain, actif et confiant tout au long de la grossesse et après la naissance de bébé sonne pour moi comme les paroles rassurantes de Winnicott « C'est vous le parent ; vous pouvez le faire parce que vous l'aimez naturellement » et la sagesse de Bouddha « Vous n'êtes pas vos pensées, ou vos humeurs, tout passe ; vous êtes, de par nature, bienveillante » venant d'une expression d'une femme moderne qui est aussi maman.

Si j'avais eu avec moi *Vivre sa maternité en pleine conscience* cinquante ans plus tôt, j'aurais considéré Cassi Vieten comme mon amie.

Sylvia Boorstein

Préface
d'Anne Gendre

Vivre sa maternité en pleine conscience : Outils pratiques pour rester sereine durant sa grossesse et la première année avec bébé. Le titre de ce livre peut surprendre et peut-être même inquiéter certaines futures mamans : sereine ? Ah bon… Je risquerais donc d'en perdre la raison ! Et pourtant, laquelle d'entre nous n'a-t-elle pas entendu sa propre mère ou une autre femme dire à ses enfants dans un accès d'impuissance, d'impatience ou de colère : « Si vous continuez, vous allez me rendre folle ! » Laquelle d'entre nous, déjà mère, ne l'a-t-elle pas déjà dit ou tout du moins, pensé ?

À la manière de Simone de Beauvoir qui a écrit, *On ne naît pas femme, on le devient*, on peut dire « on ne naît pas mère, on le devient ». Non pas par le simple fait d'avoir un enfant, mais par un délicat et complexe processus psychique où la parentalité se construit pas à pas, *moment après moment* préciserait toute personne pratiquant la Pleine Conscience. L'expérience subjective d'être une mère, a fortiori une bonne mère, se développe au contact de ce bébé-là, son bébé, qu'il s'agit pour l'essentiel de faire vivre et d'aimer. Quelle tâche ! Un bébé tout à la fois adorable, fascinant, gazouillant, exigeant, pleurant, dépendant et nécessitant selon certaines études, près de soixante-dix heures de travail par semaine ! Des recherches récentes montrent que les mères d'aujourd'hui vivent la naissance comme une succession d'événements stressants (Razurel *et al.*, 2011). L'allaitement, l'organisation, le rythme et les pleurs de l'enfant en sont les plus représentatifs six semaines après l'accouchement. L'image véhiculée par la société est pourtant celle d'une maternité heureuse qui permet l'épanouissement de soi. Devenir folle n'en fait pas partie… Et ceci, malgré les chiffres : plus de 30 % des femmes manifeste une anxiété supérieure à la norme (Faisal-Cury, Menezes, 2007) en période pré et post-natale et entre 7 et 12 % présente des symptômes avérés de dépression (Gavin *et al.*, 2005). Associée à cette idéalisation de la maternité, le discours colporté par les médias à propos de l'impact des attitudes et comportements de la mère sur la santé mentale de l'enfant accroît sentiments d'impuissance et peur chez la femme.

Dès lors, comment faire ? Comment en tant que maman ne pas céder à la pression et à la culpabilisation ambiante ? Comment ne pas mettre la barre trop haute en cherchant à être une mère plus que parfaite, et au contraire la placer à un niveau réaliste tel que décrit par Winnicott dans les années cinquante : *Être une mère suffisamment bonne* ?

Au-delà de réels savoir-faire et d'un contexte social soutenant et valorisant, ce sont surtout les représentations et les idéaux de la mère elle-même qui influent sur son sentiment subjectif d'être compétente ou non pour prendre soin de son bébé. Ce sentiment participe amplement à son estime de soi et à son bien-être. Absent ou malmené, un cercle vicieux peut s'installer : en pensant qu'elle n'est pas capable de bien prendre soin de son bébé, la mère va fréquemment chercher à diminuer l'écart entre ses idéaux irréalistes et la réalité en multipliant activités et tentatives frénétiques pour faire mieux ou plus et en interprétant tout pleur de son enfant comme une conséquence de ses maladresses. Des sentiments de culpabilité, d'impuissance, de tristesse et de découragement peuvent s'installer, accroissant un état de stress et d'épuisement. Cet état pourrait affecter la qualité de la relation de la mère avec son bébé, ce qui augmente encore sa souffrance. Quel tableau ! Dès lors disposer d'outils pour rester sereine pendant la grossesse et la première année de vie du bébé a tout son sens.

Les librairies regorgent d'ouvrages pratiques destinés aux parents. Ils se targuent d'apporter conseils et recommandations sur comment bien vivre sa grossesse et bien prendre soin de son bébé, l'aimer, l'éduquer, l'allaiter, oubliant le plus souvent que puériculture rime plus avec culture qu'avec science ! Les mères se retrouvent ainsi noyées dans des informations discordantes amplifiant leur désarroi et leur confusion.

Tout au contraire, le livre de Cassandra Vieten invite les jeunes mamans avec beaucoup de sensibilité, de finesse et d'humour à *cultiver une manière de rester présente, consciente et connectée avec le bébé* quelques soient les expériences – Moment de bonheur ou de découragement, de joie ou de tristesse, de confiance ou d'angoisse, de sagesse ou de folie... Apprendre en toute situation à cultiver une simplicité de l'être, de la présence, d'être soi et puiser dans ce creuset les ressources nécessaires pour faire face à ce défi de toute une vie : devenir et être mère. La proposition qui est faite est celle d'observer pensées, émotions et sensations sans jugement, comme s'il s'agissait de simples phénomènes transitoires, puis ensuite de les accueillir et les accepter du mieux que l'on peut, sans chercher à s'améliorer ou à se changer. Quel soulagement ! À partir de là, tout naturellement, se déploient les attitudes de bienveillance, de curiosité, d'ouverture, de lâcher-prise, de patience et de confiance que chacun et chacune d'entre nous possèdent au fond de soi. Laisser ces attitudes nourrir l'âme et adoucir l'expérience, moment après moment, permet ainsi à la jeune mère de se détendre et de vivre pleinement toutes les facettes de la maternité, qu'elles soient tout simplement délicieuses ou complètement neutres ou encore totalement abominables. Les outils développés par les approches basées sur la Pleine Conscience, ceux-là mêmes que nous présente l'auteure dans le contexte de la grossesse et de la première année de l'enfant, ont montré à maintes reprises leur efficacité dans les situations de stress, de douleur, de prévention de la dépression et de bien d'autres (Hofman *et al.*, 2010). Ce livre offre ainsi la possibilité à chaque maman qui le lit, d'emprunter ce chemin merveilleux de la Pleine Conscience ; chemin qui conduit vers un peu plus de liberté, de plénitude et de sagesse et à un peu moins de contrôle, de perfection et d'exigence.

En tant que femme, mère et sage-femme, je suis infiniment reconnaissante de la parution de cette édition française. De nombreuses femmes enceintes anglophones participant aux groupes de préparation à la naissance et à la parentalité basée sur la Pleine Conscience que nous animons à Genève, ont exprimé la satisfaction et la sérénité que cet ouvrage leur a apportées pendant la grossesse et après. Je ne peux que recommander chaleureusement sa lecture, aussi bien aux professionnels de la périnatalité, qu'aux parents et futurs parents.

Anne Gendre,
chargée d'enseignement sage-femme et post-diplôme,
Instructrice MBSR et MBCP[1]
Haute école de santé, Genève, Suisse.

1. *Mindfulness Based Stress Reduction* et *Mindfulness Based Childbirth and Parenting education.*

Introduction
Surfer sur les vagues de la maternité

La grossesse, l'accouchement et les débuts de la maternité sont autant d'étapes qui peuvent être à la fois particulièrement difficiles et incroyablement merveilleuses. Les changements rapides de votre corps, de votre style de vie, de vos relations, de votre travail et parfois même de votre propre identité intérieure, vous demandent une certaine agilité qui tient presque du parcours d'obstacles ou d'un entraînement pour un marathon. Ce livre vous propose un éventail d'outils et de compétences à acquérir ou à développer afin de vous aider à rencontrer ces défis au quotidien. Vivre votre maternité en pleine conscience, la vivre comme une manière d'être vous amènera à faire face avec bienveillance aux pensées, aux sentiments et aux situations que vous rencontrerez durant votre grossesse et en tant que jeune maman.

Comment définir « une maternité en pleine conscience » ?

Avant tout, je voudrais que vous sachiez qu'être pleinement consciente n'est pas un nouvel objectif à atteindre pour être une « bonne mère ». Le but n'est pas non plus que vous deveniez une « maman zen », une maman qui reste calme, sereine et posée en toute circonstance ; qui nourrit et habille son bébé uniquement avec des produits biologiques ; ou encore une maman qui reste disponible à tout moment à sa famille tout en gérant aisément sa carrière et en restant mince et équilibrée. La dernière chose que je souhaite que vous fassiez de ce livre est d'ajouter une tâche supplémentaire sur votre liste de « choses à faire absolument pour être une bonne mère ». L'objectif d'une maternité en pleine conscience n'est pas de vous changer pour devenir une personne différente de celle que vous êtes déjà.

Vivre sa maternité en pleine conscience, c'est, en quelques mots, être présente dans votre corps et vous connecter à votre bébé quelles que soient les situations que vous vivez. C'est être consciente de vos expériences, instant après instant, au moment où elles se produisent, sans essayer de les éviter ni de les faire durer ni de les juger bonnes ou mauvaises. C'est aller à la rencontre de chaque expérience comme elle se présente. Avec la pratique, vous apprendrez à vivre cette expérience avec curiosité et compassion.

Vivre sa maternité en pleine conscience est une façon d'aborder toutes les expériences que vous rencontrerez en tant que maman avec une ouverture du regard et une ouverture de cœur. Que ces expériences soient intérieures comme les pensées, les sentiments ou les sensations corporelles ; ou extérieures comme les relations, les situations professionnelles ou les situations liées à votre environnement. Vivre sa maternité en pleine conscience, c'est simplement *être présente à* ce qui est en train de se passer, peu importe de quoi il s'agit. Principe simple, mais qui, pour la plupart d'entre nous, n'est pas toujours facile à appliquer.

Voici un exemple. Il est 3 heures du matin et bébé pleure – pour être précise, il hurle. C'est la quatrième nuit que vous vous levez plus de trois fois au milieu de la nuit pour vous occuper de lui. Depuis plusieurs jours, il vous est impossible d'avoir plus de deux heures de sommeil ininterrompues. Naturellement, vous êtes agacée, vous vous sentez submergée et en colère.

Le fil de vos pensées pourrait ressembler à ceci : « Pourquoi est-ce que je n'arrive pas à endormir ce bébé ? Tous les bébés de mon groupe de mamans passent leurs nuits. Qu'est-ce qui ne va pas chez moi ? », ou « Qu'est-ce qui cloche chez ce bébé ? Peut-être a-t-il des coliques ? Oh non, cela signifie que ça va se passer comme ça toutes les nuits pendant encore six mois. Je ne réussirai pas à le supporter ! Est-ce que je dois lui donner un biberon ? Le livre dit : pas de biberon la nuit parce que ça l'habituera à se réveiller chaque nuit... Et pourquoi John ne vient-il pas m'aider ? Je n'arrive pas à croire qu'il a le culot de rester au lit et de prétendre qu'il n'entend pas les cris du bébé. Mon Dieu, pourquoi fait-il si froid dans cette pièce ? Notre chaudière ne fonctionne jamais comme il faut. Pour l'amour de Dieu, arrête de hurler... ! » Votre corps se crispe, les larmes vous montent aux yeux, vous serrez les mâchoires, vous prenez bébé dans vos bras pour le calmer, vous lui tapotez le dos pour le rassurer.

Qu'est-il réellement en train de se passer là, maintenant ? Qu'est-ce qui vous agace ? Les nombreuses nuits blanches, la peur d'avoir fait une bêtise ou que votre bébé soit malade, la chaudière en panne et pas encore réparée, le manque d'aide de votre partenaire, ou la crainte de devoir encore passer d'autres nuits comme celle-ci ? Toutes ces raisons sont parfaitement compréhensibles et pénibles.

Mais demandez-vous une fois encore : qu'est-il *réellement* en train de se passer là, maintenant ? Du point de vue de la pleine conscience, ce qui se passe là, dans le moment présent, sans ajouter d'histoires supplémentaires, c'est que (1) vous êtes fatiguée, (2) votre bébé pleure, et (3) il fait froid. En ce moment, vous êtes consciente de votre fatigue, des pleurs de votre bébé et du froid. Ces faits ne sont pas forcément bons ou mauvais – ils *sont là* simplement. Vu sous cet angle, le moment présent devient plus facile à gérer.

Dans de telles circonstances, il est certain que de nombreuses pensées se bousculent dans votre tête. Si pourtant vous parvenez alors, ne fût-ce qu'un moment, à porter votre attention sur votre souffle, sur votre corps et sur l'instant présent, il est fort probable que votre corps va commencer à se détendre. Vous pourrez décider de prendre une couverture ou allumer un chauffage électrique. Vous pourrez prendre conscience que vous êtes fatiguée. Comment le sentez-vous ? Vos muscles sont faibles, vos yeux se ferment, votre cœur est un peu tendu. Vous pourrez peut-être bercer votre fatigue, vous balancer d'un côté à l'autre et laisser vos yeux se fermer.

En ce qui concerne les pleurs oui, bien sûr, ils sont conçus pour capter votre attention et ce n'est pas forcément agréable. Mais en réalité, votre bébé utilise cette manière bruyante pour communiquer ses sensations corporelles et ses sentiments. Vous êtes confrontée à ce bruit intense. Soyez intéressée. Comment décririez-vous ces sons ? Sont-ils criards ou perçants ? Ressemblent-ils au cri du faucon tournoyant dans les airs ? Vous font-ils penser au son d'un mixer ou à celui des ongles glissant sur un tableau d'école ? Acceptez-les et relâchez-vous. Placez-vous au centre de votre expérience et prenez conscience de l'ensemble de ses éléments. Qu'y a-t-il dans la chambre ? Regardez par la fenêtre les étoiles brillent dans le ciel, les criquets chantent. Vous êtes en sécurité à la maison avec votre bébé malgré le fait que vous soyez fatiguée, que vous ayez froid et que votre bébé pleure depuis un certain temps.

Lorsqu'elles sont abordées avec la pleine conscience, même les expériences les plus stressantes peuvent être vécues avec un certain degré d'acceptation. Et souvent, lorsque vous adoptez une attitude d'acceptation, toute votre façon d'être change. Même si vous *restez* agitée ou en colère, ces sentiments peuvent être vécus avec moins de pensées jugeantes et moins de commentaires anxieux qui amplifient votre mal-être. En vivant vos situations et les sentiments qui y sont liés avec une volonté de les laisser exactement comme ils sont plutôt que de résister ou de vous battre pour les changer, vous pourrez diminuer le nombre de vos souffrances inutiles.

Comment une maternité en pleine conscience peut me permettre de rester sereine ?

Bien qu'être pleinement consciente ne transforme pas un bébé difficile en un bébé facile, ne répare pas votre chaudière, ne compense pas votre manque de sommeil et ne modifie pas les nombreuses situations compliquées auxquelles vous devrez faire face en tant que future ou jeune maman, la pleine conscience pourra cependant vous aider à changer la manière dont vous percevez les situations et y répondez.

D'une certaine manière, la pleine conscience, c'est comme apprendre à surfer. En surfant sur les vagues de vos expériences, vous en sortirez moins souvent perdante qu'en vous battant contre elles. Bien entendu, vous vivrez toujours chacune de ces expériences en tant que telles une grosse vague sera vécue comme une grosse vague et une petite vague comme une petite, mais apprendre à lâcher prise et à surfer vous aidera à ne pas vous laisser emporter par les remous de l'agitation, les inquiétudes obsédantes, la rage ou l'évitement, qui peuvent provenir de la lutte contre ces vagues.

Avec la pleine conscience, les situations difficiles deviennent plus faciles à gérer, non pas parce que la situation a changé ou parce que vous pensez ou vivez la situation différemment, mais parce que vous apprenez une nouvelle façon d'approcher chacune de ces expériences vos pensées, vos sentiments, vos sensations corporelles en leur permettant d'être exactement ce qu'elles sont et en les accueillant avec bienveillance, douceur et compassion. Quand vous vivez des situations difficiles en pleine conscience, vous sortez moins souvent de votre zone d'équilibre et de confort. Et si, malgré tout, vous deviez sortir de votre zone de confort, vous parviendrez à y retourner plus vite, car vous aurez appris à rester présente, consciente et connectée avec votre bébé, quoi qu'il arrive.

Pourquoi cela ? Pour la simple raison qu'avec la pleine conscience, vous vous rendez compte que chaque expérience est temporaire et que la plupart d'entre elles sont vraiment de courte durée. Qu'il s'agisse d'une crampe dans le bas de votre dos, d'une contraction douloureuse, de votre bébé qui pleure ou d'un conflit avec votre partenaire, les expériences (pensées, sentiments, sensations corporelles) se modifient à chaque instant, comme les vagues d'un océan. Elles ne durent presque jamais ; en réalité, la plupart des expériences sont de très courte durée dix minutes, tout au plus une heure. Les expériences qui durent sensiblement plus longtemps, comme la perte d'un être cher, sont rares. La grande majorité des expériences qui provoquent en nous un stress quotidien et une souffrance psychologique sont extrêmement temporaires.

Le plus souvent, nos tensions, notre stress et nos souffrances sont générés par notre désir de supprimer certaines expériences ou de les faire durer plus longtemps. Lorsque vous acceptez le fait que les situations changent constamment, vous commencez alors à accorder plus d'attention à surfer sur les vagues plutôt qu'à leur résister ou à tenter de les contrôler.

Avec la pleine conscience, même quand vous ressentez de la tristesse, de la peur, de la colère ou de la culpabilité, vous développez une capacité à rester présente, à rester connectée avec votre bébé, à établir des limites saines (pour vous et votre bébé) et à répondre à ce qui se passe vraiment plutôt que de réagir à ce qui se trame en vous autour de cette situation. Vous serez ainsi moins portée à transformer vos émotions pures, naturelles et normales – comme la tristesse, la peur, ou la colère – en expérience chronique de dépression, d'anxiété, de rage ou de honte. Vous arriverez de plus en plus souvent à agir en phase avec vos valeurs et vos objectifs afin de devenir la maman que vous voulez être. Vous êtes à nouveau libre de poser des choix et de ne plus vous laisser prendre dans vos anciennes habitudes qui vont parfois à l'encontre de vos valeurs.

Tout comme il est important de pouvoir faire face aux difficultés, la pleine conscience durant votre grossesse et votre maternité vous ouvre l'accès à des expériences de satisfaction profonde, de joie immense, d'amour intense et de sensualité chaleureuse. Elle vous aide à vivre plus intensément les moments agréables rencontrés durant cette période particulière et à être à l'écoute de vos sentiments profonds, ce qui vous permet de mieux comprendre qui vous êtes et ce dont vous êtes capable. Le fait d'être pleinement présente à votre expérience avec votre bébé, quoi qu'il se passe, peut vous révéler des éléments auxquels vous n'auriez pas eu accès si vous aviez été occupée à penser, à planifier, à trouver des solutions, à vous inquiéter ou à vous battre contre des expériences qui ne sont pas aussi agréables. Quand vous apprenez à être pleinement présente, à vivre chaque expérience comme elle se présente et même à vous plonger au cœur de celles-ci, vous voyez que votre maternité comporte de nombreux moments extraordinaires qui font que, malgré les situations difficiles, elle vaut la peine d'être vécue.

Comment vivre sa maternité en pleine conscience peut m'aider avec mon bébé ?

Être une maman efficace repose en grande partie sur le fait d'être capable de rester connectée avec son bébé même lorsqu'il ne va pas bien. « Ne pas aller bien » est un terme gentil qui peut vouloir dire que bébé pleure, qu'il hurle à pleins poumons, ou parfois pire, qu'il est malade, fiévreux, léthargique au point de ne même plus savoir pleurer. Rester en contact avec votre bébé dans ces circonstances signifie que votre corps est détendu, calme et que vous êtes capable de maintenir votre regard dans celuiavec les yeux de votre bébé et de maintenir une connexion avec lui par le son de votre voix, par le contact de votre corps, par votre respiration, même quand votre bébé n'est pas heureux. Vous êtes au diapason de l'humeur de votre bébé et vous êtes son miroir un miroir qui reconnaît à la fois son mal-être, mais renvoie aussi le message que c'est d'accord qu'il se sente ainsi, que vous pouvez gérer la situation, que vous n'avez aucune intention de partir, et qu'il est capable de surmonter cette émotion.

Rester en contact nécessite que vous sachiez gérer vos *propres* inconforts, qu'ils prennent la forme de larmes, de colère, de pensées incessantes, d'agitation, ou simplement de se sentir submergée ou paniquée. Quand vous pratiquez la pleine conscience durant votre maternité, vous élargissez cette capacité à tolérer le mal-être, le vôtre, mais aussi celui de votre bébé. Ce livre vous offre une voie pour gérer ce mal-être qui ne nécessite pas de changer le contenu de vos pensées ni de changer vos sentiments ou encore la situation. Au lieu de cela, la pleine conscience vous montre comment vous pouvez vous positionner face à chaque situation, telle qu'elle se présente, avec acceptation et conscience, tout en restant dans l'instant présent et en maintenant cette connexion saine avec votre bébé.

En pratiquant la pleine conscience, vous deviendrez capable de vous permettre à vous-même et à votre bébé d'être en colère et de laisser cet état d'esprit être présent sans avoir immédiatement besoin de le changer. Vous permettrez que des expériences difficiles ou inconfortables se forment comme lorsque le surfeur voit apparaître une grosse vague qui ensuite s'évanouira d'elle-même. Vous parviendrez à laisser passer les pensées difficiles sans avoir besoin de changer quoi que ce soit. La pleine conscience vous permet d'élargir l'espace qui englobe toutes les expériences que vous vivez. C'est ce qui fait toute la différence ! C'est grâce à cet espace élargi que vous pouvez rester présente, consciente, et poser les choix qui correspondent au mieux à vos valeurs et aux objectifs fixés plutôt que de vous laisser emporter à réagir parce que l'expérience que vous vivez est trop douloureuse.

Vous devenez de cette façon une maman plus efficace et votre maternité devient une expérience plus agréable. Avec le temps, vous serez de plus en plus capable de vivre chaque expérience telle qu'elle est et de prendre des décisions basées sur la situation réelle plutôt que sur les histoires créées à partir de la situation ou encore sur le désir de voir la situation disparaître ou durer.

Chaque fois que vous parvenez à le mettre en pratique, vous transmettez cette capacité à votre enfant. Votre bébé sent qu'il est en sécurité, que vous êtes forte, que l'expérience qui le dépasse ne vous dépasse pas. Et lorsque vous vous sentez submergée ou en colère, votre aptitude à rester dans l'instant présent et connectée à votre bébé l'aidera à développer sa capacité à être sûr de lui et fort.

Pourquoi maintenant ? Est-ce que je n'ai pas déjà suffisamment à faire ?

Il n'y a pas de meilleur moment pour apprendre la pleine conscience que pendant votre grossesse et le début de votre maternité. C'est une période pendant laquelle vous êtes en pleine réorganisation de votre style de vie afin de devenir la maman que vous souhaitez être. Dès lors, pourquoi ne pas profiter de ce moment pour réorienter vos objectifs d'une manière qui vous sera bénéfique en tant que parent, mais aussi pour faire face aux situations et aux expériences difficiles de la vie ? La pleine conscience s'apprend rapidement, elle ne nécessite pas la prise de médicaments ni des années de thérapie, et elle ne coûte que très peu. Devenir pleinement consciente, c'est une façon d'être, c'est un voyage de toute une vie que vous pouvez commencer quand vous voulez. Cependant, vous pouvez *dès à présent* vous familiariser avec certaines idées et vous initier à des exercices qui amélioreront votre capacité à gérer le stress et les humeurs difficiles. La pleine conscience vous aidera à ne pas vous laisser emporter par vos schémas de pensées négatives et à être plus disponible aux moments agréables ainsi qu'aux joies profondes que peut vous apporter la maternité.

Pendant cette période particulière de leur vie, la plupart des femmes éprouvent une forte motivation à devenir la meilleure personne qu'elles peuvent être, en un court laps de temps. Quand vous réalisez l'énormité de l'aventure dans laquelle vous vous êtes embarquée en devenant maman (ou en étant enceinte d'un nouvel enfant si vous étiez déjà maman), vous développez une motivation réelle pour vous efforcer d'être dans la meilleure forme physique et mentale possible. Après tout, vous serez la principale source de soins d'*un autre être humain à part entière*, un être que vous allez aimer à un point qu'il vous est impossible d'imaginer. J'ai parlé à un grand nombre de femmes enceintes qui ont, pour la première fois de leur vie, découvert en elles cette motivation apprendre de nouvelles façons d'être rapidement ! Elles feront tout ce qui est en leur pouvoir pour transmettre à ce nouvel être leurs qualités, mais surtout pas leurs défauts.

Étant donné que la pleine conscience est principalement basée sur le fait d'être consciente de vos sensations corporelles, vous êtes dans une situation privilégiée pour apprendre ! En effet, la grossesse et la maternité, les vergetures et les hémorroïdes, l'allaitement et les nuits chaotiques, le gain et la perte de poids, tous ces éléments peuvent vous forcer à être plus souvent *dans* votre corps. Cette période de votre vie est le moment idéal durant lequel il vous est impossible d'ignorer les signaux que votre corps vous envoie. Pour celles d'entre nous qui vivent principalement dans leur tête, être appelées à passer plus de temps dans leur corps peut être une véritable bénédiction.

C'est le moment idéal pour apprendre la pleine conscience parce que vous êtes déjà à l'écoute de vos sensations et quelque peu sensible depuis que vous êtes enceinte. Le côté négatif, c'est que vous pourriez vous sentir perdue ou un peu fragile, que vous souhaiteriez être aidée plus que de coutume. Vous vous sentez à la merci de votre corps et des besoins de votre bébé. Le côté positif de cet état, c'est que vous êtes plus malléable certaines de vos défenses sont en baisse et il se pourrait que vous vous sentiez plus sensible que d'habitude, c'est donc le meilleur moment pour apprendre de nouvelles compétences ! De la même manière que l'hormone relaxine rend vos articulations plus flexibles, votre esprit devient lui aussi plus flexible et ouvert quand vous avez l'impression que tout est sous contrôle.

Les jeunes enfants demandent à leur manière que nous soyons constamment dans l'instant présent. Même si vous êtes distraite, les besoins de votre bébé vous ramèneront maintes et maintes fois dans l'ici et le maintenant. Et pour la plupart des mamans, être pleinement engagée dans l'instant présent avec un nouveau-né peut être très gratifiant. Pas tous les moments, bien entendu. Pour environ 18 pour cent des jeunes mamans qui vont expérimenter une dépression post-partum (Gavin *et al.*, 2005), ces moments ne seront pas très fréquents. Mais presque toutes les mamans ressentent un amour profond, comme si leur cœur s'agrandissait, un véritable désir intense et inébranlable, jamais ressenti auparavant, *d'être avec* ce petit être d'une manière qu'elles n'avaient jamais eue auparavant. Mon groupe de mamans et moi-même appelons ce phénomène la « TV bébé ». C'est inimaginable de voir le temps que l'on peut passer à regarder bébé dormir ou à sentir l'odeur de ses petits cheveux.

Qu'est-ce qui m'a amenée à la pleine conscience ?

Mon propre intérêt pour la pleine conscience a commencé au début de ma vingtaine. J'avais eu une adolescence difficile, vivant de nombreux moments d'humeur dépressive et anxieuse, des hauts et des bas avec des substances addictives et des flots de pensées négatives. Alors que je disposais de nombreuses ressources potentielles pour m'aider à sortir de cette période difficile, aucune ne m'attirait vraiment. Même quand tout s'est calmé et que je suis entrée au collège pour devenir psychologue, je ne parvenais pas à expliquer la source de ma souffrance. Une réponse m'est apparue quand j'ai commencé à étudier le bouddhisme.

La philosophie et les pratiques du bouddhisme sont en grande partie tournées vers l'identification et les solutions de la souffrance humaine. Du point de vue du bouddhisme, la douleur, l'imperfection, les blessures, le changement et même la mort sont des éléments naturels qui font partie de la vie. La souffrance humaine est en grande partie causée par le fait que nous avons du mal à l'accepter. Au lieu de cela, nous sommes motivés d'une part par ***l'attachement***, nous nous accrochons aux expériences et nous essayons de les faire durer longtemps. D'autre part par l'*aversion* nous essayons d'éviter certaines autres expériences et les faisons stopper au plus vite. En tant que jeune femme au parcours en dents de scie, j'ai fait l'expérience de cette vérité douloureuse. Je voulais plus que tout faire durer les sentiments agréables de sécurité, de bonheur, de joie et d'extase et supprimer au plus vite les sentiments de tristesse, d'anxiété, de haine envers moi-même et d'insécurité. Mes efforts pour rester avec les sentiments agréables et supprimer les sentiments désagréables m'ont paradoxalement causé plus de souffrances que les sentiments difficiles eux-mêmes !

Ce livre n'est pas un livre sur le bouddhisme et je ne suis pas un maître spirituel. Je suis une psychologue formée à la manière dont les pratiques contemplatives et spirituelles peuvent contribuer au bien-être et à la santé psychologique et émotionnelle. Ma formation clinique (les fondations sur lesquelles je me base pour travailler avec mes clients) est centrée sur la psychologie intégrative, c'est-à-dire une psychologie qui intègre les philosophies orientales, les croyances religieuses et indigènes, les théories du développement spirituel, et la subjectivité dans les pratiques psychologiques. J'ai effectué mes recherches à l'université et dans une école médicale importante où j'ai étudié les dépendances aux substances et la manière dont la mauvaise gestion des émotions perçues comme intolérables peuvent mener au manque et à la rechute. Tout au long de ce parcours, ma spiritualité personnelle m'a servi de refuge, de source d'inspiration, de guide et de stimulation pour mon développement personnel.

La pensée bouddhiste enseigne que lorsque nous expérimentons par nous-mêmes et voyons clairement la source de la souffrance, nous pouvons la réduire et finalement la supprimer. C'est cette façon de vivre qui nous aide à prendre conscience de nos schémas qui naissent du désir que les situations soient comme nous le voulons plutôt que comme elles sont réellement. En prenant conscience de ce désir à chaque fois qu'il se présente et en nous interrogeant sur nos réactions, nous nous permettons de voir plus clairement et d'avoir plus de choix sur la façon de nous comporter et sur ce que nous choisissons de porter à notre attention.

La pleine conscience est une pratique bouddhiste au service de la diminution de la souffrance et d'une augmentation de la santé et du bien-être global. Le bouddhisme n'est que l'une des nombreuses traditions spirituelles et philosophiques qui mettent l'accent sur les pratiques contemplatives et réflectives comme voie vers une meilleure santé et de meilleures relations. La méditation sous ses diverses formes joue un rôle important dans l'hindouisme et dans la tradition yogi qui en dérive. Il existe une riche tradition historique de pratiques contemplatives chrétiennes, et la méditation est aussi essentielle dans les traditions juive et islamique. Bien que ces traditions mettent moins l'accent sur les pratiques contemplatives que sur les dévotions comme la prière et les vénérations, il existe un récent regain d'intérêt pour ces pratiques contemplatives. La *prière de centrage* est une forme non confessionnelle de méditation chrétienne qui est enseignée dans de nombreuses églises du monde, tout comme la Kabbale est une forme contemplative du judaïsme qui renaît depuis peu. Alors que ces traditions qui se réclament d'Abraham portent plutôt leur attention sur les pensées et les expériences en relation avec Dieu, elles présentent aussi des éléments d'entraînement de l'esprit pour rester calme face aux expériences changeantes de la vie en d'autres mots, la pleine conscience.

Ce n'est que lorsque j'ai eu ma petite fille que j'ai réalisé que ma vie spirituelle et particulièrement mes pratiques de pleine conscience m'avaient aidée durant les transformations liées à ma grossesse, durant l'accouchement et durant les débuts de ma maternité. J'ai fait appel à ces enseignements et à ces compétences chaque jour au fil de mes changements d'humeur, de mes douleurs dorsales, de l'apparition de vergetures, durant mon accouchement qui a duré cinquante-sept heures, et lorsque j'avais des relations tendues. Mes pratiques de pleine conscience ne m'ont pas simplement aidée aux moments difficiles, elles m'ont également ouvert les yeux devant les moments extraordinaires de la grossesse et les joies de la maternité. J'étais capable de vivre ces petits moments extraordinaires comme l'allaitement de ma fille dans un rocking-chair, réchauffée par le soleil, observant les ombres danser sur les murs et les poussières voleter dans les rayons de lumière, le sourire sans dents de ma fille, la manière dont elle produisait un petit grincement à chaque fois qu'elle s'endormait (*iihhhhhh, ihhhhhh, ihhhhh*). Sur une carte reçue peu avant mon accouchement, une amie m'avait écrit : « Maintenant ton cœur va s'ouvrir très largement, et tu aimeras bien au-delà de tout ce que tu as connu. » C'était vrai et c'est toujours vrai aujourd'hui. J'ai donc écrit ce livre en tant que psychologue, chercheuse et maman.

Les études scientifiques sur la pleine conscience

La pleine conscience en tant que pratique et en tant que compétence psychologique a été d'une certaine façon reprise du Bouddhisme et incorporée dans des interventions qui ont généré beaucoup d'intérêts de la part des psychologues et des scientifiques cognitifs. Se basant sur l'observation qui leur montrait des méditants très expérimentés capables de se maintenir dans des états de bonheur et de paix intérieure, les psychologues se sont demandé si ces pratiques pouvaient induire la paix et le bien-être dans l'ensemble de la population. Conscients que le stress peut causer ou empirer toutes sortes de maladies physiques, les chercheurs et les cliniciens se sont également demandé si la pleine conscience pouvait aider dans le cas de maladies psychologiques liées au stress. De ces réflexions sont nés des programmes éducationnels pour former les gens à la pleine conscience. C'est par exemple le cas du programme MBSR (Mindfulness-Based Stress Reduction – Réduction du stress par la pleine conscience), un programme de huit à dix semaines où les gens apprennent à pratiquer la pleine conscience (Kabat-Zinn, 1982). Jusqu'à présent, les résultats semblent très prometteurs (Grossman *et al.*, 2004).

Les études montrent que l'entraînement à la pleine conscience peut améliorer l'humeur, augmenter la sensation de contrôle et réduire les symptômes liés à la maladie chez des individus sains (Astin, 1997 ; Rosenzweig *et al.*, 2003 ; Shapiro, Schwartz, Bonner, 1998). L'entraînement à la pleine conscience diminue le stress et la fatigue et améliore l'humeur, le sommeil et la qualité de vie en général chez les patients vivant avec un cancer, et cela encore six mois après la fin du programme (Speca *et al.*, 2000 ; Carlson *et al.*, 2001 ; Carlson *et al.*, 2003 ; Carlson, Garland, 2005). Une autre étude montre une réduction des symptômes liés au stress et des changements d'humeur chez les personnes s'occupant d'enfants avec maladies chroniques quand ces personnes suivent une formation MBSR (Minor *et al.*, 2006). Les formations de pleine conscience semblent être bénéfiques aux personnes saines vivant sous un niveau de stress raisonnable tout comme aux personnes qui vivent avec une maladie grave ou un niveau de stress élevé.

Le programme MBSR a également subi quelques modifications et a été étudié comme traitement pour prévenir les rechutes dépressives. Dans une étude randomisée et avec un groupe contrôle, les chercheurs ont rapporté que pour les patients ayant vécu un minimum de trois rechutes dépressives, la participation à un programme qui allie un entraînement à la pleine conscience avec de la thérapie cognitive (appelé MBCT ou Mindfulness-Based Cognitive Therapy – Thérapie cognitive basée sur la pleine conscience) réduit le taux de rechute de moitié comparativement aux patients ayant reçu le traitement standard (Teasdale *et al.*, 2000). Les bénéfices du programme MBCT pour prévenir la rechute dépressive ont été présentés par Ma et Teasdale (2004), qui ont obtenu exactement les mêmes résultats. Des données plus récentes suggèrent également que la thérapie basée sur la pleine conscience peut être utilisée pour réduire la dépression chez les personnes résistant aux traitements classiques (Kenny, Williams 2007). Enfin, dans une étude réalisée en 2007, les chercheurs ont observé une diminution significative des symptômes dépressifs parmi les patients souffrants de fibromyalgie recevant une formation à la méditation de pleine conscience (Sephton *et al.*, 2007).

Teasdale et ses collègues suggèrent que les preuves scientifiques soutiennent l'idée que cultiver la *métacognition*, c'est-à-dire la capacité d'être conscient de ses pensées, pourrait être l'élément important dans le succès du programme de pleine conscience pour la dépression (2002). Cela suggère que le fait de changer *nos relations* avec les pensées négatives, plutôt que de changer *leur contenu*, peut être l'élément clé de cette méthode de prévention de la rechute dépressive.

L'impact positif de cette intervention basée sur la pleine conscience sur les émotions négatives est confirmé par les études de Davidson et ses collègues (2003). Leurs recherches ont montré une augmentation de l'activité du cortex préfrontal gauche après avoir participé à un programme MBSR de huit semaines (et une diminution correspondante de l'activité du cortex préfrontal droit) dans un groupe de personnes travaillant dans le secteur des hautes technologies et stressées psychologiquement. Les chercheurs en ont conclu que l'entraînement à la pleine conscience est associé à un changement de la fonction du cerveau, qui passe d'un schéma dont les précédentes données suggèrent qu'il correspond plus aux émotions négatives et à la rétraction/évitement vers un cerveau fonctionnant selon une approche orientée, plus positive de la vie. Ces changements positifs présumés sur le fonctionnement du cerveau se sont maintenus lorsque les participants sont revenus six mois plus tard, après avoir reçu leur entraînement, suggérant un effet à long terme. Ces résultats se sont révélés particulièrement pertinents lorsque les chercheurs ont mis en évidence une augmentation de l'activation du cortex frontal droit chez les mamans déprimées et leurs nouveau-nés (émotions négatives/évitement) (Buss *et al.*, 2003). De plus, l'immunité, mesurée sur base de la production d'anticorps suite à un vaccin contre la grippe, est améliorée six mois après chez les participants ayant suivi un programme basé sur la pleine conscience (Davidson *et al.*, 2003).

Sur base de ces résultats et de nos expériences en tant que parents, mon collègue John Austin et moi-même avons développé le programme « Vivre sa maternité en pleine conscience ». Parce que le stress et l'anxiété durant la grossesse sont connus pour augmenter le risque de résultats préjudiciables (comme les naissances prématurées, les petits poids de naissance, et un environnement fœtal moins adéquat), nous avons travaillé sur le développement compréhensible d'une formation basée sur la pleine conscience qui concernerait les problèmes spécifiques des femmes enceintes. Ensuite, nous avons voulu ajouter des composantes qui selon nous peuvent aider les femmes à se préparer à ce qu'elles vont vivre et à améliorer le lien maman-enfant après la naissance du bébé. Enfin, nous avons ajouté quelques éléments pouvant les aider lors de l'accouchement.

Après avoir rassemblé des éléments venant de plusieurs programmes basés sur la pleine conscience et avoir ajouté notre propre matériel, nous avons lancé notre premier programme avec un groupe de dix femmes. Une fois que ce groupe eut terminé, nous avons apporté quelques changements basés sur les retours des participantes et sur notre expérience en tant qu'instructeurs et chercheurs et avons ensuite testé cette nouvelle version du programme avec un nouveau groupe de femmes. Pour terminer, nous avons comparé deux groupes de femmes un groupe ayant suivi le programme pendant leur grossesse et l'autre pas. Les femmes qui n'avaient pas reçu le programme durant leur grossesse le reçurent alors que leur bébé avait entre trois et six mois.

Bien que de petite taille, cette étude pilote a révélé qu'il était possible d'apprendre la pleine conscience durant la grossesse et en début de maternité (même avec bébé sur les genoux !). Nous avons également montré que les participantes ayant bénéficié du programme durant leur grossesse expérimentaient moins d'émotions négatives et d'anxiété durant leur grossesse, comparativement aux femmes n'ayant pas participé au programme (Vieten, Astin, 2008). Une tendance vers une diminution des symptômes dépressifs ainsi qu'une augmentation des émotions positives ont également été observées. Les femmes ayant participé au programme venaient de tout horizon et la plupart ont trouvé l'expérience enrichissante. C'est le genre d'expérience que j'espère que vous vivrez en lisant ce livre.

Comment utiliser ce livre ?

Ce livre est un guide pratique pour apprendre comment la pleine conscience peut vous aider à gérer les situations, les pensées et les sentiments que vous allez rencontrer durant votre grossesse et votre maternité. Si vous pratiquez déjà la pleine conscience, ce livre offre des suggestions pour incorporer la pleine conscience dans votre vie de tous les jours en tant que jeune maman. La grossesse et la maternité peuvent perturber vos habitudes, par exemple en vous réservant du temps pour la méditation ou le yoga. Cependant, cette période particulière de votre vie vous offre également l'opportunité de cultiver une pratique de pleine conscience plus radicale une pratique que vous incarnez et qui fait partie de votre quotidien.

La pleine conscience est la conscience moment après moment et non-jugeante de votre expérience dans l'instant présent. Avec le temps qui passe, vous serez de plus en plus souvent capable d'approcher votre expérience avec curiosité et compassion plutôt que de réagir par habitude sur base de votre désir que les situations soient différentes de ce qu'elles sont. *Vivre sa maternité en pleine conscience* est un livre qui a pour objectif de vous aider à être consciente et à rester dans l'instant présent pour que vous puissiez être connectée avec votre bébé, même en période difficile. Son objectif est également de vous aider à moins vous laisser submerger par les émotions difficiles, à moins vous laisser prendre par vos pensées négatives, à profiter des simples plaisirs qui colorent chacune de vos journées en tant que maman.

Ce livre est composé de vingt-quatre chapitres, et chacun de ceux-ci devrait vous prendre vingt minutes de lecture. Vous pouvez les lire lors de pauses que vous prenez durant votre grossesse, mais aussi quand bébé est né, pendant un allaitement par exemple ou lorsque vous avez un peu de temps quand bébé fait la sieste. Vous pouvez lire ce livre en une fois, parcourir un chapitre qui vous parle particulièrement ce jour-là, mais quoi qu'il en soit, lisez-les de nombreuses fois. La répétition est essentielle dans l'apprentissage de la pleine conscience.

La plupart des chapitres contiennent un ou plusieurs exercices de cinq à dix minutes que vous pouvez incorporer dans votre quotidien. Vous aimerez peut-être pratiquer ces exercices quand vous avez parqué votre voiture et que votre bébé dort dans son siège-auto à l'arrière, ou vous préférerez les faire quand vous vous réveillez, quand vous allaitez, pendant votre pause midi au travail, ou même en poussant votre bébé sur la balançoire, ou encore lorsque vous courez avec votre bébé dans sa poussette ou simplement en marchant.

Dans la première partie du livre, je décris les bases de la pleine conscience et les pratiques de pleine conscience dans le contexte de la grossesse, de l'accouchement et de la maternité. Les chapitres suivants parlent des qualités de la pleine conscience et comment se placer face aux situations que vous pouvez rencontrer en tant que jeune maman. La troisième partie se concentre sur la manière de mettre en place les pratiques de pleine conscience et les principes dans votre quotidien de maman et au-delà.

Les chapitres 2 et 4 fournissent des instructions pour des pratiques plus formelles d'une vingtaine de minutes que je vous encourage à faire tous les jours pour renforcer le muscle de la pleine conscience et devenir plus familière avec le territoire de la pleine conscience. Sentez-vous libre de pratiquer seulement dix minutes, voire même cinq minutes si vous ne disposez pas de suffisamment de temps. La clé de tout ceci est que vous trouviez des solutions réalistes pour incorporer la pleine conscience dans votre vie de maman. Pratiquez ces exercices quand vous le pouvez et aussi souvent que possible afin de commencer à en ressentir rapidement les bénéfices.

Enfin, n'hésitez pas à visiter le site Internet où vous pouvez écouter les méditations guidées, les télécharger sur votre lecteur mp3 ou les graver sur un CD. Utilisez- les aussi souvent que vous le souhaitez. La plupart des gens trouvent que les enregistrements audio aident énormément lorsque l'on est novice dans la pratique de la pleine conscience.

PARTIE 1

« Les bases d'une maternité en pleine conscience

1

Vivre sa maternité en pleine conscience : vous pouvez y arriver

Dans un sens, être pleinement consciente durant sa maternité est un savoir-faire que vous pouvez acquérir à tout moment, tout comme apprendre une nouvelle langue ou jouer du violon. La pleine conscience est une attitude que vous pouvez pratiquer et perfectionner chaque jour. Plus vous la pratiquez (surtout en période de calme émotionnel et physique), plus il vous sera facile de gérer les moments difficiles. Cependant, vivre sa maternité en pleine conscience, c'est plus qu'une simple pratique ou une aptitude à acquérir. C'est aussi une *façon d'être*.

La pleine conscience est une approche particulière de la vie. C'est une façon de voir le monde qui reconnaît que *les situations sont exactement comme elles sont*, et ce à tout moment. Aucune pensée, aucune lutte interne, aucune résistance cherchant à rendre les situations différentes de ce qu'elles sont, aucun espoir visant à ce qu'elles restent toujours comme elles sont, ne changeront le fait que les choses sont comme elles sont, à chaque instant. L'acceptation de ce principe vous encourage à vivre chaque expérience pleinement, en tant que maman, et tout le reste de votre vie, avec une grande ouverture du regard et du cœur.

Bonne nouvelle ! Plutôt que de voir la pleine conscience comme une nouvelle compétence à acquérir, sachez qu'il existe déjà une part en vous qui est complètement et parfaitement consciente sans que vous ayez besoin d'y être formée. Votre pure conscience, à son niveau le plus basique, est *pleinement consciente*. Cette manière simple de remarquer ce qui est présent est la pleine conscience.

Cette façon d'être, vous savez déjà comment y parvenir sans avoir besoin d'y être formée. Devenir pleinement consciente vous viendra naturellement parce que votre conscience la plus basique, la plus fondamentale, la part en vous qui est éveillée en ce moment même et qui le sait, est déjà pleinement consciente par nature. Vous êtes tout à fait capable d'apporter une attention consciente parce que votre conscience primaire est capable de vivre chacune de ces expériences telles qu'elles sont, sans jugement, avec une ouverture d'esprit et une curiosité à l'égard de ce qui se passe. Cependant, expérimenter les événements sans ajouter une couche supplémentaire de commentaires ou de jugements peut sembler impossible.

Présentée ainsi, la pleine conscience n'a pas besoin d'être « enseignée » au sens traditionnel du mot. Elle existe déjà, donc pas besoin de la créer. Cependant, s'exercer et progresser quotidiennement va vous permettre de renforcer cette capacité d'être pleinement consciente. De ce point de vue, le but principal de la pratique de pleine conscience est de passer plus de temps en pleine conscience.

Le meilleur moyen de se familiariser avec un nouveau territoire est de passer du temps dans celui-ci. Je pourrais vous dire beaucoup de choses sur l'Amazonie péruvienne, ou sur le parc du Serengeti, ou encore sur Le Caire. Mais c'est seulement en passant du temps sur place que vous parviendrez à vous orienter, que vous connaîtrez la topographie du lieu, les mots de vocabulaire s'y rapportant, et que vous vous sentirez plus à l'aise avec les coutumes locales. La pratique de la pleine conscience vous permet d'explorer une partie de votre être qui peut vous paraître peu familière, avec laquelle vous avez passé très peu de temps. Mais en y accordant plus de temps, cette partie peut devenir votre nouvelle maison.

Vous êtes déjà consciente

Essayez l'expérience suivante. Durant vos prochaines respirations, portez votre attention sur vous-même en train de lire ce livre. Simplement « je suis ici, lisant ce livre ». Observez votre environnement comme le ferait un journaliste objectif « Je vois un arbre, une table ; je suis assise sur une chaise ; l'air est froid. » Notez simplement ce que vous remarquez naturellement et décrivez votre environnement comme si vous alliez l'expliquer à quelqu'un, sans jugement ni évaluation. Juste les faits. Ceci s'appelle *la pleine conscience*.

Maintenant, si vous deviez être pleinement consciente durant quelques respirations supplémentaires, il est fort à parier que vous auriez naturellement ajouté des commentaires à vos observations. « Il fait trop froid. J'ai toujours détesté cette plante. Je ne comprends pas bien ce livre. J'aime être allongée dans mon lit. » Nous ajoutons habituellement une couche de commentaires, d'évaluations à chaque expérience. Et pour la plupart d'entre nous, c'est cette couche de commentaires qui nous cause des soucis et non l'expérience en elle-même.

Cela ne veut pas dire que certaines de nos expériences ne sont pas douloureuses ou même intolérables. Le décès d'un être aimé, voir son enfant souffrir, un grave conflit avec son partenaire, la peur pour sa propre sécurité toutes ces situations génèrent des émotions brutes qui peuvent être très stressantes. La pleine conscience, bien que très utile, ne supprime pas ce genre de douleurs.

Cependant, ces expériences sont rares. La plupart de nos expériences, quand nous parvenons à les vivre sans les évaluer, sans les comparer à celles du passé ni les projeter dans le futur, sans nous demander ce qu'elles veulent dire ni souhaiter qu'elles soient différentes ces expériences sont généralement simples à gérer. Même les expériences les plus difficiles peuvent à certains moments être vécues comme agréables quand elles sont abordées avec curiosité et compassion.

Vivre sa maternité en pleine conscience est une façon d'être. C'est une manière de vivre toutes ses expériences ainsi que celles vécues avec son bébé en adoptant une attitude qui vise à simplement les vivre juste comme elles sont. Parvenir à lâcher prise n'est pas une tâche facile pour la plupart d'entre nous. Il se peut que cette attitude soit contraire ou différente de la manière dont nous fonctionnons habituellement. Comme pour apprendre une nouvelle technique, *cela demande de la pratique*. La bonne nouvelle, c'est que la pleine conscience peut être intégrée de manière tout à fait réaliste dans votre quotidien de femme enceinte et de jeune maman.

Quand vous apprenez quelque chose de nouveau, comme apprendre à jouer d'un instrument ou parler une nouvelle langue, vous devez beaucoup pratiquer. Et pour devenir vraiment bonne dans cette nouvelle pratique, cela peut parfois prendre plusieurs années. En même temps, si vous pratiquez un peu chaque jour, ne fût-ce que pendant vingt minutes, vous pourrez déjà aller loin.

C'est un peu comme muscler son biceps. Si vous pratiquez de la musculation tous les jours pendant vingt minutes, et ce pendant huit semaines, vous finirez avec un beau biceps bien musclé. Si vous arrêtez de pratiquer, votre muscle fondra progressivement. Cependant, si vous reprenez vos entraînements, la « mémoire de votre muscle » fera qu'il vous sera plus facile de le muscler à nouveau.

De récentes recherches scientifiques montrent que nous pouvons entraîner notre cerveau de la même manière (Begley, 2007). Les voies neuronales qui sont les plus souvent utilisées deviennent plus fortes et sont activées plus facilement. Dans un sens, elles se lubrifient avec les utilisations répétées. Les connexions neuronales peu utilisées faiblissent avec le temps et la probabilité d'être activées décroît. Les pratiques répétées de pleine conscience nous permettent de créer un nouveau chemin qui est de plus en plus facile à emprunter. Et, cerise sur le gâteau, plus ce chemin vers une attention consciente devient facile d'accès, moins accessibles deviennent les chemins tracés par nos vieilles habitudes (inquiétudes, ruminations, distraction, évitement, violence envers soi...), car ils sont activés moins facilement que de coutume.

Vous l'avez sans doute remarqué, il est difficile pour votre esprit pensant (ce lieu du cerveau où sont générées vos pensées) d'appliquer le principe de pleine conscience (juste les faits !). C'est en partie parce que la pleine conscience ne se réalise pas dans votre esprit pensant ! Ainsi donc, apprendre la pleine conscience en se contentant de lire sur le sujet est une approche limitée. Aucun mot ne peut se substituer à votre propre expérience de la pleine conscience.

Si vous n'avez jamais mangé une orange, je pourrais vous en parler toute la journée son odeur si fraîche, son zeste à la fois si lisse, frais et ferme, la manière dont le jus gicle dans la bouche lorsque vous mordez dedans. Mais rien ne décrira mieux l'orange que le simple fait de vous en donner une à manger. De même, rien de ce que je vous raconterai dans ce livre ne remplacera ce que vous pourrez découvrir par vous-même au travers des pratiques de pleine conscience et des réflexions guidées réalisées sans préjugés.

Les pratiques fondamentales de pleine conscience

Ce livre se concentre sur trois pratiques fondamentales. Exercez-vous un peu chaque jour à une de ces pratiques durant la lecture de ce livre. Si vous les trouvez utiles, n'hésitez pas à continuer à les pratiquer. Voici les trois pratiques :

- Pleine conscience en étant assise calmement, appelée également méditation (voir chapitres 2 et 3)
- Mouvements en pleine conscience sous la forme d'exercices de yoga (voir chapitre 4)
- Pleine conscience dans vos activités de tous les jours (exercices tout au long du livre)

Chaque pratique a sa propre utilité et je vous recommande de vous exercer aux trois pratiques. Si vous le souhaitez, vous pouvez alterner entre la méditation assise et les mouvements en pleine conscience tout en pratiquant chaque jour quelques activités de votre quotidien en pleine conscience. Les jours les plus chargés, essayez de pratiquer un peu chaque fois que vous en avez l'opportunité. L'objectif est de vous familiariser le plus possible avec la pleine conscience et d'entraîner le muscle de cette pleine conscience un peu chaque jour.

Créer de la place pour la pratique

À cet endroit du livre, si j'étais lectrice, je commencerais à retrouver l'un ou l'autre « train de pensées » qui me sont familières :

Pensée 1 : « Wouah, c'est vraiment génial ! J'ai la ferme intention de pratiquer tous les jours, pas de doute là-dessus. Je me lèverai plus tôt, super ! J'ai toujours souhaité être de ces personnes qui se lèvent à 6 heures du matin, prennent une tasse de thé, méditent et font un peu de yoga. En fait, tant que j'y suis, je vais m'inscrire au cours de Pilates qui commence à 7 heures, en bas de la rue... »

Pensée 2 : « Zut, je le savais qu'il y avait un piège là-dessous. Pratique journalière ? Est-ce que cette personne est devenue folle ? Est-ce qu'elle a seulement une vague idée de ce qu'est la vie réelle ? Je ne parviens déjà pas à trouver le temps de me mettre ma crème hydratante tous les jours et elle veut que je trouve vingt minutes chaque jour pour pratiquer quelque chose que je ne comprends même pas ! Oublions ça. Je passerai ce bouquin à ma sœur quand elle sera enceinte... »

Si vous avez l'une ou l'autre pensée de ce type ou une variation de ces pensées, je vous invite à vous refréner. Je ne vous demande pas d'adopter ces pratiques comme une nouvelle résolution de Nouvel An, car après tout, ces résolutions sont rarement efficaces (comme vous l'avez sans doute déjà remarqué). Vivre sa maternité en pleine conscience n'est pas un projet ou un objectif à atteindre ou une nouvelle recette pour devenir quelqu'un de différent de ce que vous êtes déjà. Vivre sa maternité en pleine conscience est un ensemble de qualités avec lesquelles vous pouvez choisir de devenir de plus en plus familière. C'est une façon d'être avec laquelle vous pouvez entrer en résonance de plus en plus souvent avec le temps.

La clé pour intégrer les pratiques de pleine conscience dans votre vie de tous les jours est de vous fixer un plan raisonnable pour votre pratique quotidienne, et ce le plus rapidement possible, afin de transformer celle-ci en une activité aussi banale et régulière que de se brosser les dents. Il existe de nombreuses façons de se créer du temps pour pratiquer. En voici quelques-unes :

- Après avoir déposé votre bébé à la crèche (et vos enfants à l'école le cas échéant), passez dix à vingt minutes à pratiquer dans la voiture.
- Pratiquez quand vous allaitez ou nourrissez votre bébé.
- Pratiquez juste avant d'aller dormir ou juste à votre réveil.
- Procurez-vous un gros ballon de gym, et quand votre bébé est agité, faites-le rebondir sur le ballon pendant que vous pratiquez vos exercices de yoga.
- Quand vous allez aux toilettes, prenez cinq minutes supplémentaires et pratiquez (si vous êtes enceinte, vous aurez l'occasion de pratiquer de nombreuses fois !).
- Pratiquez dans votre salle de gym ou sur votre step, synchronisez votre respiration à vos pas.
- Pratiquez la marche en pleine conscience lorsque vous vous promenez avec bébé. Chaque fois que votre pied touche le sol, donnez-lui la même attention qu'à votre respiration.
- Pratiquez les yeux ouverts lorsque vous attendez le bus ou dans la salle d'attente chez votre médecin.
- Si vous vivez en couple, demandez à votre partenaire de mettre bébé au lit ou de s'en occuper le matin pour que vous puissiez pratiquer.
- Si vous êtes mère célibataire, demandez à une autre maman ou à une femme-chouette-avec-les-enfants-mais-sans-enfant ou à une maman-dont-les-enfants-sont-grands de s'occuper de votre bébé une demi-heure pendant que vous pratiquez dans leur chambre ou sur leur terrasse.
- Quand vous mangez, prenez dix minutes supplémentaires avant ou après le repas pour pratiquer.
- Si vous tirez votre lait, pratiquez (le merveilleux son de la pompe peut en réalité devenir une source de concentration allant de pair avec la respiration).
- Pratiquez dans votre douche.

- Pratiquez quand vous vous allongez pour une sieste.
- Quand bébé fait la sieste, trouvez-vous un coin tranquille et pratiquez. Ou restez près du bébé et posez une main sur lui et pratiquez.
- Quand vous êtes dans une plaine de jeux, placez bébé sur une couverture à l'ombre d'un arbre et pratiquez.

L'astuce ici est de ne pas faire de la pratique quelque chose d'insurmontable. Trouvez ces petites poches de temps qui sont déjà présentes dans votre vie et utilisez-les pour pratiquer. Ne voyez pas la pleine conscience comme une tâche insurmontable qui vous sépare du reste de votre vie. Ne la rendez pas « précieuse » au sens « important et essentiel » du mot, car c'est un des meilleurs moyens pour que votre esprit résiste à en faire une activité inhabituelle.

Vous pouvez utiliser les pratiques décrites dans ce livre de plusieurs façons. Vous pouvez les alterner en utilisant une pratique différente chaque jour, ou vous pouvez les mélanger et les assortir. Vous pouvez les pratiquer pendant vingt minutes ou jusqu'à soixante minutes, ou encore les pratiquer pendant de brèves périodes tout au long de la journée. Pratiquez chaque fois que vous en avez l'opportunité. Prenez vingt minutes, dix, cinq ou même deux minutes. Laissez la pleine conscience se glisser dans votre vie. Vous pouvez essayer de mettre en place une petite sonnerie sur votre ordinateur ou encore sur votre montre pour vous inviter toutes les heures ou toutes les deux heures à pratiquer pendant quelques minutes vos exercices de pleine conscience. Vous pouvez également choisir d'utiliser chaque moment difficile comme un repère pour vous arrêter et pratiquer cinq ou dix minutes de pleine conscience.

En même temps, je vous recommande de *faire réellement* de chacune de ces périodes d'exercice de pleine conscience un moment précieux dans le sens sacré, silencieux du mot et par un véritable amour de soi. Prenez conscience que chaque moment que vous consacrez à pratiquer la pleine conscience que ce soit la méditation assise, les exercices de yoga, ou dans votre quotidien vous engage dans une « manière d'être » qui augmente votre capacité à rester présente et connectée avec votre bébé, avec curiosité et compassion, solide et ancrée quel que soit ce que l'avenir vous réserve.

Vous vous entraînez à être présente pour votre bébé pour ses vaccins, ses fièvres, ses maux de gorge, ses maux de ventre, ses démangeaisons, en apprenant à naviguer entre l'éveil et le sommeil. Vous vous entraînez également à être présente à vous-même face aux critiques de votre belle-mère, aux conflits avec vos amis ou avec votre partenaire, face à votre voiture qui vient de tomber en panne, face aussi à tous ces moments effrayants où vous n'êtes pas sûre de savoir ce qui se passe avec votre bébé ou encore durant l'accouchement. Vous vous entraînez à augmenter votre capacité à donner le meilleur de vous, à être la meilleure maman que vous poussiez être.

2

Pleine conscience de la respiration

La première pratique « prendre conscience de votre respiration pour une période donnée et ce chaque jour », est le meilleur moyen pour cultiver la pleine conscience, en tant que savoir-faire mais aussi comme nouvelle façon d'être.

Pour certains, la méditation semble être désespérément bizarre. Quant à vous, vous considérez peut-être cette pratique comme mystérieuse ou exotique. Vous vous inquiétez qu'elle soit contraire à vos croyances religieuses. Ou peut-être avez-vous toujours considéré la pratique de la méditation comme étant réservée aux personnes du genre « peace and love ». Je vous invite à mettre de côté toutes vos idées préconçues.

D'un autre côté, si vous connaissez la méditation et que vous avez un avis bien tranché sur le sujet ce qu'elle est et ce qu'elle n'est pas, comment elle se pratique, où et quand, qui doit l'enseigner, ou quel équipement vous est nécessaire, je vous invite également à mettre vos idées de côté, du moins le temps de lire ce livre.

Dans le cadre de ce livre, la méditation, c'est :

Vous asseoir tranquillement en portant votre attention sur votre expérience, en la laissant être ce qu'elle est.

Le principe semble simple, et il l'est. Mais, pour la plupart d'entre nous, il n'est pas facile de le mettre en pratique. Au début, c'est même parfois inconfortable. Cependant, avec le temps, la pratique de la méditation devient plus facile (puis parfois plus dur, et ensuite plus facile à nouveau), et elle devient même souvent un refuge confortable et familier.

En réalité, tout comme devenir maman (et comme la vie en général), vous asseoir calmement et être consciente de votre expérience peut être agréable, désagréable ou neutre. C'est parfois simple, parfois dur et parfois sans problème particulier. Parfois la maternité est très agréable et en vaut vraiment la peine, parfois elle est complexe et difficile, et parfois elle se passe juste bien. L'idée ici est de développer votre capacité à être consciente, présente dans le moment, et en contact avec votre bébé, quoi qu'il arrive. Vous allez commencer par être consciente et présente à votre respiration, sans vous soucier de ce qui se passe dans votre expérience.

Au début, je vous recommande fortement d'aller sur le site Internet pour avoir accès aux enregistrements audio qui vont vous guider lors de vos exercices pratiques. Vous pouvez pratiquer près d'un ordinateur, graver les enregistrements sur un CD ou les télécharger sur votre iPod ou un lecteur mp3.

La raison pour laquelle je recommande les enregistrements audio lorsque vous débutez est qu'ils sont un peu comme les petites roues d'un vélo d'enfant. Quand vous apprenez à rouler à vélo, il est normal que vous alliez d'abord un peu dans tous les sens, que vous tombiez, que vous ne sachiez pas très bien comment freiner ou changer les vitesses, etc. Le même raisonnement est vrai pour l'entraînement à la pleine conscience. Les enregistrements audio vous aident gentiment à maintenir le cap.

La pleine conscience de la respiration

(Exercice *Pleine conscience de la respiration* disponible en mp3)

La respiration est un élément important sur lequel vous devez porter votre attention, car (1) elle est toujours en train de se produire, (2) elle se produit toujours dans l'instant présent, (3) elle se produit dans votre corps, et (4) elle se produit sans votre aide.

Porter votre attention sur votre respiration est le moyen le plus efficace pour maintenir votre attention sur l'instant présent, sur votre expérience corporelle (plutôt que, ou du moins en plus de vos pensées), et surtout sur un processus que vous n'avez pas besoin de contrôler. Vous pouvez utiliser votre respiration comme centre d'attention pour vous aider à apprendre à être présente dans le moment, mais aussi dans votre corps.

Voici quelques conseils suffisamment courts pour vous en rappeler. Vous n'avez besoin de rien, ni de coussin ni d'un endroit particulier, ni de clochette ou de musique particulière juste un endroit pour vous asseoir et où vous vous sentez à votre aise. L'endroit ne doit même pas nécessairement être calme. Un excellent moyen est de s'entraîner à la pleine conscience dans le bruit, car lorsque vous avez des enfants, un moment calme et ininterrompu peut être difficile à trouver ! Il en va de même que pour la sagesse qui consiste à ne pas demander le silence complet pendant la sieste de votre bébé ou durant sa nuit vous voulez l'habituer à s'endormir même quand le séchoir fonctionne ! Vous souhaitez aussi renforcer votre propre capacité à pratiquer la pleine conscience même quand les circonstances ne sont pas idéales.

Maintenant, essayez cette simple méditation centrée sur la respiration :

Asseyez-vous et relevez votre cage thoracique afin de libérer votre ventre. Si vous le souhaitez, vous pouvez vous asseoir le dos contre un mur, ou sur une chaise au dossier droit et les pieds à plat sur le sol ou encore vous asseoir à même le sol, sur un coussin ferme ou sur une couverture repliée. Tirez vos épaules vers l'arrière, descendez-les légèrement et rentrez votre menton. Fermez les yeux, ou, si vous préférez, gardez-les légèrement entrouverts en portant une attention douce sur un point fixe à un mètre devant vous.

Portez maintenant votre attention sur votre respiration. Laissez-la se poser gentiment sur votre souffle qui entre et qui sort de votre cage thoracique. Laissez votre conscience se poser doucement sur votre respiration comme le fait un

papillon sur une fleur. Ce n'est pas une concentration aiguë sur votre souffle. Laissez plutôt votre conscience s'infiltrer dans le processus de la respiration tout comme l'eau qui s'infiltre petit à petit dans une éponge.

À un moment donné, vous réaliserez que votre attention s'est éloignée de votre respiration pour aller se placer sur d'autres éléments de votre expérience tels que les pensées, les sons, vos sensations corporelles autres que celles liées à la respiration. C'est normal et parfaitement bien. Prenez simplement conscience que votre attention s'est égarée et reportez votre attention sur votre respiration. Surtout, soyez douce et bienveillante.

Laissez toutes vos expériences être simplement comme elles sont. Laissez votre souffle être comme il est. Laissez le fils de vos pensées traverser votre esprit. Laissez vos sensations corporelles être présentes, exactement comme elles sont, sans les évaluer ou les modifier. Laissez les sons, les images (même si vous avez les yeux fermés), les odeurs ou les sensations être exactement comme elles sont. Allez à leur rencontre avec l'esprit et le cœur ouverts. Laissez chaque émotion s'exprimer laissez-les venir et partir ou laissez-les entrer et s'installer pour un moment. Ensuite, replacez votre attention sur votre respiration.

C'est un bon début. Si cela peut vous aider, utilisez une minuterie et commencez par pratiquer cette méditation pendant cinq minutes. Ensuite dix minutes. Ensuite vingt. Une pratique guidée « pleine conscience de la respiration » se trouve sur notre site Internet. Vous pouvez pratiquer aussi longtemps que vous le souhaitez. Certaines personnes aiment pratiquer un peu le matin et une fois encore en soirée. Plus vous parvenez à mettre des moments de côté pour pratiquer, plus vite vous serez à l'aise avec la pratique de la pleine conscience et plus il vous sera facile d'accéder à la pleine conscience dans votre vie de tous les jours en tant que maman.

Si vous avez tendance à ne pas avoir de discipline ou si vous éprouvez des difficultés à réaliser des activités qui sont bonnes pour vous malgré vos meilleures intentions, soyez douce, mais ferme avec vous-même. Essayez de trouver au moins un moyen qui vous permettra de pratiquer ne serait-ce que quelques minutes par jour. Associez par exemple votre pratique à d'autres activités habituelles, comme manger ou vous brosser les dents, de manière à ce que la pratique de la pleine conscience devienne elle aussi une activité ordinaire.

D'un autre côté, si vous avez tendance à trop prévoir, si vous êtes perfectionniste, si vous voulez absolument tout contrôler et établir des objectifs irréalistes pour vous-même, je vous suggère de ne pas pratiquer plus de trente minutes par jour pour commencer et vous invite à être deux fois plus bienveillante envers vous-même. À la fin de ce livre, vous trouverez d'autres ressources qui vous permettront d'avoir accès à plus d'exercices de pleine conscience formels et intensifs. Ces exercices sont à mettre en place sur une plus longue période de temps et proviennent d'enseignants expérimentés. Ce type de formation peut être profitable, mais ce n'est pas le sujet de ce livre. Lâcher prise, être douce et bienveillante envers vous-même est tout aussi important que la détermination et la persévérance pour vivre sa maternité en pleine conscience.

3

La rivière des expériences en perpétuel changement

Lorsque vous êtes assise tranquillement et que vous portez votre attention sur votre expérience en lui laissant l'opportunité d'être comme elle est, vous pouvez voir que vos états (physique, émotionnel, psychique) changeants proviennent de votre propre esprit plutôt que d'un changement dans votre environnement externe. Quand vous êtes assise simplement là, ce qui se passe autour de vous ne change pas beaucoup. Mais si vous êtes comme moi, vous verrez que votre esprit va dans tous les sens.

Par exemple, je me rappelle qu'une fois je pratiquais la pleine conscience lorsque j'allaitais mon bébé de quatre semaines. Cela me prenait environ vingt minutes, et j'étais assise dans un rocking-chair à regarder les poussières voleter dans un rayon de soleil qui s'infiltrait par la fenêtre. Ma petite fille était accrochée à mon sein, je ressentais une libération d'ocytocine (l'hormone maternelle qui détend), et je me sentais complètement en paix, contente et heureuse. Assise dans mon fauteuil à bascule et observant ma respiration, mon attention s'égara sur mes pensées.

Je pensais à une amie que j'avais invitée il y a quelques semaines et qui n'avait pas pu venir. Nous avions convenu d'une nouvelle date, mais j'avais malheureusement oublié de l'inscrire dans mon agenda. Avec toutes mes préoccupations de jeune maman, j'avais complètement perdu de vue notre projet de nous revoir et j'étais sortie avec mon bébé lorsqu'elle était passée à la maison après avoir traversé toute la ville. Elle m'avait alors appelée et m'avait laissé un message quelque peu frustré.

Je me suis sentie coupable et en même temps un peu embarrassée. Malheureusement, c'était une amie avec qui je n'avais pas gardé des rapports très étroits et je me sentais déjà un peu tendue en sa présence. Au moment où je pensais à tout cela, je me suis sentie rougir de honte en me disant que je n'étais pas une bonne amie et que je lui avais fait perdre son temps. Il y avait aussi de la colère. Après tout, elle n'avait pas d'enfants, donc elle n'avait aucune idée de ce que c'était d'avoir un bébé de quelques semaines. Elle s'était montrée intolérante et peu indulgente ! Mon ocytocine venait d'être remplacée par une production de cortisol (l'hormone du stress), et je me sentais agitée, un peu misérable et littéralement perdue dans mes pensées non consciente ou présente à ce qui se passait.

Ma fille s'est alors détachée de mon sein, et je suis redevenue à nouveau consciente du moment présent. J'étais surprise de voir comment, en une période de vingt minutes, j'étais passée de la béatitude à la misère sans que rien ne change autour de moi si ce n'est mes pensées.

Débarrassez-vous de l'électricité statique

Quand vous pratiquez la pleine conscience, vous voyez assez clairement à quel point vos expériences sont temporaires et changent constamment. Vous constatez que vos pensées sont continuellement en train d'émerger, sans réelles stimulations extérieures. Vous vous rendez compte également que vos « trains de pensées » prolifèrent et montent en puissance parce qu'elles sont nourries ou bloquées dans votre esprit, soit que vous vous y accrochez (vous souhaitez qu'elles restent), soit que vous leur résistez (vous souhaitez les supprimer). Il devient alors évident que les pensées qui ne sont pas nourries ne s'attardent pas et disparaissent.

Parfois, les émotions, les pensées et les sensations semblent s'accrocher comme du Velcro. Elles peuvent être intenses, stressantes, pouvant même durer un certain temps. Elles réclament votre attention et, comme les cris d'un nouveau-né, donnent l'impression qu'elles la monopolisent jusqu'à ce que vous fassiez quelque chose les concernant. S'il n'y a rien à faire, elles vont juste rester là comme des invités indésirables et resurgir de temps à autre pour attirer notre attention chaque fois que nous aurons une minute de tranquillité.

L'entraînement à la pleine conscience peut vous aider à cultiver une façon de vous positionner face à vos trains de pensées de telle manière que vous ne finissiez pas accidentellement à Chicago parce que vous n'avez pas pu résister à grimper justement dans ce train-là. Ou si vous avez sauté dans le train sans y avoir réellement pensé, vous pourrez pendre conscience que vous êtes dans ce train-là et savoir où vous allez.

Après tout, il est parfois agréable et confortable de se laisser embarquer et de suivre le fil de ses pensées familières, quitte même à s'inquiéter d'un problème. Cependant, avec la pleine conscience, votre conscience devient un peu moins électrostatique, et elle n'ira pas se coller à n'importe quoi tout le temps. Avec la pratique, il vous sera plus facile d'observer le contenu des flux de votre expérience, vous apprenez à ne plus mordre à l'hameçon ou à vous laisser prendre par une pensée, bien qu'elle puisse être très attirante.

Assise au bord de la rivière

Être calmement assise et développer votre capacité à être présente et consciente de vos expériences, en les laissant être simplement comme elles sont, est une pratique fondamentale du programme. Cette pratique vous permet d'entraîner votre attention et de vous familiariser avec le territoire de cette conscience qui est pleine, présente, non jugeante et peu sollicitée par les distractions extérieures. Elle vous permet d'observer et de vous questionner sur la nature de votre esprit pensant et de rétablir le centre de votre être dans cette partie de vous-même qui est *consciente* de cet esprit pensant et de toutes les autres sensations que vous pouvez avoir.

L'objectif de cette pratique d'ouverture de la conscience est simplement d'observer les différents aspects de votre expérience au moment où ils apparaissent, et rien d'autre. Le but n'est pas de se détendre, de se relaxer, de trouver une paix intérieure ou une certaine satisfaction bien que tout cela puisse se produire. Au contraire, cette pratique peut aussi paraître inconfortable, non familière, ou même ennuyeuse. Quoi qu'il apparaisse dans votre expérience, qu'il s'agisse de choses agréables ou désagréables, prenez-en simplement conscience. Autorisez-vous à cette pratique.

Prendre conscience de ce qui se passe dans l'instant présent est le fondement de la pleine conscience.

Observer, remarquer et explorer sont des aptitudes naturelles que nous avions lorsque nous étions enfants. N'avez-vous jamais vu un enfant captivé par la présence d'un scarabée qui se balade ? L'insecte peut capter l'attention de l'enfant qui le regarde de près pendant plusieurs minutes. Puis, tout à coup, l'enfant passe à autre chose très facilement et continue sa route. Et bien, la pratique de la pleine conscience ressemble un peu à cela. Il s'agit en effet de regarder de près et avec intérêt.

Une bonne manière d'entraîner votre muscle d'observation et d'attention est de vous exercer à observer vos pensées, vos sentiments et vos sensations corporelles à des moments de la journée qui sont relativement neutres, quand vous n'êtes pas en colère, ou follement heureuse. Essayez de vous entraîner quand vous n'avez pas trop de sujets qui vous préoccupent. Le fait de vous exercer pendant une période « neutre » vous prépare à identifier et observer votre expérience quand vous rencontrerez des moments difficiles ou quand vous aurez de grandes émotions.

Vous vous demandez peut-être comment tout ceci peut vous aider. Eh bien, la capacité à observer, identifier, être consciente de ce qui se passe dans votre expérience du moment présent est la première étape pour être à même de rester présente et connectée à votre bébé, même dans des périodes difficiles ou stressantes. Vous allez exercer votre capacité à rencontrer chaque expérience avec ouverture, curiosité et compassion. Vous allez vous entraîner à laisser ces expériences être comme elles sont, sans vous battre contre elles, sans essayer de les garder ou de les supprimer. Aussi simple que cela puisse paraître, observer demande de la pratique.

Essayez maintenant la méditation suivante :

Prenez un moment pour vous asseoir confortablement et redressez votre cage thoracique pour libérer votre ventre. Je sais, c'est plus facile à dire qu'à faire lorsqu'on est enceinte. Caler un coussin derrière le bas de votre dos ou même sous vos bras peut aider. Maintenant, respirez ! Portez votre attention sur votre respiration qui entre et sort de votre corps. Soyez-y attentive sans rien changer pour autant. Si votre respiration change d'elle-même, notez-le.

Maintenant, remarquez ce que vous entendez. Entendez simplement ce qui est là pour le moment, vous n'avez pas besoin de nommer ce que vous entendez. Si vous nommiez le son par automatisme, c'est bien. Mais essayez de simplement porter votre attention dessus, ensuite voyez si vous entendez un autre son. Rendez votre ouïe fine entendez les sons doux, subtils, aussi bien que les bruyants. Le vrombissement du réfrigérateur. Un oiseau qui chante. Les voitures qui passent. Le tic-tac de l'horloge. Votre propre respiration.

Remarquez maintenant ce que vous voyez. Si vos yeux sont fermés, vous pouvez noter ce qui se passe derrière vos paupières. Ou si vos yeux sont ouverts, adoucissez votre attention et notez ce que vous voyez. Si nommer les objets que vous voyez vous aide, faites-le. Chaise. Arbre. Mes genoux. Mon bébé. Prenez simplement note de ce qui se trouve dans votre champ de vision.

Ensuite, portez votre attention sur ce que vous goûtez. Vous n'avez peut-être rien mangé récemment, mais il est possible que vous ayez un petit goût dans la bouche. Un goût métallique. Un goût d'ail. Un goût neutre. Prenez note de tous les goûts qui sont présents en ce moment.

Maintenant, portez votre attention sur les odeurs. Respirez profondément par vos narines et remarquez toutes les senteurs, qu'elles soient âcres ou subtiles. Pour le moment, contentez-vous de porter votre attention au processus de l'odorat. N'essayez pas de savoir si vous les aimez ou non.

Maintenant, que sentez-vous ? Est-ce que votre corps est en contact avec votre lit, une chaise ou le sol ? Fait-il chaud ou froid ? Sentez-vous des tensions dans votre corps ? Votre bébé est-il dans votre ventre, sur vos genoux ou à côté de vous ? Sentez l'air sur votre peau. Prenez note des sensations tactiles et physiques présentes en ce moment.

Prenez maintenant note de vos pensées. Vous pensez sans doute à une multitude de choses. Prenez note à mesure que les pensées passent.

Ensuite, remarquez vos sentiments. Êtes-vous marquée par une émotion ? Une satisfaction ? Un ennui ? Une tristesse ? Une colère ? Une culpabilité ? Prenez note, avec légèreté, de chaque sensation que vous avez en ce moment même, dans l'instant présent.

Retournez maintenant à la conscience de votre respiration. Observez votre souffle entrer et sortir pendant quelques minutes encore.

Laissez chacune de vos expériences passer, comme les feuilles emportées par le courant. Vous pouvez décider d'en prendre une et de l'examiner, mais ensuite replacez-la dans le courant. Ou laissez-les toutes flotter sur l'eau de la rivière.

Prenez conscience de tout ce qui aurait pu changer dans votre respiration ainsi que dans vos sensations, vos pensées, vos sentiments ou votre état général après avoir pratiqué cette méditation. Est-ce que vous percevez des modifications ?

L'intérêt de cette pratique est d'identifier (de noter) ce qui se passe dans votre expérience à l'instant même. Quand vous serez habituée à pratiquer cette méditation, vous la trouverez très efficace pour vous ramener à la pleine conscience dans l'instant présent, dans votre corps et en connexion avec votre bébé.

4

Les mouvements de yoga

Jnana Gowan, qui est coauteur de ce chapitre, est instructrice certifiée de yoga et est spécialisée dans l'accompagnement des futures et jeunes mamans. Elle a développé les mouvements de yoga pour la formation « Vivre sa maternité en pleine conscience ».

Jnana apporte une richesse à ce travail de par son expérience personnelle et professionnelle. En tant que maman, elle a intégré une pratique de pleine conscience dans sa vie de tous les jours avec l'aide de son fils, Riley. Vous pouvez en savoir davantage sur son travail avec les personnes en individuel, en groupe et dans les entreprises dans la section « Ressources » à la fin de ce livre. Les mouvements de yoga présentés dans ce chapitre ont été illustrés par une autre maman exceptionnelle, Joanne Le Cocq, artiste et designer professionnel.

Pleine conscience dans le mouvement

Pouvoir porter son attention sur son corps assis tranquillement c'est une chose (et la plupart des gens sont surpris de constater tout se qui se passe dans ces moments de « calme »), mais parvenir à porter votre attention sur l'instant présent, sur votre respiration et votre corps lorsque celui-ci est *en mouvement,* c'est une autre paire de manches. En tant que maman, vous bougez énormément. Les mouvements en pleine conscience présentés dans ce chapitre sont conçus spécialement pour vous aider à rester présente, consciente et connectée avec votre bébé non seulement quand vous êtes tranquillement assise, mais aussi quand vous vous remuez dans tous les sens.

Si le cœur vous en dit, n'hésitez pas à vous inscrire à un cours de yoga pré- ou postnatal dans votre région. Ces cours sont de plus en plus souvent proposés dans les salles de gymnastique, dans les centres de yoga et de soins centrés sur le lien corps-esprit, et s'adressent aux personnes désireuses d'intensifier leur pratique. Pour beaucoup de femmes, les classes de yoga prénatal ou postnatal avec bébé sont généralement leur première expérience avec la pratique du yoga.

Certaines femmes enceintes pensent que leur corps n'a pas beaucoup changé en dehors d'une certaine prise de poids. D'autres en revanche ne sont plus capables de lever la tête de l'oreiller, ont mal partout et ne parviennent pas à se débarrasser de leurs nausées. Pouvoir être dans une pièce avec d'autres femmes qui vivent des expériences similaires peut être revigorant. Ces cours offrent une opportunité de rencontrer d'autres jeunes mamans, un élément clé qui vous permet de rester équilibrée durant votre grossesse et le début de votre maternité.

Nous avons choisi d'intégrer les mouvements de yoga dans notre formation, car cette pratique de pleine conscience en mouvement a évolué depuis des millénaires. Des recherches ont également montré que le programme pré- et postnatal est bénéfique et sans danger pour les femmes en âge de procréer. Le yoga en pleine conscience est un outil très puissant pour apprendre à travailler avec votre souffle, pour être à l'écoute de votre corps et cultiver la conscience de l'instant présent. Si vous le souhaitez, vous pouvez bien sûr pratiquer d'autres formes de mouvements en pleine conscience comme le Tai Chi ou le Qi Gong, ou encore pratiquer des mouvements moins formels comme la marche, la danse, le vélo, ou simplement des étirements. Vous pouvez par exemple remplacer la pratique de pleine conscience assise par la pratique de pleine conscience en marchant. Vous pouvez également modifier la pratique de la pleine conscience de la respiration présentée dans le chapitre 2 en remplaçant le mot « en respirant » par « en marchant » ainsi que le mot « chaque respiration » par « chaque pas ». Si vous avez le moindre doute sur vos capacités physiques à réaliser les exercices, consultez votre médecin avant de commencer.

Il existe plusieurs formes de yoga, mais celui qui est le plus connu en Occident est le *hatha yoga*, ou du moins les composantes physiques de ce yoga comme les postures (connues sous le nom d'*asanas*) et les exercices de respiration (appelés *pranayama*). En sanskrit, le mot *yoga* signifie « union ». Quand vous pratiquez le yoga, vous travaillez afin d'unir votre esprit, votre corps et votre essence. Durant votre grossesse et votre maternité, c'est exactement ce que vous cherchez trouver un équilibre entre votre corps, votre esprit et votre essence ou votre moi profond. C'est ce que nous allons explorer dans ce chapitre.

Le mot sanskrit pour « respiration » est *prana*. Bien plus que la respiration, *prana* signifie votre force vitale, votre vitalité l'énergie première qui sous-tend votre santé mentale, physique et spirituelle, ainsi que la force présente en chaque élément. Quand vous pratiquez le yoga, vous utilisez votre respiration comme un pont entre votre corps et votre esprit. Il incombe à votre esprit de porter son attention sur votre respiration afin de vous connecter à votre moi profond, cet endroit de votre conscience qui est au-delà de vos pensées, de vos sentiments et de vos sensations corporelles. La conscience de votre respiration est comme une ancre qui vous maintient dans le moment présent.

Pratiquer un peu de yoga avant de vous installer pour une méditation assise peut vous être très bénéfique. Dans nos formations « Vivre sa maternité en pleine conscience », nous commençons chaque session avec vingt minutes de yoga. Ces exercices nous aident à ralentir notre esprit en constante activité et à le ramener dans l'instant présent, à nous centrer dans notre corps afin de nous permettre d'atteindre un endroit plus calme et concentré.

Lorsque vous pratiquez le yoga en pleine conscience, vous déplacerez votre corps selon certaines poses et vous les garderez pendant un certain temps. Pour ne citer qu'un exemple, dans la pose du guerrier, vous porterez votre attention sur votre respiration et sur votre corps alors que vos jambes sont écartées et que vos bras sont largement ouverts. En session, cette posture est maintenue jusqu'à une minute, un temps équivalent à la durée d'une contraction, et pour certaines, c'est loin d'être facile. Beaucoup de femmes ont témoigné que lorsqu'elles essayaient de maintenir cette posture, elles avaient réussi à trouver le moyen de s'ancrer et de se centrer en elles-mêmes. Grâce au souffle, à la détermination, au lâcher-prise, ces femmes ont appris à se détendre dans la pose plutôt qu'à se contracter et résister. En pratiquant cet exercice, elles développent même une attitude positive envers elles-mêmes (« je peux y arriver ! »), un outil très important pour ces femmes qui sont sur le point de donner naissance à un bébé.

De nombreuses situations dans la vie de jeunes mamans ressemblent à la posture du guerrier. C'est le cas, par exemple, de votre situation quand vous portez votre bébé sur votre hanche tout en essayant de détacher la ceinture du siège auto de votre aîné et en regardant impuissante une bouteille de lait maternel fraîchement tiré se répandre sur le siège de votre voiture. Ou quand vous vous trouvez à l'arrêt en voiture, bloquée dans le trafic, en retard pour aller chercher votre bébé à la crèche et que votre batterie de téléphone portable est sur le point de rendre l'âme. Ces situations stressantes peuvent être vécues de la même manière que lorsque vous pratiquez vos exercices de yoga en pleine conscience et que vous vous laissez aller dans la pose du guerrier. Quant à l'accouchement, c'est peut-être la pose du guerrier la plus dure que vous allez rencontrer dans toute votre vie, mais ce qui vous aidera grandement durant ce moment intense, c'est de rester présente à votre respiration et à votre corps.

Comme me l'a dit un jour ma sage-femme, « vous ne pouvez pas imaginer faire sortir un bébé de votre corps ». Les livres sur l'accouchement et les séances d'informations peuvent vous aider à comprendre le principe de l'accouchement, mais quand celui-ci commence, il n'y a plus que vous, votre bébé et votre souffle.

Les exercices de yoga

Les exercices de yoga du programme *Vivre sa maternité en pleine conscience* ne vous prendront pas beaucoup de temps. Vous pouvez les réaliser à votre réveil, juste avant de vous coucher, durant votre temps de midi, avant ou après une petite marche, lorsque vous vous occupez de votre bébé à tout moment. C'est une façon rapide et facile de s'investir dans des mouvements en pleine conscience et, avec un peu de chance, ces exercices vous enrichiront spirituellement.

Comme pour tous les programmes d'exercices ou de mouvements, commençons par quelques mots concernant votre sécurité. N'oubliez pas que vous avez un bébé dans votre ventre, ou qu'il y était tout récemment ! Lorsque vous êtes enceinte, votre placenta produit une hormone appelée *relaxine* qui se diffuse dans votre corps. Cette hormone assouplit les tissus conjonctifs et les ligaments de votre corps, ce qui fait que le yoga est une pratique parfaite pour vous accompagner dans ce changement hormonal. Cette souplesse est à son apogée durant votre grossesse et vous permet de vous étirer plus que de coutume.

Les exercices ici proposés n'ont surtout pas comme devise « pas de souffrance, pas de progrès ». Cette période de votre vie est une période où vous devez ralentir, vous connecter avec votre respiration, votre corps et votre bébé. Dès que vous sentez une tension un peu douloureuse, réduisez légèrement l'étirement et maintenez la pose dans ces nouvelles conditions. Soyez attentive à votre respiration. Si votre respiration se fatigue en réalisant une posture, ralentissez. De même, si vous ressentez une gêne lorsque vous prenez une pose de yoga, reposez-vous et demandez conseil à votre médecin. Vous avez également la possibilité de demander à un instructeur de yoga de vous observer et de vous corriger au besoin lorsque vous prenez la posture. Si une pose ne vous convient pas pour le moment, laissez-la de côté pendant un temps puis essayez-la à nouveau. Comme votre corps change très rapidement, il se peut qu'elle devienne plus confortable lorsque vous serez plus avancée dans votre grossesse.

Avec la pratique des mouvements en pleine conscience, vous êtes un peu comme une exploratrice. Les changements de votre corps durant votre grossesse et après votre accouchement, vous offrent un vaste champ d'exploration. Aucune journée ne se ressemble : votre ventre s'élargit ou se rétrécit, des douleurs « mystérieuses » se présentent, vous perdez ou gagnez du poids tous ces changements vous offrent une opportunité de vous connecter avec votre nouveau moi et votre bébé.

Il est fort possible que vous ressentiez de fortes émotions lorsque vous commencerez à travailler avec le souffle et les mouvements en pleine conscience. Ou que vous preniez conscience de certaines tensions dont vous ignoriez l'existence. À ces moments-là, il est possible que vous ressentiez de la tristesse, de la colère ou un sentiment général d'inconfort que vous aurez du mal à discerner. Sans changer quoi que ce soit (ce qui pourrait être votre première réaction), essayez de rester avec ces sentiments et ces émotions. Respirez dans chacune de ces sensations et remarquez comment elles finissent toutes par se modifier.

Vous n'avez besoin de rien pour pratiquer ces exercices de yoga. Cependant, vous aurez peut-être envie de vous procurer un matelas (très utile pour ne pas glisser en adoptant vos poses). Voici une série d'autres objets utiles : trois ou quatre livres épais et solides ou des blocs de yoga que vous trouverez facilement dans les magasins de sport, sur le net ou dans les supermarchés, deux couvertures épaisses ou de larges essuies, une chaise et un tabouret. Il se peut que vous n'ayez pas besoin de ces objets, car tout dépend de votre souplesse. Cependant, plus vous avancez dans votre grossesse, plus vous trouverez que ces accessoires peuvent vous être d'une certaine utilité.

Les séances sont conçues pour durer approximativement vingt à trente minutes. Nous vous recommandons de pratiquer une série dans son entièreté. Vous pouvez télécharger sur notre site Internet un petit document récapitulant l'ensemble des postures. Cependant, puisque vivre sa maternité en pleine conscience, c'est introduire ces pratiques dans votre quotidien de jeune maman, les jours où vous n'avez pas le temps (ou l'énergie) de pratiquer la série entière, vous pouvez la diviser en deux parties : les postures assises et les postures debout. Si vous n'avez que quelques minutes devant vous, vous pouvez vous contenter de réaliser vos postures préférées, surtout si vous avez mal partout ou que vous vous sentez coincée, léthargique ou ballonnée.

Vous pouvez également réaliser ces exercices avec votre bébé. Bien qu'il soit important que vous ayez du temps rien que pour vous, n'attendez pas d'être seule pour pratiquer votre yoga, car ces moments-là sont très rares. N'ayez pas peur d'inclure votre bébé, il adorera vous regarder prendre des postures invraisemblables ! Pratiquez certaines postures au-dessus de votre bébé couché sur le tapis (tout en restant prudente) ou placez-le à côté de vous lorsque vous pratiquez une posture assise. Voici une occasion supplémentaire pour être en contact avec votre bébé en pleine conscience.

Un dernier petit point. Comme les noms des poses peuvent varier lorsque l'on utilise les descriptions occidentales, nous utilisons en premier lieu le nom sanskrit suivi du nom occidental.

Remarque : Si vous êtes comme moi, vous allez tourner les pages suivantes en pensant « Ces exercices semblent chouette ! » et « Je les essaierai un jour ! »... Je vous encourage à les essayer tout de suite.

RAPIDE COUP D'ŒIL

Exercices de yoga pour vivre sa maternité en pleine conscience

VOLET 1

Les postures assises

1. **Sukhasana** : Posture aisée (conscience de la respiration)
2. **Upavista Konasana** : Posture jambes écartées (étirement des côtés)
3. **Baddha Konasana** : Posture du papillon
4. **Adho Mukha Svanasana** : Posture du chien tête en bas
5. **Adho Mukha Virasana** : Posture de l'enfant

VOLET 2

Les postures debout

1. **Uttanasana** : Posture de la pince debout ou de l'étirement intense
2. **Tadasana** : Posture de la montagne
3. **Les squats et les squats soutenus** (flexion des jambes)
4. **Exercices du plancher pelvien**
5. **Virabhadrasana II** : Posture du guerrier II
6. **Prasarita Padottanasana** : Posture de la flexion avant jambes écartées

VOLET 3

La posture de fin

1. **Savasana** : Posture du cadavre (sur le flanc pour les femmes enceintes)

PREMIER VOLET Les postures assises

Sukhasana :
Posture aisée (conscience de la respiration)

Asseyez-vous sur un coussin ferme ou sur une ou deux couvertures épaisses, les jambes croisées en tailleur. Dans cette position, étirez votre côté gauche et votre côté droit afin d'allonger votre colonne. Posez-vous et prenez trois à cinq respirations.

Première partie

Inspirez et levez vos bras latéralement jusqu'au-dessus de votre tête, les paumes de vos mains tournées vers le plafond. Tournez ensuite vos paumes vers l'extérieur. Expirez et abaissez latéralement vos bras avec les paumes tournées vers le sol. Paumes vers le haut, inspirez, levez les bras. Les paumes tournées vers l'extérieur, expirez et baissez les bras, paumes vers le bas. Répétez l'exercice trois à cinq fois. Vous pouvez réaliser l'exercice en inspirant en six temps et expirez pour ralentir votre respiration.

Deuxième partie

Inspirez, levez les bras latéralement et entrelacez vos doigts au-dessus de votre tête. En expirant, tournez vos paumes en direction du plafond. Gardez cette posture pendant une à deux respirations, ensuite relâchez vos mains et abaissez vos bras.

Troisième partie (non illustrée)

Inspirez, placez vos mains derrière votre dos, entrelacez vos doigts et placez vos paumes l'une contre l'autre. Quand vous expirez, tendez vos bras vers l'arrière, levez les bras tout en gardant votre dos droit et maintenez cette posture pendant une à deux respirations.

Répétez la deuxième et la troisième partie en changeant l'entrelacement de vos doigts (placez le pouce opposé devant).

Upavista Konasana :

Posture jambes écartées (étirement des côtés)

Écartez vos jambes le plus largement possible. Inspirez, étirez vos bras au-dessus de votre tête, les paumes se faisant face, et en les maintenant écartés de la largeur de vos épaules. Gardez vos jambes tendues. Poussez vos talons dans le sol en fléchissant vos orteils dans votre direction. Vos genoux pointant le plafond.

Ensuite expirez, placez votre main droite sur le sol pendant que le bras gauche se lève dans l'alignement de votre flanc gauche. Étirez votre côté gauche avec le bras gauche et utilisez la main sur le sol pour vous soutenir. Inspirez, ramenez vos deux bras tendus au-dessus de votre tête. Expirez et répétez le mouvement avec le bras opposé.

Baddha Konasana :

Posture du papillon

En partant de la posture précédente, les jambes largement écartées, ramenez vos jambes l'une contre l'autre. Placez vos mains sous vos genoux et amenez-les vers vous, plaçant les plantes de vos pieds l'une contre l'autre à une distance de 20 à 30 centimètres devant vous.

Première partie

Placez vos mains sur vos chevilles et commencez par réaliser des cercles avec votre torse. Synchronisez votre respiration. Inspirez en commençant votre cercle vers l'arrière et expirez en terminant votre cercle vers l'avant. Quand vous réalisez cette posture, veillez à *ne pas pousser vos genoux sur le sol*. Maintenez vos pieds pressés l'un contre l'autre pendant toute la durée de l'exercice. Si vous êtes enceinte, vous aurez peut-être la sensation d'écraser votre bébé, ne réalisez le mouvement que si celui-ci est confortable pour vous et votre bébé. Réalisez cet exercice le temps de cinq respirations, puis changez de sens. Quand vous aurez terminé, reprenez votre position initiale.

Deuxième partie

Placez à nouveau vos mains sur vos chevilles en inspirant et basculez votre bassin vers l'avant. Rapprochez vos omoplates tout en les dirigeant vers le bas. Cambrez votre dos et dirigez votre regard vers le plafond en levant doucement le menton.

Expirez, maintenez vos mains sur vos chevilles, basculez votre bassin vers l'arrière et bombez votre dos en commençant par votre sacrum (la base de votre colonne vertébrale) tout en gardant vos bras tendus. Synchronisez votre respiration au mouvement et répétez l'exercice pendant cinq à dix cycles de respiration. Inspirez, levez votre poitrine et cambrez légèrement votre dos, expirez, rentrez le ventre et bombez votre dos en tendant les bras.

Adho Mukha Svanasana :

Posture du chien tête en bas

Placez-vous maintenant sur vos genoux et vos mains, avec les doigts bien écartés. Tournez vos mains légèrement vers l'extérieur formant ainsi un angle de 45°. Placez vos genoux et vos pieds écartés selon la largeur de votre bassin, ou encore un peu plus écartés si vous êtes enceinte. Trouver la bonne position demande un peu de pratique. Si vos pieds sont trop rapprochés, vous pourriez sentir quelques tensions au niveau de votre colonne et s'ils sont trop écartés, vous pourriez vous surmener. Prenez une inspiration et lorsque vous expirez, placez vos pieds à plat sur le sol, tendez vos jambes et assurez-vous de maintenir vos dix orteils pointant vers l'avant. Pressez vos paumes sur le sol, maintenez vos coudes à l'intérieur et allongez votre colonne vertébrale. Relâchez votre tête et laissez la pendre entre vos bras. Maintenez la posture pendant trois à cinq respirations seulement. Si vous avez la tête qui tourne, relâchez la posture et prenez la pose de l'enfant (posture suivante). *Ne maintenez surtout pas la posture si vous sentez que votre tête tourne.*

Remarque : Si vous pratiquez cette posture depuis peu et/ou si vous êtes enceinte, cette posture peut vous demander trop d'énergie. Si c'est le cas, passez cette pose et allez directement à la suivante. Étant donné les changements constants de votre corps, je vous invite à vérifier et conscientiser la manière dont vous vous sentez, et ce, chaque jour.

Adho Mukha Virasana :
Posture de l'enfant

Lorsque vous terminez la posture du chien tête en bas, revenez en position quatre pattes, sur vos mains et genoux. Placez vos gros orteils l'un contre l'autre, les genoux écartés, ensuite asseyez-vous sur vos talons (si vous êtes enceinte, gardez les jambes suffisamment écartées pour laisser de la place à votre ventre). Quand vous expirez, allongez-vous vers l'avant. Vous pouvez avancer vos mains plus en avant, paumes sur le sol et laisser ainsi votre ventre se reposer entre vos jambes. Étirez vos omoplates en direction de vos bras et pressez votre coccyx contre vos talons. Si votre corps vous le permet, déposez votre front sur le sol. Les femmes avec un plus gros ventre peuvent former un oreiller avec leurs avant-bras pour relâcher leur tête.

Remarque : Vous pouvez répéter la séquence « Posture du chien tête en bas - Posture de l'enfant » trois à cinq fois.

SECOND VOLET Les postures debout

Uttanasana :

Posture de la pince debout ou de l'étirement intense

En partant de la posture de l'enfant, positionnez vos pieds à plat sur le sol écartés d'une largeur supérieure à celle de votre bassin. Tendez les jambes et maintenez les mains à plat sur le sol (ou sur un bloc de yoga, un livre épais ou une chaise) comme support. Levez votre bassin et relâchez votre tête, et laissez le poids de votre tête vous amener plus près encore du sol. Travaillez les muscles de vos cuisses, plus vous les utilisez, plus vous relâcherez votre colonne vertébrale. Imaginez que vous êtes suspendue par votre bassin, laissez votre colonne se relâcher le plus possible. Gardez vos genoux le plus droit possible et respirez profondément. Inspirez jusque dans l'arrière de vos cuisses.

Quand vous souhaitez mettre un terme à cette posture : commencez par plier légèrement vos genoux, redressez-vous lentement, vertèbre par vertèbre (placez vos mains sur vos cuisses, si vous avez besoin d'un support supplémentaire) pour prendre la posture de la montagne (posture suivante).

Tadasana :

Posture de la montagne

Maintenir une posture d'avant-grossesse durant votre grossesse et votre période post-partum est très utile à mesure que vous prenez du poids et que les limites de votre corps s'élargissent. Dans le cadre de votre pratique de pleine conscience journalière, prenez cette pose de la montagne chaque fois que l'occasion se présente : lorsque vous faites la file au magasin, à la banque, ou en attendant le bus ou un taxi.

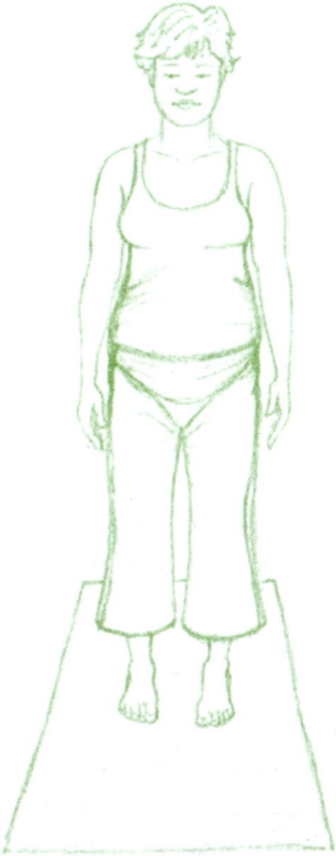

Placez-vous debout, les pieds écartés largeur du bassin et parallèles, les talons pointent légèrement vers l'extérieur. Pressez vos pieds équitablement sur le sol avec les orteils écartés. Sentez le poids de votre corps qui se modifie et répartissez-le équitablement sur vos deux pieds. Contractez les muscles avant de vos cuisses sans bloquer l'arrière de vos genoux. Basculez très légèrement votre bassin en dirigeant votre pubis vers le haut et votre coccyx vers le sol. Gardez vos hanches au-dessus de vos genoux et vos genoux au-dessus de vos chevilles. Étirez les côtés de votre taille vers vos aisselles. Étirez vos clavicules en direction de vos épaules et laissez vos bras pendre de chaque côté de votre corps.

Quelques mots concernant les squats (flexion des jambes)

La morphologie de la femme enceinte est parfaite pour réaliser des squats. Pratiquer cette posture durant la grossesse est donc hautement recommandée. Avec la pratique, vous prendrez conscience que votre corps s'ouvre chaque jour davantage lors de l'exercice. En partant de la posture de la montagne, commencez par écarter vos pieds d'une largeur supérieure à celle de votre bassin tout en les gardant parallèles. Expirez. Lorsque vous pliez vos genoux, placez le poids de votre corps sur l'avant de vos pieds. Vos orteils vont naturellement s'orienter vers l'extérieur et, au besoin, vous pouvez placer vos mains sur le sol pour garder l'équilibre. Gardez vos orteils dans l'alignement de vos genoux. Étirez votre coccyx en direction du sol et allongez cet étirement jusqu'au sommet de votre tête, gardant ainsi votre colonne vertébrale la plus longue possible. Évitez d'arrondir votre colonne en laissant bien vos talons s'éloigner du sol. À mesure que vous pratiquez cette posture, vos talons se poseront plus facilement sur le sol. Si vous n'avez pas besoin de support avec vos mains, pressez vos paumes l'une contre l'autre en prière en plaçant vos pouces au niveau du cœur.

Si vous avez besoin d'un peu d'aide, vous pouvez vous asseoir sur un bloc, un tabouret ou sur une pile de livres.

Gardez vos fessiers sur la surface du tabouret. Avec le temps, diminuez la hauteur de votre support. Si vous le désirez, vous pouvez également réaliser cette posture le dos contre le mur pour avoir une aide supplémentaire.

Pour sortir de la posture : replacez vos mains sur le sol, déplacez le poids de votre corps légèrement sur l'avant et orientez vos talons vers l'extérieur afin d'avoir à nouveau vos pieds parallèles. Revenez dans la posture Uttanasana (posture de la pince) en étirant vos jambes. Expirez et suivez les instructions données pour la posture de la pince pliez légèrement les genoux, redressez-vous lentement, vertèbre par vertèbre (placez vos mains sur vos cuisses, si vous avez besoin d'un support supplémentaire) pour prendre la posture de la montagne.

Exercices pour le plancher pelvien

Les exercices pour le plancher pelvien sont des contractions du muscle pubo-coccygien, muscle qui s'étire entre l'os du pubis et le coccyx en formant le plancher pelvien. Travailler ce muscle peut permettre une naissance plus facile et aide à garder votre périnée intact (réduit le risque d'épisiotomies). Ces exercices peuvent aussi vous aider à prévenir les fuites urinaires quand vous éternuez, toussez, riez ou sautez. Un autre avantage de la pratique de ces exercices en pleine conscience est de voir le plaisir sexuel amplifié pour les deux partenaires. En pratiquant ces exercices durant votre grossesse (et le reste de votre vie), vous tonifiez votre plancher pelvien, qui abrite vos organes reproducteurs, votre vessie et 36 paires de muscles qui s'attachent à votre bassin. Ces exercices peuvent se pratiquer à tout moment (en conduisant, en faisant la file, en regardant la TV. Je vous recommande au minimum de pratiquer ces exercices chaque fois que vous utilisez les toilettes et durant votre grossesse. Le meilleur moyen de voir l'effet de ces exercices est de les pratiquer pour stopper le jet lorsque vous urinez. C'est la contraction du muscle pubo-coccygien qui arrête le flux. Lorsque vous saurez le contrôler, ne vous exercez pas pendant que vous urinez, mais attendez plutôt de l'exercer après, quand vous vous lavez les mains par exemple.

Virabhadrasana II :

Posture du guerrier II

En partant de la posture de la montagne, écartez vos pieds d'environ un mètre. Tournez votre pied droit d'un angle de 90° de telle sorte que le talon de votre pied droit soit dans l'alignement avec l'arc de votre pied arrière gauche. Maintenez l'avant de votre pied gauche à plat sur le sol, soulevez votre talon gauche et tournez-le de 45° vers l'arrière. Travaillez vos cuisses en levant votre muscle situé au-dessus de vos genoux. Inspirez, levez les bras latéralement jusqu'à ce que vos bras soient parallèles avec le sol, maintenez les épaules basses et loin de vos oreilles. Tournez la tête pour regarder votre bras droit. Expirez et pliez la jambe droite en vous assurant que le genou pointe dans la même direction que vos orteils. Ne laissez pas vos orteils se tourner vers l'intérieur. Avec la pratique, la cuisse droite finira parallèle au sol. Levez légèrement votre menton, et soyez une maman guerrière pleine de fierté. Le torse reste bien droit, perpendiculaire au sol. Commencez par garder cette posture pendant quinze à trente secondes, mais travaillez-la pour réussir à tenir une minute et développer ainsi force et endurance. Ensuite, ramenez vos pieds l'un près de l'autre, prenez la posture de la montagne quelques instants avant de répéter la posture du guerrier II en changeant de côté.

Prasarita Padottanasana :
Posture de la flexion avant jambes écartées

En partant de la posture de la montagne, écartez à nouveau vos pieds d'environ un mètre. Vos gros orteils sont parallèles, voire légèrement rentrés. Répartissez le poids de votre corps sur toute la longueur de vos deux pieds et enfoncez-les dans le sol. Contractez vos cuisses. Inspirez, allongez votre colonne vertébrale en soulevant votre torse en direction de vos aisselles. Expirez, pliez-vous vers l'avant puis vers le sol au niveau de votre bassin en maintenant votre colonne vertébrale la plus longue possible. Assurez-vous que vos hanches et vos talons restent alignés. Touchez le sol, le bloc ou la chaise avec la pointe de vos doigts en vérifiant que les mains soient bien en dessous des épaules. Inspirez profondément dans l'arrière de vos cuisses. Gardez votre tête dans l'alignement de votre colonne et étirez-la de la base de votre crâne jusqu'à votre coccyx. Maintenez la posture durant trois à cinq respirations.

Pour vous relever : appuyez vos mains sur le sol ou la chaise ou le bloc et rapprochez vos pieds en commençant par ramener vos talons de quelques centimètres, ensuite vos orteils de quelques centimètres. Quand vous aurez rapproché suffisamment vos pieds, pliez légèrement vos genoux, placez ensuite vos mains sur vos cuisses et utilisez la force de vos bras pour dérouler tout doucement votre colonne et reprendre la posture de la montagne.

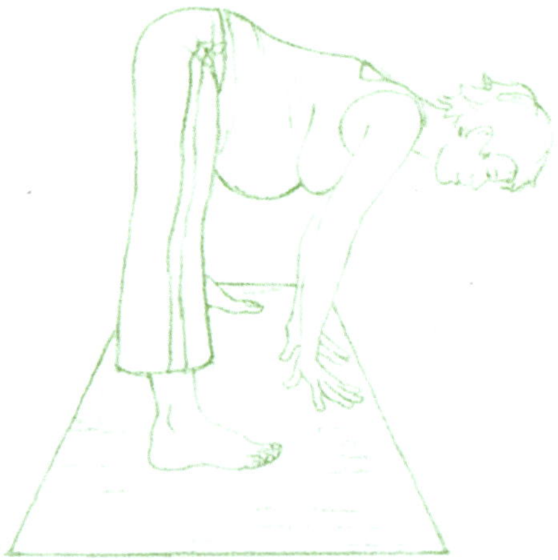

TROISIÈME VOLET La posture de fin

Savasana :
Posture du cadavre
(sur le flanc pour les femmes enceintes)

Traditionnellement, cette pose se fait couchée à plat sur le dos. Cependant, lorsque vous êtes enceinte, il est préférable que vous vous couchiez sur votre *côté gauche*, car les femmes dans leur deuxième et troisième trimestre peuvent expérimenter un syndrome sérieux appelé le *syndrome d'hypotension en position couchée*. Ce syndrome est causé par une chute de tension lorsque la maman est en position couchée ou sur le dos. Le poids de l'utérus, du bébé, du placenta et du liquide amniotique peut écraser une veine importante appelée la *veine cave inférieure* et réduire ainsi le flux sanguin du cœur. Quand la veine cave est sous pression (écrasée), votre cœur peut ralentir et votre pression sanguine peut diminuer, causant les symptômes suivants : tête qui tourne, fatigue, nausée et autres désagréments. Ce syndrome peut également affecter le bien-être du fœtus qui reçoit moins d'oxygène. Si vous avez déjà accouché, vous pouvez réaliser cette posture couchée, les paumes tournées vers le plafond. Une fois encore, je vous invite à être pleinement consciente de votre corps, de votre respiration et d'arrêter toute posture qui vous semble inappropriée.

Pour cette posture du cadavre, placez-vous sur votre côté gauche, utilisez coussins et couvertures comme supports si besoin pour que cette posture soit un moment de profond relâchement. Utilisez un coussin ferme, une couverture ou un essuie sous votre tête, à moins que vous ne préfériez utiliser votre avant-bras pour ne pas le coincer sous votre corps. Vous pouvez utiliser une couverture entre vos deux jambes en plaçant votre jambe supérieure légèrement en avant. Placez votre bras supérieur devant vous avec votre main sur votre ventre si vous le souhaitez. Détendez votre langue en la poussant le plus fort possible contre votre palais, ensuite laissez-la retomber, relâchant ainsi les tensions. Relâchez également votre mâchoire en laissant un espace entre vos dents supérieures et inférieures. Laissez votre corps devenir lourd sur le sol. Restez dans cette posture calme, régénérante pendant au moins trois à quatre minutes. Si vous avez le temps, restez jusqu'à dix minutes ou plus.

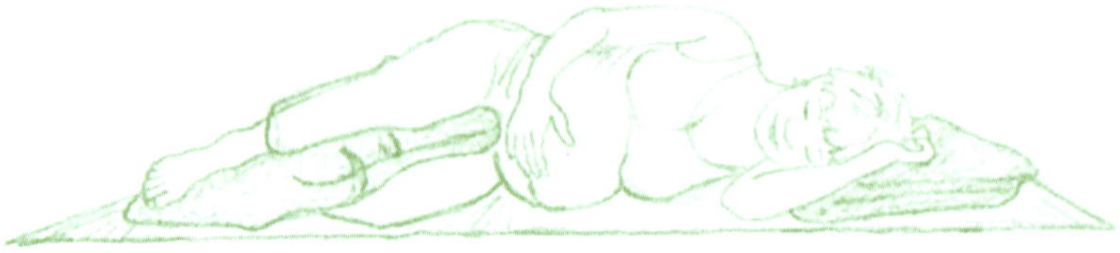

5

Les trois éléments d'une expérience

Maintenant que vous avez quelques exercices à votre disposition pour pratiquer chaque jour, nous allons nous immerger dans un apprentissage plus poussé qui va vous aider à observer les différents aspects de votre expérience.

Les trois éléments

Une des participantes de la formation « Vivre sa maternité en pleine conscience », que j'appellerai Cindy, nous a raconté un de ces moments que chaque maman redoute. Un jour, elle est partie se promener au parc avec son mari, leur petit garçon et leur petite dernière de 4 mois qui se trouvait dans sa poussette. Ils sont tous les quatre allés voir les bateaux à voile miniatures. Le soleil brillait, un orchestre jouait, une petite brise soufflait, les enfants riaient et nourrissaient les canards, des marchands vendaient des bretzels chauds et des glaces, des adolescents faisaient du patin à roulettes. C'était une journée superbe. Alors qu'elle faisait attention à son aîné, du coin de l'œil elle vit la poussette, le bébé toujours dedans, rouler toute seule en direction de l'étang. Elle roulait lentement, néanmoins la poussette finit dans l'eau, avec le bébé ! Heureusement, celui-ci n'a été qu'un peu mouillé et surtout surpris lorsque son papa l'a sorti de là. Arrêt sur image.

Cette expérience contient à première vue de nombreuses informations. Il y a le son de la musique, les enfants qui discutent et rient, le soleil qui fait scintiller l'eau, la sensation du vent, la chaleur du soleil, les odeurs des bretzels qui sont vendus un peu plus loin, les « hey » et les « oh, mon Dieu » des gens qui réalisent ce qui est en train de se produire. Durant la petite minute que son mari a mis pour courir à la rescousse de leur bébé, Cindy a déjà toutes sortes de pensées qui lui passent par la tête : « Comment ai-je pu laisser cette situation se produire ? J'ai pourtant mis les freins de la poussette... L'ai-je fait ? Comment vais-je expliquer aux gens que mon bébé s'est noyé dans un lac peu profond ? Que disaient-ils dans mon cours de secourisme à propos de la compression thoracique pour les bébés ? » Le corps de Cindy s'est tendu, il y avait de la peur et de la panique. Toutes ces pensées et ces sensations sont très vite devenues oppressantes.

En réalité, cette expérience (et chaque expérience que vous vivez) est composée de trois éléments : vos pensées, vos sentiments et vos sensations corporelles. Même dans cette situation compliquée, il n'y avait que trois éléments dans le vécu de Cindy. Elle *pensait* : dans ce cas précis, elle se demandait comment elle allait pouvoir rattraper son bébé sans laisser son aîné tout seul et elle souhaitait que les gens s'écartent de son chemin. Elle *ressentait* de la peur que son bébé soit en réel danger, un état de choc, peut-être un peu de colère et beaucoup d'énergie pour rattraper son bébé. Et enfin, elle *percevait* par ses cinq sens ainsi que par ses sensations corporelles. Elle a prêté attention à tout ce qui l'entourait, les images, les odeurs, mais aussi la tension, la sensation du vent et du soleil sur sa peau, celle d'être bousculée par les gens qui se trouvaient sur son passage.

Chaque situation chaotique ou douce que vous rencontrerez en tant que jeune maman comprendra toujours ces trois aspects. Observez ce que vous vivez en ce moment même. Vous avez certainement des *pensées*, ou votre esprit est concentré sur ce que vous lisez et vous digérez l'information. Vous avez également des *sentiments* ou des émotions et vous percevez des *sensations* corporelles, comme une sensation de relâchement, de chaud ou de froid, ou encore certaines tensions. Et tout ce qui se produit à l'extérieur de vous est perçu par vos sens vos cinq sens classiques, la vue, l'odorat, l'ouïe, le toucher, le goût. Il existe un sixième sens que j'aime appeler votre instinct, ou encore une sensation corporelle globale que vous percevez dans certaines occasions (comme lorsque vous avez la chair de poule dans certains endroits, ou au contraire lorsque vous vous sentez détendue comme à la maison). La pleine conscience, c'est commencer par observer pour chaque expérience ce qui se produit dans ces trois domaines : pensées, sentiments et sensations.

Les pensées

Si vous êtes comme moi (et comme la majorité des gens avec qui je travaille), votre esprit s'égare constamment. Il vous fait des commentaires sur tout ce qui se passe, un peu comme si vous disposiez de votre propre journaliste TV qui commentait votre vie à chaque instant. Il planifie pour le futur et ressasse le passé. Il cherche les problèmes, ce qui ne fonctionne pas ou les objets qui ne sont pas à leur place, et essaie tant bien que mal de les résoudre, de les régler ou de les comprendre. Il se raconte des histoires à propos de la manière dont les événements se sont déroulés et pourquoi ils se sont passés ainsi, et ce pour chaque événement. Il les compare et les catégorise. Tout ceci, que cela vous serve ou non, relève du domaine de la *pensée*.

La pensée en elle-même n'est pas un problème. Nous avons tous un nombre invraisemblable de pensées positives qui sont très utiles. Nos pensées peuvent servir dans la résolution de problèmes, dans la planification adéquate du futur ainsi que dans la réflexion constructive sur le passé. La pensée peut également être simplement aléatoire discuter de tout et de rien. Elle est un outil utile dont nous avons été pourvus, nous les humains, pour nous aider à comprendre, à résoudre les problèmes, à apprendre du passé et à planifier le futur. La pensée est géniale pour des situations telles que les suivantes : « comment attraper ce fruit sur la branche la plus haute ? », ou « de combien de langes aurai-je besoin pour le mois prochain ? », ou « comment puis-je créer un système de gestion qui utilisera efficacement les ressources de mon département ? ». La réflexion franche et honnête est très utile pour l'analyse et l'apprentissage à partir de situations du passé. Par exemple : « en me basant sur mes expériences passées, je réalise que si j'avais approché mon partenaire avec moins de reproches, les choses se seraient passées plus facilement », ou « ce qui m'ennuie chez ce docteur n'est pas le fait que je doive patienter dans la salle d'attente si longtemps à chaque visite, mais plutôt qu'il semble trop préoccupé que pour s'intéresser à mes inquiétudes liées à ma grossesse. Je pense que je vais changer de docteur. »

Malheureusement, la pensée, ce commentateur intérieur permanent, peut être très bruyante. Parfois, elle peut même prendre le devant de la scène de votre expérience et mettre en arrière-plan tout le reste vos sensations corporelles, vos sentiments, votre environnement, les sons et les informations visuelles, et même la personne qui se trouve juste devant vous. Vos expériences sont toutes filtrées par votre esprit pensant et, petit à petit, votre esprit devient cet invité qui s'impose chez vous et s'installe dans votre salon.

Votre esprit peut alors agir comme ce journaliste TV qui parle dans un haut-parleur et dont la voix surpasse les autres sons. La pensée commence à prendre la place de votre expérience et plutôt que d'expérimenter tout ce qui est en train de se produire, vous êtes principalement captivée par les histoires créées par votre esprit à propos de votre expérience réelle. Plutôt que de vivre pleinement l'instant présent tel qu'il est, vous êtes prisonnière du passé, du futur, de vos évaluations ou de la résolution des problèmes. Votre esprit est parfois comme un train à grande vitesse dont il est impossible de descendre. Parfois, vous avez la sensation d'*être* vos pensées. Je pense, donc je suis, pas vrai ?

Les sentiments

Un autre aspect de votre expérience est la partie émotionnelle. Soyez à l'écoute de vos émotions qui sont présentes en ce moment même. Parfois, vos émotions sont facilement discernables, comme la tristesse, la joie, la culpabilité ou l'amour. Vous ressentez une émotion que vous pouvez nommer, car vous en connaissez l'origine une expérience que vous avez vécue ou que vous vivez en ce moment avec une tierce personne, un article que vous avez lu, un souvenir, ou un événement imaginaire concernant votre futur. À d'autres moments, vous vivez des sentiments plus subtils comme la dépression, l'anxiété ou l'agitation, ou encore un état de contentement général. Ces sentiments et ces humeurs n'ont pas une origine bien précise, au contraire ce sont plusieurs éléments qui viennent contribuer à cet état ce que vous avez mangé, la manière dont se sont passés les derniers jours, la saison ou le jour du mois, etc. Et, dans certains cas, vous vivez aussi des émotions sur lesquelles vous avez du mal à mettre le doigt, qu'il vous est difficile de nommer et dont il vous est quasi impossible de déterminer l'origine. Vous ressentez un état de stress général ou au contraire un apaisement général. La plupart du temps, vous ressentez une combinaison de ces différents sentiments. Nous appellerons l'ensemble de ces états d'être *les sentiments*.

Comme pour les pensées, les sentiments ne constituent pas un problème en eux-mêmes. Ils ont un rôle particulièrement utile pour vous. La peur vous signale un danger potentiel autour de vous, vous donne l'énergie nécessaire pour générer une réponse adéquate face au danger. L'amour, la compassion et l'empathie, et même le chagrin qui accompagne la perte d'un être cher, sont des sentiments qui vous permettent de créer des liens forts avec d'autres personnes. Puisque nous sommes des êtres sociaux, la honte et la culpabilité, bien qu'elles soient des sentiments parfois dangereux, nous aident – du moins à la base à garder une certaine morale et une éthique. Même la tristesse a son côté positif. Elle vous permet d'avoir des sentiments face à une situation difficile vécue par une autre personne, de gérer une perte ou une séparation, ou encore de reconnaître et d'admettre l'existence de situations impossibles. Le bonheur, la joie, l'admiration, l'étonnement, la stupéfaction, la surprise toutes ces émotions positives ne sont pas simplement agréables, mais la recherche montre qu'elles sont directement liées à la santé et au bien-être et qu'elles servent de tampons ou d'antidotes par rapport aux émotions moins agréables (Folkman et Moskowitz, 2000).

Le problème se pose quand vous êtes submergée par des sentiments extrêmes qui interfèrent avec votre façon de fonctionner et avec les relations saines que vous entretenez avec votre entourage ou lorsque vous vous engagez constamment dans des schémas de pensées ou dans des comportements qui visent à éviter ou à supprimer les sentiments que vous percevez comme difficiles ou impossibles à gérer. Parfois, les sentiments sont tellement inconfortables qu'il vous devient très difficile de tolérer vos propres sentiments ou ceux des personnes qui vous entourent. Quand vous êtes enceinte, les sentiments peuvent être comme des machines à vapeur très puissantes, intenses et submergeantes, et la manière dont vous gériez habituellement cet excès d'émotions (en allant courir ou boire un verre) n'est peut-être plus possible. Quand bébé arrive, cet état de dépression, d'anxiété ou tout autre sentiment du genre peut vous préoccuper et vous empêcher d'être en contact avec votre bébé et d'apprécier le temps que vous avez ensemble.

Les sensations

Le troisième aspect de votre expérience concerne vos sensations. Les sensations reprennent toutes les informations qui vous parviennent de vos cinq sens – la vue, l'ouïe, le toucher, le goût ou l'odorat ainsi que vos sensations corporelles. Vous expérimentez très certainement des sensations dans votre corps en ce moment même. Une raideur ici, une sensation de chaud là-bas, une douleur, le contact de vos vêtements avec votre peau, ou encore un flux de sensations. Bien que la plupart des gens soient rarement conscients de respirer – à moins d'être privés d'air –, vous pouvez porter votre attention sur votre respiration. Vous pouvez non seulement la sentir dans votre corps, mais il vous est peut-être même possible de sentir votre pouls ou votre cœur battre.

Que ce soient des images, des sons, des saveurs, des odeurs ou des textures, les sensations sont généralement ressenties comme (1) agréables, (2) désagréables ou (3) neutres ni agréables ni désagréables. Certaines sensations corporelles durant la grossesse, l'accouchement et les mois qui suivent sont extrêmement inconfortables alors que d'autres sont très agréables. Vous comprenez très certainement où je veux en venir. Il est évident que vous cherchez à prolonger les sensations agréables et à stopper les sensations inconfortables, à les supprimer ou à mettre tout en œuvre pour ne plus les ressentir. Ces désirs sont naturels et même très utiles dans certains contextes. Il est préférable pour vous que vous retiriez votre main d'un four trop chaud. Mais une fois encore, comme pour les pensées et les sentiments, beaucoup de souffrances inutiles proviennent de votre résistance, de votre peur, de votre haine, de vos tentatives à éviter ou encore de vos luttes contre ces sensations désagréables. Des odeurs nauséabondes, des aliments immangeables, des douleurs physiques insoutenables peuvent être des expériences difficiles, voire insoutenables. Cependant, nous pouvons agir sur les souffrances inutiles que nous plaçons au-dessus de cette douleur.

La résistance

Si les pensées, les sentiments et les sensations ne constituent pas par eux-mêmes un problème, alors qu'elle est la cause de ces souffrances inutiles ? Dans la plupart des cas, la cause se situe dans la résistance, le rejet ou la lutte que nous engageons contre ces trois éléments de notre expérience. Si ces éléments sont agréables, tout mettre en œuvre pour les conserver est le point de départ de cette lutte interne. Tout comme vos efforts pour arrêter, résister ou lutter contre vos sentiments ou essayer de les maintenir sont à l'origine des dépendances, des mauvaises habitudes et des relations interpersonnelles négatives avec nos êtres chers que sont nos enfants. Un exemple est celui d'une maman qui essayait de calmer son bébé lors d'un vol en avion, il y a quelque temps.

Il est vrai, un bébé qui pleure dans un avion, surtout quand c'est le vôtre, ce n'est pas une situation très facile. Vous êtes fatiguée, à l'étroit, en position inconfortable, et le bruit des pleurs semble difficile à gérer ; parfois, les passagers qui vous entourent ne sont d'aucune aide, et se montrent même outrageusement hostiles. Je ressentais donc beaucoup d'empathie pour cette femme, ayant vécu moi-même des situations similaires.

Cependant, en la regardant, je pouvais voir comment ses efforts pour résister devant cette situation la rendaient encore moins efficace qu'elle ne l'était déjà. Elle semblait avoir atteint sa limite de tolérance émotionnelle - celle de son bébé et la sienne. Ses yeux s'étaient détournés de la tête de son bébé, elle le berçait brusquement de haut en bas, et s'il lui était encore possible de crier le son « shhhhh », je pense que c'est tout ce qu'elle faisait. Son corps était tendu, son sac et les affaires de bébé s'étaient répandus sur le sol, ses cheveux étaient ébouriffés, et sa tête se balançait d'un côté à l'autre. En réponse à ma proposition de prendre son bébé pour une petite ballade, elle me cria : « Non, non, vous ne pouvez pas m'aider. Il n'y a rien que l'on puisse faire. »

Maintenant, soyons clairs ici : en tant que maman, j'ai très certainement atteint les limites de ma tolérance émotionnelle, tant vis-à-vis de mes propres émotions que pour celles de ma fille, et j'ai parfois agi d'une manière que j'ai regrettée par la suite. Donc, quand je dis que j'avais de l'empathie pour cette femme, je voulais dire que j'avais de l'empathie pour la situation et également pour le fait que cette femme se sentait submergée. Je m'imaginais très bien ce qu'elle devait penser, l'histoire qu'elle se racontait autour de cette situation : « Je dois absolument arrêter ces cris ! S'il te plaît, arrête qu'est-ce qui ne va pas ? Est-ce que tu vas bien ?... Oh, mon Dieu, tous les gens de cet avion doivent me détester. S'il vous plaît, faites-le taire ! Pourquoi n'ai-je pas utilisé du Benadryl comme ma sœur me l'avait suggéré ? », etc. Cependant, je savais aussi que si elle avait été capable, ne fût-ce qu'un bref instant, de reconnaître qu'il n'y avait *absolument aucun problème* que son bébé pleure, une partie de ses souffrances aurait pu s'amenuiser.

Comment puis-je dire qu'il n'y avait aucun souci dans cette situation ? Un tel bruit dans un espace si confiné, sachant que son bébé était mal à l'aise et que certains passagers commençaient à l'être aussi, n'était décidément pas une situation enviable. En vérité, la situation était simplement celle-ci un son bruyant, un bébé indisposé, et quelques passagers dérangés par les pleurs. C'est tout.

C'est la résistance vis-à-vis de l'expérience, la lutte contre celle-ci, la tentative de la modifier, de la changer, de l'arrêter ou de s'en éloigner, tout cela ajouté au fait de la considérer comme un énorme problème qui ne devrait pas se produire, voilà ce qui a rendu la situation encore plus difficile. Dans ce cas présent, et dans beaucoup d'autres cas, c'est notre *idée* que les pensées, les émotions et les sensations difficiles sont intolérables et qu'elles doivent être supprimées, évitées ou arrêtées qui cause une souffrance inutile, plus grande que celle causée par l'expérience elle-même.

Avec la pleine conscience, en permettant à la situation d'être comme elle est, en n'y ajoutant pas de jugement et en l'approchant avec compassion et acceptation, cette femme se serait toujours sentie mal à l'aise, mais elle n'aurait probablement pas paniqué. C'est sûrement plus facile à dire qu'à faire, mais avec la pratique et avec le temps cet état d'esprit devient de plus en plus possible.

EXERCICE Penser, ressentir et faire

Cette exploration est un exercice pratique visant à observer, conscientiser et nommer ce qui se passe dans votre expérience. Elle est une des bases pour vivre sa maternité en pleine conscience. Il n'y a pas de bonnes ou de mauvaises réponses.

Prenez une feuille de papier, tournez-la pour placer la longueur de la feuille horizontalement (orientation paysage) et divisez-la en cinq colonnes égales. Maintenant, pensez à une situation récente qui était réellement désagréable, stressante ou difficile. Intitulez la colonne à l'extrême gauche « Situation » et décrivez votre situation (pas les histoires autour de la situation, juste les faits). Nommez la colonne suivante « Pensées » et écrivez les pensées que vous avez eues à propos de la situation au moment des faits. Intitulez la troisième colonne « Sentiments » et inscrivez ce que vous avez ressenti à ce moment-là. Nommez la colonne suivante « Sensations » et écrivez vos sensations corporelles du moment. Nommez la dernière colonne « Comportements » et inscrivez ce que vous avez fait dans la situation. Pour vous aider, lisez l'exemple proposé dans le tableau ci-dessous.

Observez votre tableau. Premièrement, remarquez que, quelle que soit votre situation, aussi complexe soit-elle, elle peut se réduire à ces trois éléments : vos pensées, vos sentiments et vos sensations. Existe-t-il un aspect de votre expérience qui ne trouve pas sa place dans une de ces trois colonnes ? Rappelez-vous que, dans chaque situation que vous rencontrez, vous êtes en réalité capable d'accueillir uniquement *votre expérience* de la situation, qui se compose de vos pensées, de vos sentiments et de vos sensations. Ainsi, dans le cas où quelqu'un vous crierait dessus, votre expérience de la situation serait la perception d'une voix forte, la vision d'un visage en colère, une pensée qui ressemble à ceci : « qu'est-ce qui ne va pas chez elle ? », et peut-être un sentiment proche de la peur. Bien qu'une autre personne soit impliquée dans la situation, vous ne devez gérer que *votre* expérience.

Ensuite, jetez un second coup d'oeil à la situation elle-même (la première colonne). Si vous ne regardez que les faits, sans les pensées, ni les sentiments, ni les sensations qui les accompagnent, que se passe-t-il réellement ? Maintenant, lisez vos pensées. Est-ce que certaines d'entre elles sont une variante de « cela n'aurait pas dû se passer ainsi » ? Font-elles des reproches ? Sont-elles critiques envers vous-même ? Sont-elles générales au point de pouvoir être applicables à toute situation ? Portent-elles sur le passé ou le futur ? Sont-elles compatissantes ?

Regardez maintenant votre colonne des sentiments. Combien de sentiments répondent à la situation décrite dans la première colonne et combien répondent à vos pensées concernant la situation (colonne 2) ? Prenez un moment pour regarder vos sentiments comme s'il n'existait aucune autre colonne. Pensez-vous que certains sentiments sont acceptables et d'autres pas ? Si vous deviez les analyser un par un, évaluez les sentiments que vous pensez pouvoir tolérer et ceux avec lesquels vous auriez plus de difficulté. Pour chacun d'entre eux, demandez-vous si habituellement vous essayez de trouver une stratégie quand il se manifeste.

Pour terminer, observez la dernière colonne. Avez-vous fait le choix de vous comporter comme vous l'avez fait ou vous êtes-vous sentie emportée par ce comportement ? Si vous avez fait un choix, à quel moment dans le processus avez-vous posé ce choix (par exemple, juste au moment où vous preniez conscience de la situation, après l'apparition de vos pensées et de vos émotions) ? Est-ce que votre comportement était en phase avec la situation, vos pensées ou vos sentiments ? Êtes-vous contente du comportement ? Est-ce qu'il vous a aidé ?

Recommencez cet exercice en utilisant ce qui ce passe pour vous à l'instant, au moment où vous lisez ce livre. La colonne de gauche pourrait contenir cette description « je lis ce livre dans mon rocking-chair en allaitant », ou « je lis ce livre pendant mes exercices de gymnastique ». Ensuite, complétez les autres colonnes.

Situation	Pensées	Sentiments	Sensations corporelles	Comportements
J'ai été retardée et je me suis perdue pour conduire ma fille à l'anniversaire de sa meilleure amie. Nous sommes arrivées en retard.	J'aurais dû partir plus tôt. Je n'aurais pas dû m'arrêter pour m'acheter un repas de midi. J'aurais dû m'informer davantage pour la route à prendre. Je ne devrais pas me mettre en colère.	Frustration Honte Culpabilité Peur (de ne pas trouver la maison du tout) Ennuyée Irritée	Tendue Chaud Respiration rapide Pupilles dilatées Odeur de pot d'échappement Soleil qui brille Son des voitures	Je fulminais et je disais tout haut des phrases du genre « Bon sang ! »... Je me dépêchais de trouver une place.

Vous pouvez utiliser cet exercice à tout moment pour vous aider à vous familiariser avec la différence entre ce qui se passe dans votre environnement, ce que vous pensez, ce que vous ressentez et ce que sont vos sensations corporelles. Plutôt que d'essayer de les changer, le simple fait de les noter, de les distinguer et de les accepter avec douceur, curiosité et compassion modifiera fondamentalement la manière dont vous gérerez vos expériences durant votre grossesse, votre accouchement et votre maternité. Le chapitre suivant vous explique plus en détail le pourquoi.

Cet exercice est très utile lorsque vous expérimentez une situation stressante. Notez vos sensations, vos pensées et vos sentiments. Nommez-les et ensuite demandez-vous comment vous y avez répondu. Utilisez cet exercice comme un questionnement intérieur qui vous aidera dans les situations futures à prendre conscience des faits réels dans l'instant présent, et d'y distinguer vos pensées, vos émotions et vos sensations corporelles. Ensuite, en temps réel, vous pourrez répondre d'une manière plus appropriée à la situation. Observer simplement ce qui se passe pour vous dans chaque situation, plutôt que de vous laisser emporter sans conscience, est un des éléments de base pour vivre sa maternité en pleine conscience.

6

Le soi-obervateur

Dans le chapitre précédent, vous avez lu que votre expérience se compose de trois éléments : les pensées, les sentiments et les sensations. Quand vous réfléchissez à votre expérience de la personne que vous êtes aujourd'hui, ces trois éléments semblent vous définir dans votre entièreté. Pourtant, votre expérience en tant qu'être humain ne se limite pas à vos pensées, vos sentiments et vos sensations. Il existe un autre aspect de votre être qui est conscient de chacun de ces éléments.

Dans le dernier exercice proposé, je vous ai invité à vous concentrer sur une situation stressante ou difficile et de prendre note de vos observations concernant cette situation, vos pensées, vos sentiments, vos sensations et les comportements qui en ont découlé. Quel est cet aspect de vous capable de relater votre expérience ? Qui est capable de vous dire que vous étiez effrayée, ou que vous pensiez appeler un ami, ou que vous vous sentiez agitée ?

Si vous êtes capable de prendre conscience de ce qui se passe, de ce que vous pensez de la situation, de la manière dont vous vous sentez et comment vous le percevez dans votre corps, c'est parce qu'il existe une part de votre conscience dans laquelle tous les éléments de votre expérience prennent place.

Vous possédez un témoin intérieur qui est toujours présent. Il est cette partie de vous qui ne s'identifie pas à vos pensées, qui ne se laisse pas balayer par vos sentiments et qui ne fusionne pas avec vos sensations corporelles bien qu'il soit conscient de leur présence. En réalité, il peut voir vos pensées, vos émotions et vos sensations avec cette particularité qu'il ne se laisse pas attraper par celles-ci. Il existe une partie de votre être qui est parfois appelé le « soi-observateur » et c'est dans cette partie de notre conscience que la pleine conscience prend racine.

Notre esprit est comme le ciel

Pour vous aider à comprendre, imaginez que votre conscience est le ciel et que vos pensées, sentiments et sensations sont les nuages. Vous les voyez au loin, ils prennent forme, ils passent, s'éloignent ou se dissipent. Certains jours, de gros nuages noirs emplissent le ciel de telle sorte que vous ne voyez que des nuages. Une dispute importante avec un ami ou votre partenaire, votre enfant qui souffre de la fièvre aphteuse (vous donnant l'impression que vous vivez dans un poulailler), des difficultés à allaiter toutes ces situations peuvent vous donner l'impression qu'il fait très noir. D'autres jours, seuls quelques petits nuages gris se forment dans le ciel et s'éloignent à leur rythme. Vous n'avez pas eu le temps de prendre une douche ce matin, vous vous sentez toute transpirante et vos cheveux ont besoin d'être lavés ou votre linge s'entasse et vous devez lancer encore plusieurs machines. Vous ne rentrez toujours pas dans vos pantalons d'avant-grossesse. Vous ne parvenez toujours pas à utiliser l'écharpe porte-bébé alors que vous devez absolument sortir.

Certains jours, le ciel se colore d'un arc-en-ciel le premier sourire de votre bébé ou son premier mot, la première fois que votre aîné dit « je t'aime » au bébé, tous ces moments magiques qui font de la maternité une expérience extraordinaire. D'autres jours, des coups de tonnerre incroyables, et si forts qu'il est impossible de ne pas les entendre, se déchaînent pour annoncer leur présence à toute personne passant par là. Votre bébé fait une dent, il est en colère et se met à hurler toutes les cinq minutes. Votre maman vous donne pour la cinquième fois un petit conseil parental qui n'est pas le bienvenu et vous vous mettez en colère sur elle parce que vous pensez qu'elle met en doute vos capacités parentales. Vous êtes dans votre troisième trimestre, vous avez beaucoup de peine à respirer, car votre bébé écrase vos organes internes et votre partenaire vous demande de vous dépêcher parce qu'il ne veut pas rater la séance du film de 7 heures. C'est la goutte de trop et vous éclatez en sanglots.

Parfois, c'est comme l'hiver dans le Nord-Est : mauvais temps qui peut durer plusieurs jours, voire plusieurs semaines. Une de mes participantes au programme souffrait d'*hyperemesis gravidarum*, des nausées matinales constantes, durant l'entièreté de sa grossesse. Une autre participante a dû rester allongée à partir de sa 28e semaine de grossesse (eh oui ! douze semaines au lit). Quand vous êtes privée de sommeil parce que vous devez constamment aller aux toilettes lorsque vous êtes enceinte, ou quand vous devez nourrir votre bébé toutes les deux-trois heures ou le réconforter pendant la période où il fait ses dents, ou lui apprendre à passer la nuit entière dans son propre lit... toutes ces situations font que le ciel est couvert et le reste pendant un long temps. Peut-être que votre aîné ne veut plus faire de sieste, peut-être que vous êtes enceinte de votre deuxième alors que votre aîné n'a que six mois... Vous êtes alors extrêmement fatiguée et toutes les tâches que vous devez entreprendre vous semblent insurmontables tellement vous manquez d'énergie. Vous mangez plus pour compenser ce manque d'énergie et de sommeil, ce qui n'arrange pas votre poids. Regarder vos cuisses s'élargir vous déprime. Votre fatigue, qui est constamment présente, n'arrange pas votre relation avec votre époux. Vous vous disputez beaucoup, et tout semble triste. Cette situation peut durer longtemps et ressemble à cette neige noircie par les voitures qui recouvre le sol pendant plusieurs mois. Parfois, le temps est tellement mauvais qu'il y a des tornades et des ouragans, comme les divorces, le bébé qui souffre d'une grave maladie, ou le papa qui est envoyé dans le Moyen-Orient.

Pourtant, tous ces climats ont quelque chose en commun. Ils prennent place *à l'intérieur* d'un ciel bien plus vaste. Le ciel, même s'il est couvert d'un brouillard épais, est toujours présent. Il contient tous ces changements climatiques, mais lui reste serein.

Notre conscience est comme le ciel. C'est la partie de notre expérience dans laquelle tous nos changements climatiques personnels prennent forme et disparaissent. Nos pensées, nos sentiments, nos sensations sont ces changements climatiques. Ils se créent, ils prennent forme, restent pendant un temps, mais un jour ou l'autre ils s'en vont ou se dissipent. Parfois, ce sont de gros nuages, parfois des petits, parfois ils sont beaux, parfois menaçants mais ils prennent tous forme, restent pour un moment et puis s'en vont.

Quand vous laissez les nuages déterminer qui vous êtes, plutôt que de les considérer comme des éléments de votre expérience qui apparaissent et finalement disparaissent, vous vous attachez, de manière très compréhensible, à la manière dont ces nuages se forment, au temps qu'ils passent dans votre ciel ainsi qu'au moment où ils partent. Vous dépensez alors beaucoup d'énergie à essayer de changer ou de contrôler vos expériences, ce qui est tout aussi futile que de vouloir contrôler ou changer le temps.

La conscience de la conscience

(Exercice *Pleine conscience de la conscience* disponible en mp3)

Habituellement, à mesure que la journée se passe vous interagissez avec vos pensées, vos sentiments, vos sensations ou avec une combinaison des trois. Il est donc logique que vous ayez besoin de pratique pour localiser l'endroit de votre être où vous êtes consciente de vos pensées, de vos sentiments et de vos sensations cet espace de votre conscience où ces trois éléments prennent place. La pleine conscience est une pratique qui vous permet de porter votre attention sur votre conscience elle-même.

Je sais au premier abord, cela semble un peu redondant. Un peu comme dans un film de kung-fu : « Quand vous serez conscient de votre conscience, Sauterelle, alors vous deviendrez un maître. » Mais en réalité, cet exercice est loin d'être abstrait quand vous vous y habituez.

Comme je l'ai déjà mentionné, la nature de la conscience elle-même *est* par nature pleinement consciente. Par conséquent, quand vous portez votre attention sur cette partie de vous qui est consciente, vous allez à la rencontre de votre aptitude naturelle à être pleinement consciente (conscience qui est dans l'instant présent, non jugeante et qui observe les pensées, les émotions et les sensations avec curiosité au moment où elles émergent). Ce type d'exercice ne se centre pas sur votre respiration ou sur vos sensations corporelles, ou aucun élément de votre expérience. Cette pratique amène votre conscience elle-même au centre de votre attention.

Qu'est-ce que cela signifie ? Pendant les minutes qui viennent, listez mentalement un maximum d'éléments de votre expérience. Pensées, émotions, sentiments, sons, et toutes autres sensations dont vous êtes consciente. Touchez chacun de ces éléments très légèrement et utilisez un mot ou deux pour les décrire : « J'ai froid. », « Je pense à mon souper. », « J'entends un oiseau chanter. », « Je vois un arbre. »

Maintenant, dites-moi qui est conscient de tout cela ? Quelle partie de votre conscience est capable d'énoncer cette liste ? Il existe une partie de vous qui n'est ni une pensée, ni une émotion, ni une sensation, ni une combinaison de ces trois éléments. Cette partie de vous est *consciente* de tous ces éléments. C'est la conscience elle-même.

Vous n'êtes pas vos pensées,
vos sentiments ou vos sensations.
Vous êtes celle qui est consciente de ces pensées,
ces sentiments et ces sensations.

La pleine conscience vous aide à changer l'endroit où votre être se situe. Si je dois utiliser une analogie, voici celle que je prendrais : plutôt que d'être les nuages, vous êtes en réalité le ciel. De cette perspective, vous pouvez voir chacune de vos pensées, de vos émotions et de vos sensations comme des éléments qui prennent place dans un espace beaucoup plus vaste, illimité, qui est vous.

Même si vous observez une voiture ou un arbre, il existe une partie de vous qui est consciente que vous êtes en train de regarder une voiture ou un arbre. Si vous pensez à demain, il y a une partie de vous qui peut dire « Oh, regarde, je suis occupée à penser à mes activités de demain. » Il existe une partie de vous qui est simplement consciente de tout ce qui apparaît dans votre conscience. En d'autres mots, la conscience est le milieu dans lequel tout se passe.

La nature de cette conscience est la pleine conscience. Elle porte son attention et permet à chaque élément d'entrer ou de quitter votre conscience sans commentaire, sans évaluation, sans s'accrocher ni repousser. Si nous devions utiliser des mots pour la caractériser, nous parlerions de tolérance, d'acceptation ou même de curiosité bienveillante. La conscience ne décide pas si un élément doit ou ne doit pas être là, elle observe simplement que c'est là.

Essayez ceci :

Prenez une posture similaire à celle que vous utilisez pour la pratique de la respiration ou celle des sensations corporelles. Vous pouvez également choisir de vous coucher si vous pensez que vous pouvez rester éveillée. Prenez quelques minutes pour pratiquer la pleine conscience de votre respiration, utilisez votre souffle comme une ancre dans l'instant présent. Ensuite, pratiquez pendant quelques minutes la pleine conscience de vos sensations corporelles, qui vous renvoie au centre de votre corps. Observez vos pensées, vos sentiments et vos sensations corporelles et aidez-vous si vous le souhaitez d'un mot ou deux pour noter chaque sensation. Chaleur. Pensée. Cuisse douloureuse. Tristesse. Cœur qui bat. Chatouillement. Permettez à chaque expérience d'être brièvement au cœur de votre attention. Un peu comme lorsque vous faites sauter des pop-corn.

Ensuite, fixez votre attention sur la conscience de tous ces éléments l'air dans lequel le pop-corn saute. Quand je dis « fixez votre attention », cela ne signifie pas que vous devez la regarder comme si vous étiez à l'extérieur de votre conscience. Une manière plus appropriée de le dire pourrait être de placer votre attention dans votre conscience. Placez votre être au cœur de cette conscience, et soyez consciente de cette partie de vous qui est consciente.

C'est un peu compliqué au début. Une autre façon de pratiquer qui a traversé les âges est de vous poser la question « Qui suis-je ? ». Vous pourriez répondre « une maman, une avocate, une joueuse de tennis, une épouse, une amie, une gérante de magasin, une fan de film », et ainsi de suite. Ensuite, demandez-vous : « Qui est consciente d'être toutes ces personnes ? Qui sait toutes ces choses ? » Et une fois

connectée à cet espace de conscience, notez à quoi ressemble cet espace. Il peut sembler vide, pur, nu, vaste ou simplement éveillé. Il peut simplement ressembler à la vie. Vous pouvez même aller un peu plus loin et vous demander qui est consciente de cette vie. Qui est cette personne ou cette chose qui peut voir que vous êtes consciente ? Dans cet exercice, maintenez-vous dans cette conscience. Laissez les expériences naître et disparaître. Centrez votre attention dans cette conscience même.

Silence

Restez immobile pendant un moment
et laissez-vous surprendre par l'éclair
qui ne peut pas être entendu.
Qu'il y ait une fête battant son plein
dans votre tête
ou que tout soit calme,
cela n'a aucune importance
pour ce Grand Silence,
elle est toujours présente,
cette conscience
qui ne fait aucun bruit
et qui pourtant est musique.
Vous avez toujours
été cette chanson
et c'est le Silence
qui lui a donné naissance

John Astin

Poème repris de John Astin avec sa permission,
Too Intimate for Words (Santa Cruz, CA: Integrative Arts, 2005).

7

Le ballon dans la boîte à pain

Lorsque vous avez des pensées, des émotions, des sensations importantes, vous pouvez parfois les comparer à un ballon de baudruche que vous gonflez dans une boîte à pain. Quand le ballon atteint sa taille maximum, il remplit chaque millimètre de la boîte il n'y a plus aucun espace libre.

Par exemple, je repense parfois au moment où j'étais encore enceinte, deux semaines après ma date prévue d'accouchement. Alors que j'approchais de ma date d'accouchement, je me sentais très enceinte, vraiment prête à donner naissance à mon bébé, un peu gonflée et fatiguée, mais toujours heureuse dans l'attente comme on peut l'être durant la grossesse. Au fur et à mesure que les jours passaient sans l'ombre d'une contraction, je me sentais de plus en plus lourde et de moins en moins heureuse. Je ne m'imaginais pas qu'on puisse devenir si grosse, ballonnée, exténuée et tellement, *tellement* prête à ce que bébé arrive. Le matin de mon quatorzième jour de retard, je me suis réveillée, j'ai regardé mon ventre et j'ai vu un réseau de vergetures qui sont apparues au cours de la nuit. Qui sait si elles n'étaient pas déjà là avant, mais, bon Dieu, elles sont bien là maintenant !

J'ai commencé à pleurer sans parvenir à me contrôler. C'était tellement hideux ! Ces vergetures étaient horribles. Je ne pouvais pas le supporter ! Bientôt, j'étais presque en train de hurler tellement j'étais bouleversée. Je souhaitais au plus profond de moi que tout cela se passe différemment je voulais que le bébé soit là, je souhaitais ne pas avoir de vergetures, je détestais me sentir mal préparée pour l'accouchement dans ce corps déformé et proche de celui d'une baleine. Je m'étais imaginée forte, une maman qui aurait donné naissance naturellement accroupie et qui aurait affronté cet accouchement avec rage comme si c'était le mont Everest. Et voilà que j'avais la sensation de n'être même plus capable de me rouler sur le côté pour sortir de mon lit et prendre un mouchoir. À ce moment, le fait d'être enceinte, d'être énorme, d'avoir dépassé mon terme avec un ventre couvert de ce que je pensais être des vergetures défigurantes remplissait l'entièreté de mon expérience (l'entièreté de ma boîte à pain). J'avais l'impression d'avoir été heurtée par un train de marchandises. Je voulais que tout ça s'arrête. Il n'y avait rien d'autre dans mon expérience j'étais remplie à ras bord par cette bataille interne.

Ensuite, comme c'était devenu une habitude, j'ai commencé à prendre conscience de ce qui se passait. J'ai observé mes pensées, mes sentiments et mes sensations corporelles. J'ai commencé à avoir des fous rires entre deux crises de larmes. Il n'y a aucun doute sur le fait que je détestais toujours mon expérience. Mais je me suis sentie capable de voir que mon esprit luttait avec force contre mon expérience du moment et de comprendre que cette lutte me causait plus de souffrance que tout ce qui était en train de se passer en réalité. Résister aux événements que je ne pouvais pas changer me causait plus de problèmes et me mettait plus en colère que les simples faits concrets de mon expérience.

Je devais lâcher prise. J'ai alors commencé à porter mon attention sur ma respiration. Je me suis déplacée tant bien que mal jusque dans le salon, en riant maintenant de ma démarche d'ours, et j'ai regardé un beau film bien triste. J'ai bougé mon corps plus que de coutume, j'ai bu des tasses de thé pour aider à commencer le travail. Surtout, ne vous méprenez pas ce n'était pas drôle. J'avais toujours mal dans mon corps et j'étais toujours triste. La pleine conscience dans mon attitude et dans mes actions m'avait cependant ramenée dans un lieu de présence, d'acceptation, d'un peu de soulagement si ce n'est de bonheur et de contentement. Mais, pendant un certain temps, le ballon de mon expérience avait complètement rempli ma boîte à pain.

Voici un deuxième exemple. Disons que vous êtes à la maison avec votre bébé quelques jours après votre accouchement et votre partenaire est parti faire des courses. Vous êtes seule avec votre bébé et, secrètement, vous êtes un peu inquiète depuis que vous êtes rentrée de l'hôpital et que vous devez vous occuper seule de votre bébé. Et si vous le laissiez tomber ? Et s'il se mettait à pleurer sans que vous parveniez à le calmer ? Vous n'êtes pas sûre de le tenir correctement. Vous vous sentez gauche quand vous lui changez sa couche, il le sent et se met à pleurer. L'avez-vous blessé au nombril lorsque vous lui avez retiré le lange ? Le temps que vous parveniez à mettre son lange correctement, il est complètement hors de lui. Du coup, vous l'allaitez.

La mise au sein vous fait sauter au plafond, car c'est douloureux. Vous détestez l'admettre, mais l'allaitement n'est pas ce que vous préférez. Ce n'est pas facile d'avoir quelqu'un « sur vous » toute la journée. Et rester assise calmement c'est loin d'être votre tasse de thé. Bébé s'agite, s'acharne sur votre sein et ça vous rend folle. Par conséquent, vous le retirez de votre sein et le placez de l'autre côté. Là, il ne veut plus prendre votre sein et se met à nouveau à pleurer.

Vous commencez à penser à votre amie Molly qui, elle aussi, vient d'avoir son bébé. Elle semble si naturelle avec lui. Elle lui change son lange et l'allaite avec tellement de facilité. Son bébé ne pleure quasi jamais. Vous avez peur de ne pas y arriver, de ne pas être une bonne mère, et vous vous mettez à pleurer. Vous vous sentez incompétente et vous vous demandez si votre bébé en souffre. Quand votre partenaire revient, il vous trouve vous et le bébé en train de pleurer sans pouvoir vous arrêter.

Dans cette situation, votre angoisse toute naturelle d'être une jeune maman a complètement envahi votre conscience. Les aspects difficiles de la maternité les pleurs, les ajustements avec l'allaitement et vos propres sentiments d'incompétence prennent tellement de place qu'il vous est impossible de voir autre chose. Votre esprit saute dans le train en marche des émotions et y ajoute des pensées qui ne sont d'aucune aide vous comparer à votre amie Molly, créer des craintes concernant le futur, vous accuser d'être une mauvaise mère, etc., etc., etc. Le ballon a complètement pris toute la place dans la boîte à pain.

Rendre la boîte à pain plus grande

La pleine conscience n'empêche pas le ballon de gonfler. Elle ne vous aide pas à savoir comment allaiter et ne fait pas disparaître vos vergetures (ni l'idée ou les sensations de ces vergetures). La pleine conscience n'efface pas et ne réduit pas toujours vos pensées, vos émotions, ni vos différents états d'esprit (la peur, l'envie, la colère, la frustration, la culpabilité, l'irritation), ni les inconforts physiques (les tétons douloureux, le manque de sommeil).

La pleine conscience agit plutôt sur votre capacité à rendre la boîte plus large. L'espace est maintenant suffisamment grand pour que vous puissiez expérimenter vos inconforts *et* en être le témoin. Vos pensées, vos émotions, vos sensations seront toujours présentes, mais et ceci est l'élément qui fait toute la différence d'autres éléments peuvent avoir lieu dans votre conscience, car elle est assez grande pour vous permettre aussi d'être attentive à d'autres choses.

Rappelez-vous que vous êtes celle qui est *consciente* d'expériences stressantes. Et vous, outre cette conscience, vous êtes aussi probablement consciente d'un tas d'autres éléments de votre expérience, y compris que vous vous y prenez très bien avec les bébés malgré le fait que vous n'avez pas beaucoup d'expérience, que votre bébé est vraiment trop mignon, que la journée est ensoleillée, que votre partenaire est disponible et prêt à vous aider, que vous aimez la chanson qui passe en ce moment à la radio, et que vous avez des amies qui se débrouillent mieux avec leur bébé à ce stade-ci du développement auprès desquelles vous pouvez demander de l'aide ou des conseils. Vous qui êtes consciente de vos luttes internes, vous pouvez avoir de la compassion pour cette jeune maman qui fait de son mieux, qui est si fatiguée, et qui est si dure envers elle-même. Lorsque vous portez votre attention sur cette expérience, vous réalisez qu'en réalité il reste pas mal d'espace autour du ballon.

Quand vous disposez d'espace autour du ballon, quand la boîte à pain s'élargit, vous pouvez devenir consciente d'un nombre impressionnant d'éléments qui font eux aussi partie de votre conscience tels que les objectifs que vous vous êtes fixés pour vous et votre bébé ou encore les expériences positives qui se produisent au même moment. Vous avez accès à un nombre impressionnant d'informations qui en temps normal auraient été masquées par les expériences « envahissantes ». Le plus important dans toute cette expérience est que vous êtes maintenant consciente de l'espace lui-même endroit calme et profond à partir duquel tous les événements prennent naissance et disparaissent. Alors qu'il est très difficile de calmer son esprit, cet espace dans lequel tout élément apparaît et disparaît est de par sa nature déjà un lieu de paix, d'acceptation, de non-jugement et de tolérance sans que vous ayez quoi que ce soit à faire si ce n'est de vous en imprégner.

Quel est le processus qui permet d'agrandir la boîte ? Quand vous devenez consciente de chacune de vos sensations, de chacun de vos schémas de pensées, de chacun de vos sentiments et de vos émotions, vous prenez conscience d'elles exactement comme elles sont – une casserole remplie de sensations, d'émotions et de pensées. Vous êtes capable de prendre conscience de la situation réelle en laissant de côté toutes les histoires montées de toutes pièces autour de celle-ci. Si nous reprenons l'exemple précédent, votre allaitement vous donnait du fil à retordre, vous appréhendiez le moment d'être seule avec votre bébé et vous aviez des questions sur la manière de porter votre enfant en toute sécurité. C'est tout.

À cet instant, vous êtes la personne qui devient consciente de toutes ces pensées, ces émotions, ces sensations, plutôt que d'entrer en fusion avec elles comme si elles définissaient qui vous êtes. Elles ne sont qu'une poignée de pensées, d'émotions et de sensations changeantes et temporaires dont le niveau d'exactitude, d'intensité et de pertinence peut varier considérablement par rapport à la situation existante. Certaines sont même complètement erronées et sans rapport avec la situation existante.

Vous pouvez utiliser les exercices présentés dans les chapitres précédents pour vous aider à prendre conscience de vos pensées, de vos sentiments et de vos sensations. Vous pouvez également utiliser l'exercice à la fin de ce chapitre, qui est conçu pour vous aider à élargir la boîte et à renforcer cette capacité à observer son « moi ». Peu importe quels exercices vous pratiquez, leur objectif est toujours de vous aider à prendre conscience que, même si vous vivez un moment difficile même si vous avez la sensation qu'il vous est impossible de voir au-delà, même si vos pensées résonnent comme un haut-parleur dans votre tête, même si vos émotions et vos sensations prennent toute la place, la vérité est qu'*il existe un espace entier de votre être qui est conscient de tous les éléments autres que ceux qui prennent le devant de la scène en ce moment*. Vous êtes bien plus que cette collection de pensées, de sentiments et de sensations. Vous êtes cette conscience dans laquelle ces différents éléments prennent forme.

Ces différents exercices vous aident à passer plus de temps avec votre moi observateur, cette partie de vous qui est consciente de tout ce qui se produit dans l'instant. À mesure que vous passez plus de temps dans cette zone témoin de votre conscience, vous allez commencer à créer plus d'espace autour de ce ballon. La boîte devient plus grande, elle s'étire, un peu comme votre ventre durant la grossesse. Mais, à maints égards, cette boîte n'a pas de limites. Lorsque vous commencerez à explorer plus profondément cette partie de votre conscience, vous constaterez peut-être que, comme pour le ciel, il est difficile de cerner les limites de votre conscience.

À mesure que votre boîte s'agrandit pour être capable de contenir plusieurs expériences en même temps, vous commencerez à mieux tolérer les expériences stressantes et inconfortables. Vous parviendrez même à les approcher avec curiosité et compassion parce que vous aurez plus de place pour elles. Une expérience stressante sera probablement toujours vécue comme submergeante et difficile à gérer. Mais, même dans ces circonstances, il vous restera un peu d'espace pour manœuvrer. Même lorsque vous vivrez une grande déception, vous pourrez toujours avoir une journée relativement bonne parce que la situation difficile n'aura pas envahi l'entièreté de votre espace. Les autres moments de votre journée auront également reçu une partie de votre attention.

Lors des sessions de formation à la maternité en pleine conscience, je peux tout de suite dire quand une participante commence à comprendre le concept, car elle s'exprime complètement différemment. Voici un exemple : « Je *me suis vue* me mettre en colère. Les amis, je bouillonnais ! » Avant, elle aurait plutôt dit : « J'étais tellement en colère que je ne l'ai pas supporté. » Cette différence subtile pour décrire une même situation montre bien la différence entre être capable de rester présente dans votre corps et connectée avec votre bébé durant un moment difficile et être emportée dans une spirale de colère, de résistance et de pensées négatives. Dans le premier cas de figure, vous vivez une expérience et vous en êtes consciente. Dans le second, vous vous êtes laissé emporter par l'expérience.

Repositionner votre centre de gravité peut prendre du temps. Cela demande que vous vous retrouviez un certain nombre de fois dans cet endroit pour commencer à vous familiariser avec son odeur, sa texture, et développer une idée de ce que cela pourrait être que de vivre plus souvent dans cet endroit. Je vous recommande de pratiquer cet exercice ainsi que ceux que j'ai décrits précédemment afin que vous puissiez *être* dans la conscience dans laquelle l'ensemble de vos expériences prend place.

Élargissez votre espace

La prochaine fois que vous devrez faire face à une expérience qui vous est désagréable, voyez si vous pouvez l'approcher de manière différente. Observez comment l'expérience se présente. Par exemple, avoir trop froid est une expérience inconfortable pour la plupart des gens. Par conséquent, la prochaine fois que vous aurez trop froid, laissez passer cinq minutes avant d'enclencher le chauffage, de mettre un pull ou de rentrer à l'intérieur.

Premièrement, observez vos sensations corporelles. Pendant une minute, oubliez le mot « froid » ainsi que toutes les pensées qui tournent autour du fait qu'il devrait ou ne devrait pas faire froid. Sentez simplement la sensation de ce

qu'on appelle la froideur. Si vous le pouvez, ne vous tendez pas au contact du froid comme vous avez l'habitude de le faire. Essayez de vous relâcher. Quelles sont les sensations causées par le froid ? Piquant ? Cassant ? Glacé ? Tonifiant ? Surtout, ne vous formalisez pas avec le mot soyez simplement avec l'expérience en elle-même. Observez et explorez avec curiosité.

Ne retenez pas votre souffle face aux sensations que vous expérimentez en ce moment. Continuez à respirer, lentement, à vitesse constante tout en explorant les sensations actuelles causées par ce qu'on nomme habituellement « froid ». Laissez les pensées et les mots se produire sur l'arrière de la scène pour permettre à votre expérience des sensations de prendre le devant de la scène et de s'exprimer exactement comme elles sont. Plongez-vous dans l'expérience. Jouez avec elle. Allez au centre de la sensation. Trouvez ses limites. Est-ce que votre expérience occupe l'entièreté de votre conscience ou existe-t-il une partie de votre conscience qui ne se trouve pas dans la sensation de froideur ? Pouvez-vous décrire la sensation qui est présente indépendamment de celle liée au « froid » ? Nommez-la avec plusieurs mots même avec des mots qui n'ont pas de sens, mais qui vous semblent être une bonne description.

Pouvez-vous respirer dans ces différentes sensations tout en les laissant être présentes ? Si malgré tout vous avez des pensées qui s'infiltrent dans votre conscience, vous sentez-vous capable de les laisser ? Si vous prenez conscience d'émotions qui émergent (peut-être la colère, la peur ou l'agitation), essayez de les laisser là sans changer quoi que ce soit. Après quelques minutes passées au froid, rentrez au chaud, mais continuez à observer pendant un petit moment les sensations restantes ainsi que les pensées et les émotions. Comment évoluent-elles ?

Vous pouvez essayer cette même approche chaque fois que vous vous retrouvez en présence d'une sensation dont vous souhaitez vous débarrasser quand vous avez trop chaud, que vous avez mal, lorsque bébé pleure, ou quand la pluie vous surprend. Il est assez fascinant de voir à quel point nous pouvons nous énerver, résister, être outrée ou même paniquée lorsque la pluie se met à tomber. Au lieu de cela, observez simplement la sensation d'être mouillée. Notez toutes vos réactions, agréables et désagréables. Élargissez votre espace pour leur permettre d'être toutes présentes. Vous pourriez être surprise !

Vous exposer délibérément aux expériences qui sont raisonnablement inconfortables peut vous aider à développer votre capacité à tolérer les moments inconfortables. À mesure que vous vous entraînez, avec bienveillance, à étirer votre conscience un peu plus chaque jour, pour survivre, mais aussi parfois pour vous dépasser face à l'inconfort, vous développerez ce que les psychologues appellent votre efficacité propre ou une confiance dans votre capacité à gérer ces situations désagréables. Quand vous vous savez capable de tolérer les situations stressantes qui se présentent, elles vous dérangent moins et vous êtes alors capable de les gérer beaucoup plus efficacement.

Vous découvrirez probablement de nouvelles choses sur la manière dont vous réagissez aux situations difficiles. Par exemple, la plupart d'entre nous font face aux nouvelles situations et même aux situations familières avec une quantité d'opinions dépassées. Quand nous apprenons à nous ouvrir à une expérience, il nous arrive de nous rendre compte que, dans le passé, nous avions rencontré la même situation avec des attentes dépassées ou inappropriées. Voici un exemple pour illustrer mon propos. Il est possible que vous ayez toujours détesté prendre le bus pour aller travailler, car vous trouviez que cela prenait trop de temps, que vous étiez toujours en retard et que le bus était toujours bondé. Quand votre voiture est tombée en panne, vous avez dû prendre le bus pendant quelques jours. En vous ouvrant à l'expérience plutôt qu'en luttant contre elle, vous pourriez découvrir que vos sentiments ont changé. Après tout, ça fait cinq ans que vous n'avez plus pris le bus, et aujourd'hui vous vous surprenez à apprécier ce petit voyage. Aujourd'hui, vous disposez de plus de patience et vous trouvez même que votre trajet dans un transport en commun vous apaise et vous donne de l'énergie. Votre voyage vous permet même de vous préparer mentalement à votre journée de travail. Mais si vous aviez accueilli cette expérience armée de vos vieilles opinions, vous n'auriez peut-être même pas réalisé que vous pouviez éprouver du plaisir à vivre une situation que vous jugiez déplaisante auparavant.

Vous permettre d'être avec les expériences inconfortables ne résulte pas toujours du fait que vous les appréciez. Cependant, vous devenez volontairement plus familière avec le territoire de l'inconfort (par opposition à la lutte). Quand vous connaissez mieux un endroit et que vous l'approchez avec cette volonté, vous êtes plus à même de vous orienter correctement.

8

Les trains de pensées

Maintenant que vous pratiquez les exercices de pleine conscience (si vous n'avez pas encore essayé les exercices proposés dans le livre ou sur le site internet, ce serait maintenant le moment idéal pour vous y mettre !), vous commencez à prendre conscience que votre esprit qui pense et évalue filtre vos expériences. La façon dont vous réagissez, les sensations et les émotions perçues ainsi que les décisions que vous prenez sont toutes basées sur la manière dont vous évaluez la situation en cours et le sens que vous lui donnez. La manière dont vous évaluez une situation ou le sens que vous lui donnez sont fortement liés à vos expériences passées à ce que la situation actuelle vous rappelle ou vous apporte. Nous créons toutes des histoires autour de chaque situation que nous expérimentons. Elles sont basées sur nos expériences antérieures, sur la manière dont nous voyons le monde en général, et elles déterminent la façon dont nous pensons et nous nous sentons face à chaque situation.

Imaginez-vous rentrant dans un magasin de café. Vous passez la porte et vous vous laissez immédiatement emporté par les senteurs du café fraîchement moulu. « J'adore ! Je suis impatiente d'avoir le mien. » Cette situation vous rappelle vos précédentes tasses de café qui vous offraient une sensation de chaleur, de douceur et de bien-être. Vous remarquez qu'il fait froid dans le magasin. « Oh, je déteste ça ! Pourquoi mettent-ils l'air conditionné si fort ? » Des frustrations émergent, votre corps se raidit... Ensuite, vous balayez la pièce du regard. « Wouah. Cette décoration en bois crée une ambiance chaude. J'aime beaucoup. » Elle vous rappelle la maison dans laquelle vous avez grandi et vous vous sentez un peu comme chez vous.

Ensuite, la file d'attente est longue. En réalité, elle est très longue et particulièrement lente. Une personne travaille derrière le comptoir et l'autre lit son journal à une table, apparemment en pause. Subitement, vous commencez à vous agiter. « Pourquoi la file est-elle si longue ? Pourquoi le second serveur prend-il sa pause maintenant ? »

À mesure que la file avance, vous êtes de plus en plus frustrée. Vous soupirez, vous tapez du pied et vous faites même des commentaires sarcastiques aux personnes qui attendent dans la file. Quand arrive le moment de commander votre café et de partir, vous êtes en retard, frustrée, agacée, et vous classez cette expérience comme négative.

Dans ce cas de figure, vos évaluations positives et négatives de la situation, qui se font en continu, vos expériences du passé et peut-être les jugements sur l'injustice d'une telle situation génèrent en vous de l'agitation et de la frustration. Notez que je ne dis pas que c'est la *situation* qui vous cause de la frustration, mais bien que ce sont les histoires que vous vous racontez à partir de la situation qui vous causent cette émotion. Pema Chodron, instructeur de méditation et auteur du livre anglais *When Things Fall Apart* (*Quand les choses se cassent la figure*), dit : « Ce ne sont pas les événements qui nous arrivent qui nous font souffrir, c'est ce que nous nous racontons à propos de ces événements. C'est de là que la souffrance naît » (2003, p. 1).

La pensée évaluante qui nous cause le plus de souffrance est la suivante : « Cela ne devrait pas se passer comme ça. » La pensée qui prend la seconde place est : « J'aime beaucoup ceci, je veux que cela dure. »

Dans le magasin de café, vos croyances sont :

- Il ne devrait pas faire si froid.
- La file d'attente ne devrait pas être si longue.
- Le serveur ne devrait pas être en pause.

Dans une moindre mesure, votre agitation est causée par le désir que les aspects agréables de l'expérience soient plus nombreux ou durent plus longtemps. Dans cette situation :

- J'adore l'odeur du café.
- Je veux le boire maintenant.
- J'aime être à l'heure, je devrais être à l'heure et je veux être à l'heure aujourd'hui.

Il est évident qu'évaluer son expérience est absolument normal, nécessaire et ne cessera jamais quoi que vous fassiez. Certaines situations sont préférables et d'autres moins. Cependant, la pleine conscience est une façon de vivre dans notre monde qui nous permet d'être présentes et conscientes à chaque instant avec nos pensées et nos croyances qui font partie de notre conscience, mais qui ne détiennent pas les rênes.

Les cinq activités de l'esprit pensant

Votre esprit pensant est constamment engagé dans une ou plusieurs des cinq activités suivantes.

❖ *L'esprit qui évalue*

Premièrement, l'esprit pensant évalue tout ce qui se passe. « Il fait vraiment trop beau aujourd'hui », « J'adore voir ma sage-femme ; c'est la meilleure », « Ce café est trop fort », ou encore « Je déteste la façon dont cette femme me regarde ». L'esprit excelle à classer nos expériences sur une échelle qui va du « j'aime ça » au « je n'aime pas ça ». C'est un peu comme si vous aviez vos propres juges olympiques dans votre tête, qui sortent leurs cartes de points pour classer chaque situation.

Souvent, « J'aime » signifie automatiquement « C'est bon » et « Je n'aime pas » signifie « C'est mauvais ». Et si c'est bon, vous en voulez naturellement plus et vous voulez que ça dure. Par contre, si c'est mauvais, vous voulez que cela s'arrête et que cela ne se reproduise plus.

Si vous avez une tendance aux pensées dépressives et anxieuses, il se peut que vous constatiez que vos inquiétudes et vos jugements sont souvent dirigés vers vous : « Mon Dieu, ma peau n'est pas en forme », « Je suis à la traîne pour tout », « C'était vraiment idiot de ma part ». Ou alors vos pensées sont plutôt générales : « Pourquoi je ne parviens jamais à entreprendre ceci ? », ou « Cette situation est complètement sans espoir ».

Sur une échelle de l'évolution générale, cette capacité de l'esprit à classer les situations comme bonnes ou mauvaises est réellement utile. En général, quand quelque chose goûte, sent ou semble bon (comme du sucre ou avoir un partenaire qui vous correspond génétiquement), c'est un signe que *c'est* bon du point de vue plus global de la survie des espèces. Et en général, si vous percevez une situation comme désagréable (manger de la nourriture périmée ou ressentir de la peur face à un grizzly), c'est un signe que cette situation n'est pas compatible avec la survie ou l'épanouissement. Cependant, dans ce monde stressant, complexe, qui avance à vive allure, notre tendance évolutive à classer les situations comme bonnes ou mauvaises a été un peu chamboulée. À un niveau émotionnel, vous pouvez réagir aux événements que vous n'aimez pas ou que vous ne préférez pas et les considérer comme des menaces pour votre survie. De la même manière, vous pouvez ressentir que les choses que vous aimez ou préférez sont nécessaires à votre survie. Par conséquent, la manière dont vous classez intellectuellement les situations peut avoir des répercussions significatives sur la manière dont vous ressentez les situations et y répondez.

Évaluer nos expériences est une activité normale de notre esprit pensant et celle-ci peut être très utile à certains moments. Cependant, si nous laissons ces évaluations diriger notre vie, nous courons à la catastrophe. Remettre notre tranquillité d'esprit, nos comportements, notre vraie nature et notre identité entre les mains des circonstances de la vie qui est en perpétuel changement est une façon de vivre plutôt risquée. D'ailleurs, notre source principale de stress et de difficultés résulte de notre habitude à évaluer toutes nos expériences et à donner ensuite beaucoup de crédit à ces évaluations.

Illustrons cette idée par l'exemple suivant : votre bébé de 10 mois se met à pleurer dans le supermarché. Vous savez qu'il n'est pas fatigué puisque vous venez de passer une heure dans le parking du supermarché à attendre qu'il se réveille. Vous venez de changer son lange, vous l'avez nourri juste avant sa sieste, donc vous savez qu'il n'est pas mouillé et qu'il n'a pas faim. Il arrête de pleurer quand vous le prenez dans les bras. Il se débat pour que vous le mettiez par terre, car il veut ramper. Il déteste être promené dans le porte-bébé et il sait montrer son mécontentement à l'ensemble du magasin en poussant des hurlements d'indignation. Vous avez vraiment envie de finir vos courses pour rentrer à la maison et préparer le souper. Vous commencez à être en colère, mais êtes aussi embarrassée. Vous n'aimez pas du tout quand il pleure dans un grand magasin. Cette situation tombe directement dans la catégorie « pas bien, je veux que ça s'arrête ».

À ce moment, vous avez deux possibilités qui s'offrent à vous. Vous pouvez décider de résister de dire « Je déteste cette situation, je veux qu'elle s'arrête et je vais mettre tout en œuvre pour qu'elle s'arrête afin que je puisse terminer mes courses. » Vous essayez différentes stratégies et si aucune d'entre elles ne fonctionne, en règle générale vous êtes de plus en plus frustrée, embarrassée et troublée. Vous vous dirigez comme une furie vers la sortie, vous rentrez à la maison et vous êtes de mauvaise humeur pour le reste de la soirée.

Ou vous pouvez vous dire : « Le bébé pleure. Il semblerait qu'il ait envie d'être par terre, mais l'idée ne me tente pas vu le manque de propreté du sol. De plus, j'ai envie de finir mes courses au plus vite. » Vous pourriez vous arrêter un moment, respirer et prendre conscience que votre respiration est un peu plus rapide que de coutume et que votre corps est tendu. Étant donné la situation, sans la juger bonne ou mauvaise, vous constatez que vous avez plusieurs choix. Par exemple, vous pouvez vous arrêter quelque part dans le magasin, là où votre bébé peut ramper pendant quelque temps... et vous souperez plus tard. Vous pouvez également décider de le prendre dans vos bras, d'abandonner vos courses et de rentrer à la maison pour mettre une pizza congelée au four... ou demander à votre voisin une salade. Vous pouvez encore laisser votre bébé pleurer et finir au plus vite vos courses. Ou, toujours irritée, vous pouvez observer ce sentiment et prendre note des sensations corporelles liées à cette irritation. Ensuite, vous pouvez revenir à la palette de choix qui s'offrent à vous.

Dans le premier cas de figure, vous réagissez et vous répondez à l'évaluation de la situation plutôt qu'à la situation elle-même. Quand vous l'évaluez de mauvaise, d'inappropriée ou que vous pensez qu'elle ne devrait pas se passer comme ça et que vous identifiez l'évaluation comme « vraie », vous expérimentez une cascade d'émotions, de pensées et de sensations difficiles. Ensuite, vous réagissez. Par contre, dans le second cas de figure, vous rencontrez la situation comme elle est, vous choisissez la meilleure option disponible à ce moment-là sans ajouter une couche de souffrance.

❖ *L'esprit qui voyage dans le passé et le futur*

Deuxièmement, l'esprit pensant aime songer au passé et planifier pour le futur : « La conversation d'hier avec mon partenaire était assez intense, quand il a dit ça et que moi j'ai dit ceci et ensuite il a répondu ça... », « Je dois aller à mon cours de gym cet après-midi », « Je dois inscrire mon bébé à la crèche »... Souvent, ces réflexions s'accompagnent d'évaluations. Par exemple, « Je dois aller à mon cours de gym cet après-midi, je ne parviens pas à croire que j'ai déjà manqué trois cours d'affilée. Je deviens énorme ! Je ne perdrai jamais mon poids de grossesse », ou « Je me réjouis que mon frère vienne voir le bébé. Ce sera vraiment super », ou « Le refus de ce chèque a été une réelle déception. Est-ce que nous allons un jour nous en sortir financièrement ? », et encore « Et que fait-on si nous n'avons pas la place à la crèche... Je ne pourrai pas aller tous les jours à l'autre crèche c'est beaucoup trop loin. J'aurais dû nous mettre sur la liste d'attente beaucoup plus tôt. »

Une fois de plus, si vous avez une propension pour les idées noires, vous aurez probablement tendance à généraliser votre passé ou à vous remémorer de préférence les événements émotionnels négatifs. Par exemple, vous vous en voulez toujours d'avoir abandonné vos études supérieures ou d'avoir laissé tomber votre bébé sur le sol en pierre de la cuisine. (Cette anecdote est véritablement arrivée à une de mes amies. Ne vous inquiétez pas le bébé va bien.)

Pour certaines, l'anticipation de catastrophes devient une véritable habitude : « Mon bébé n'a pas encore dit un seul mot et le fils de Lida, qui est deux mois plus jeune, a déjà commencé à dire ses premiers mots. Que vais-je faire si mon fils a un problème d'apprentissage ? », ou « Et si nous n'arrivons pas à rembourser notre prêt ? », ou « Je sens que quelque chose de terrible va se passer. »

À la différence de l'esprit pensant, la pleine conscience passe l'entièreté de son temps dans l'instant présent. Je reviendrai sur ce concept plus loin, mais pour l'heure, commencez par prendre conscience de toutes vos pensées qui concernent le passé ou le futur. Ne changez rien, prenez-en simplement conscience !

❖ *L'esprit qui cherche ce qui ne fonctionne pas*

En plus d'évaluer, de songer et de planifier, notre esprit veut résoudre les problèmes. Il passe en revue notre environnement à la recherche de problèmes potentiels et essaye d'y apporter des solutions.

Rappelez-vous ces magazines que vous lisiez étant jeune dans lesquels vous deviez retrouver dans un dessin de ville tous les éléments qui n'avaient pas leur place, comme quelqu'un qui roule à vélo la tête en bas ou encore une maison sans toit.

Eh bien, c'est pareil dans la vie de tous les jours. Votre esprit est souvent attiré par les objets qui ne sont pas à leur place ou les situations qui ont besoin d'être résolues. L'esprit se concentre sur les objets cassés, qui ne fonctionnent pas bien et ceux qui semblent avoir besoin d'attention.

Prenons l'exemple d'un agréable moment que vous passez dans une plaine de jeux avec votre fille. Votre expérience intérieure est plutôt calme. Dès lors, votre esprit commence à passer en revue votre expérience à la recherche de quelque chose qui ne marche pas, qui n'est pas à sa place. « Hum, tout semble être en parfait état de marche et en place dans cette plaine de jeux... » Par conséquent, vous élargissez votre périmètre d'inspection pour y inclure le passé et le futur. Bingo ! Tout à coup, vous vous rappelez un événement qui est survenu hier au travail. Cela ne paraissait pas si terrible sur le moment, mais maintenant que vous y pensez, cela pourrait poser un problème... Donc, vous prenez votre téléphone portable pour vous en occuper tout en poussant votre fille sur la balançoire. En un instant, vous n'êtes plus vraiment dans la plaine de jeux et pas vraiment là-bas non plus. Vos pensées, vos sentiments et vos sensations n'ont plus rien à voir avec votre expérience de l'instant, mais sont branchés sur ce qui s'est passé la veille et ce qui se passera demain. Vous vous inquiétez de ce qui c'est passé hier et de ce qui pourrait se passer demain et vous passez complètement à côté du moment agréable de l'instant.

Deux de mes collègues, Rick Hanson et Richard Mendius, ont écrit un article expliquant les raisons de ce comportement (2007). Si vous pensez à la manière dont nous avons évolué en tant qu'espèce, aux caractéristiques qui nous ont permis de survivre pendant tous ces millénaires, pensez-vous que nos ancêtres qui ont survécu et se sont reproduits étaient des gens qui se la coulaient douce et vivaient décontractés ?

Comme Rick et Richard l'ont montré, ce ne sont vraisemblablement pas les plus décontractés qui ont survécu. Ceux qui ont réussi à passer à travers tous les obstacles étaient des gens hypervigilants, ils savaient où regarder pour apercevoir le danger, les menaces, ce qui ne fonctionnait pas ou ce qu'il fallait *éviter*. Il n'est pas étonnant qu'aujourd'hui nous soyons si nombreux à être programmés pour chercher où sont les problèmes et passer notre temps à essayer de les résoudre. De nos jours, selon Rick et Richard, étant donné que nous expérimentons beaucoup moins de situations mettant nos vies en danger, nous avons transféré cette hypervigilance dans notre vie de tous les jours. Bien qu'il nous arrive chaque jour de devoir faire face à des situations compliquées, elles mettent rarement notre vie en danger. À cause de cet instinct de survie, il nous faut travailler très dur pour parvenir à nous relâcher, à nous concentrer sur ce qui marche, à être dans le moment, présentes à notre expérience.

❖ *L'esprit qui se raconte des histoires*

Quatrièmement, votre esprit aime aussi créer des histoires autour des situations que vous vivez. Il essaie de trouver un sens à chaque situation, de supposer la raison du retard de votre partenaire, de savoir pourquoi votre bébé ne passe pas ses nuits, de voir ce qui ne va pas avec votre bébé qui ne cesse d'avoir le hoquet dans votre ventre, et sur ce que ça dit de vous si vous demandez la péridurale, d'interpréter ce que cela signifie que votre belle-mère ne soit pas venue vous rendre visite à l'hôpital, et ainsi de suite. Votre esprit a une histoire pour tout, pour les situations les plus simples (« j'ai faim, je dois manger ») et les plus complexes, à propos du pourquoi, du quoi, du qui et du comment les choses se passent.

Les histoires créées pas notre esprit varient fortement dans leur degré d'exactitude. Des chercheurs ont montré que notre mémoire des événements du passé et nos sentiments envers ces événements sont souvent erronées (Hassan, 2006). Toutes nos expériences, actuelles et passées, sont filtrées par nos perceptions, nos préjugés et nos attentes. Par conséquent, nos souvenirs sont altérés par le sens que nous donnons à nos expériences à mesure que le temps passe. Même dans l'instant présent, la plupart de nos pensées ne sont que des histoires ce que quelqu'un pense quand il vous regarde, la raison pour laquelle votre partenaire a encore oublié de sortir les poubelles, ce que vous imaginez quand quelqu'un est une fois de plus en retard ou ne vous rappelle pas.

En d'autres mots, *vos pensées ne sont pas des faits*. Elles sont un moyen de donner du sens à ce que vous percevez. Et parce que ces pensées ne sont pas des faits, vous ne devez pas croire toutes les pensées que vous avez. Vous pouvez commencer à approcher chacune de vos pensées à la manière d'un scientifique, c'est-à-dire comme une *hypothèse de travail*, ou la meilleure supposition que vous pouvez émettre avec les informations dont vous disposez à ce moment. Les hypothèses de travail ne doivent pas être acceptées aveuglément ; elles sont là pour être testées, pour déterminer si elles sont vraies, pour être prises de manière légère et être ouvertes à la modification si vous disposez d'informations qui vont dans un sens contraire.

Quand vous observez vos pensées de cette manière, vos histoires à propos de ce qui est en train de se produire commencent à perdre toute l'emprise qu'elles ont sur vous. Vous devenez capable de dire « Je me demandais pourquoi tu n'étais pas venue me voir à l'hôpital après la naissance du petit » et d'écouter réellement la réponse plutôt que de lâcher la phrase suivante : « Je ne parviens pas encore à croire que tu n'es même pas venue me voir à l'hôpital ! » Le processus de génération de vos pensées se modifie et s'oriente dans la voie suivante : « Je lui demanderai pourquoi », plutôt que : « Elle ne s'intéresse pas à moi, et ne l'a jamais fait d'ailleurs ! » Même si vous deviez avoir cette dernière pensée, vous pouvez l'observer et dire « Oh oh, j'ai déduit qu'elle ne s'intéressait pas à moi parce qu'elle n'est pas venue me rendre visite à l'hôpital », plutôt que de vous laisser complètement aveugler par la croyance « Elle ne s'intéresse pas à moi ».

❖ *L'esprit qui compare et catégorise*

Cinquième et dernière activité de notre esprit pensant : il aime comparer, contraster et catégoriser les informations, la plupart du temps en les plaçant dans des grandes boîtes. « C'est bon, j'aime ça, j'en veux encore », ou « C'est mauvais, je n'aime pas ça, je n'en veux plus. » Mais il existe aussi des boîtes intermédiaires. Votre esprit, dans un souci d'efficacité, catégorise vos expériences et examine si elles sont de telle ou telle sorte. Lorsque vous parlez de différences entre les pommes Washington (rouges et sucrées) et les pommes Granny Smiths (croquantes et acidulées), cela n'a pas beaucoup d'importance. Par contre, lorsque vous faites des suppositions à propos de situations plus complexes ou à propos de personnes, catégoriser les événements peut vous empêcher de voir ce qui se trouve réellement devant vous. Vous pourriez ainsi avoir une opinion générale à propos des femmes qui allaitent leur enfant – alors que vous donnez le biberon – et les juger comme supérieures. Vous pourriez croire que les parents qui partagent leur lit avec leurs enfants sont débauchés et indisciplinés, ou encore que ceux qui apprennent à leur bébé à dormir seul toute la nuit à six semaines sont froids et sans cœur. Ces croyances vous empêchent de voir les situations comme elles sont réellement, dans la richesse de leur différence, dans chaque nouvelle situation.

Notre esprit aime aussi comparer. Il cherche les différences, et s'il les identifie, il évalue quelle variation est préférable et laquelle est problématique. C'est une fonction dont notre cerveau dispose depuis toujours ce n'est pas en soi une capacité bonne ou mauvaise. Le problème survient lorsque nous croyons aveuglément dans le bien-fondé absolu de ces comparaisons et que nos comportements ainsi que nos émotions en découlent. Vous pourriez ainsi comparer votre apparence à celle d'une autre personne (« Comment a-t-elle réussi à perdre tout son poids de grossesse en quatre semaines ? »). Vous pourriez comparer la performance d'une autre maman aux vôtres (« Ne voit-elle pas à quel point elle gâte son bébé ? »). Ou encore, suivant une des activités favorites de l'esprit, vous pourriez créer un idéal imaginaire, irréaliste auquel vous vous comparez (« Je devrais avoir un mariage sans conflits, être heureuse et comblée d'être une femme au foyer, être de bonne humeur et sexuellement dynamique, et ne pas m'inquiéter pour l'argent. »). Cette fonction de notre esprit est utile, mais si vous pouviez la reconnaître comme étant *une habitude de l'esprit* plutôt que *la vérité*, vous pourriez alors laisser simplement passer vos pensées plutôt que de vous y accrocher.

Même si vous êtes d'accord avec tout ce que je vous raconte, votre esprit continuera à catégoriser et à comparer. C'est simplement son rôle. Mais si vous pouvez le *voir* et ne pas vous laisser emporter, vous détenez alors les clefs qui vous libéreront de votre esprit pensant.

Traverser les voies de chemin de fer

Disons que vous avez une merveilleuse petite fille qui tète bien, gazouille, et vous fait fondre le cœur. Vous, votre partenaire et votre enfant, vous vivez dans une bulle de bonheur. Vous allez vous promener ensemble, vous dormez ensemble, vous et votre partenaire regardez le bébé pendant des heures. La vie de maman est encore mieux que ce que vous imaginiez.

Ensuite vient le moment pour votre partenaire de reprendre le chemin du travail et vous êtes maintenant seule avec le bébé toute la journée. Il vous est difficile de trouver du temps pour passer sous la douche et manger, encore moins pour consulter vos e-mails, appeler vos amis, nettoyer la maison, ou travailler un peu. Vos jours ne sont consacrés qu'à l'allaitement, au changement de couches, à bercer et porter bébé. Vous commencez à vous sentir isolée et seule. Lorsque votre partenaire rentre du boulot, il est fatigué et a besoin de se retrouver. De votre côté, tout ce que vous désirez, c'est qu'il prenne le bébé pour que vous puissiez vous reposer quelques minutes. Vous pensez qu'il ne vous aide pas assez et vous commencez à vous énerver. « Ne devrait-il pas vouloir passer du temps avec son propre enfant ? Ne lui a-t-il pas manqué ? » Vous ne vous sentez pas appréciée à votre juste valeur, vous êtes submergée par vos émotions, vous vous sentez coupable de vouloir retrouver votre ancienne vie. Vous commencez à vous disputer avec votre partenaire alors que cela vous arrivait très rarement avant l'arrivée du bébé. Vous vous sentez malheureuse.

Dans cette situation, vivre quelques luttes intérieures, de la tristesse et de la colère, avoir des pensées négatives... tout cela est parfaitement normal, naturel et compréhensible. Cependant, la souffrance provient de votre réponse à l'évaluation que votre esprit établit face à chaque événement. Gazouiller, allaiter, marcher, câliner... bien. Ne pas avoir pris de douche, ne pas avoir eu la possibilité de parler à des amis, se sentir isolée... mauvais. Le manque d'implication de votre partenaire... mauvais. Votre propre déception et votre envie de retrouver votre ancienne vie... mauvais. Vous disputer avec votre partenaire... mauvais.

En lisant cette histoire, vous êtes-vous surprise, vous lectrice, à juger si ces éléments étaient en effet bons ou mauvais et à quel point ils étaient bons ou mauvais ? (C'est fou comme c'est automatique, n'est-ce pas ?) Pendant un moment, mettez de côté le besoin de juger si les éléments de la situation sont bons ou mauvais et observez chacun de ces éléments séparément, juste comme ils sont. Gazouiller. Un allaitement facile. Se promener en famille. La difficulté d'appeler des amis. Un partenaire fatigué qui ne change pas les couches du bébé et qui ne le prend pas dans ses bras. Se disputer avec son partenaire. Toutes ces situations se produisent. Elles sont exactement comme elles sont en train de se passer et rien d'autre. Quand ces éléments sont vus sans jugement, chacun de ces événements devient quelque chose qui peut être approché de différentes manières.

Si vous étiez dans cette situation, votre esprit jugeant pourrait dire : « Pourquoi mon partenaire ne pourrait-il pas m'aider davantage ? Je sais ce que cela signifie il s'en fout de moi ou du bébé. Il a rompu sa promesse, et je savais qu'il le ferait. » Cependant, avec la pleine conscience, la même situation peut être vécue différemment : « Je me sens fatiguée, j'aimerais de l'aide. J'aurais aimé que mon partenaire m'aide plus. » Ni mauvais. Ni bon. Simplement les faits. Personne n'a raison. Personne n'a tort.

Appréhender la situation avec pleine conscience est tellement plus simple et plus efficace que d'essayer d'appréhender la situation avec la première interprétation de notre esprit jugeant. C'est aussi beaucoup plus réel, cela prend moins de temps pour arriver à une solution, et vous économisez beaucoup d'énergie à être avec votre bébé, à prendre conscience des situations qui se passent bien en plus de celles qui ne se passent pas bien.

Ne croyez pas tout ce que vous pensez

Vous ne parviendrez sans doute jamais à arrêter votre esprit qui évalue, juge, planifie, songe, compare, catégorise et établit des stratégies. Il ne vous sera pas possible non plus d'arrêter votre journaliste TV et de l'empêcher de commenter vos expériences, de rapporter les moments pénibles de votre histoire, ou d'enjoliver ce qui va arriver. Mais quand vous optez pour la pleine conscience, vous parvenez à ce que votre journaliste TV ne soit plus la personne qui commente les nouvelles en images, mais les fait simplement défiler en quelques mots en bas de l'écran. Je vous parle de cette bande-annonce qui défile rapidement dans le bas de l'écran et vous rapporte un tas d'informations, dont certaines sont pertinentes et intéressantes, mais d'autres non.

C'est un peu comme si vous rétrogradiez l'annonceur TV de vos pensées pour en faire un annonceur radio que l'on peut mettre plus facilement en bruit de fond. Si vous souhaitez écouter le bulletin météo ou les infos trafic, vous pouvez vous brancher dessus. Dans le cas contraire, le reste des infos sont juste des commentaires certains utiles, d'autres non.

Vous ne devez pas croire tout ce que vous pensez. Comme vous l'avez appris dans le chapitre 5, vous avez des émotions et au moins cinq autres sens qui vous fournissent des informations. Mais vous disposez aussi de votre conscience. Vous pouvez cultiver cette capacité de répondre à chaque situation exactement comme elle se présente plutôt que sur base de l'histoire que vous vous racontez à son propos. Cette capacité vous mène invariablement à poser des choix plus sages, vous conduisant à de meilleurs résultats et reflétant de manière beaucoup plus juste qui vous êtes et ce en quoi vous croyez.

Sylvia Boorstein, enseignante de méditation et auteur du livre *Le bonheur est un travail intérieur : pratiquez pour une vie remplie de joie* (2007), dit que la pleine conscience est l'habitude de voir les situations d'une manière simple. La pleine conscience, c'est, plus que tout, être capable d'être présente et consciente de chaque expérience au moment où elle se produit, être à même de la rencontrer avec amitié amitié envers l'expérience, mais aussi envers soi. Cela vaut également pour la manière dont vous approchez vos pensées.

Penser, c'est simplement une expérience. Vous pouvez être consciente de vos ruminations ou de votre esprit qui se laisse aller à des autocritiques très bruyantes, qui évalue et qui lutte. À ce moment-là, vous êtes pleinement consciente. Pourquoi ? Parce que vous êtes consciente de ruminer. Ce qui signifie qu'autre chose se passe à côté de ces ruminations. Vous êtes en train d'observer. Vous êtes probablement en train d'observer comment votre esprit pensant essaie de supprimer ou d'éviter les sensations inconfortables. L'observation de ce processus est la pleine conscience.

Remerciez votre esprit

Si vous êtes comme moi et comme beaucoup de mamans avec qui j'ai travaillé, votre esprit vous attend dès que vous vous réveillez le matin avec une liste de choses qu'il veut que vous fassiez tout de suite, s'il vous plaît. Ce qui fait du réveil un moment parfait pour passer quelques minutes à pratiquer un exercice de pleine conscience pour dire à votre esprit : « Merci pour ton aide, je suis sûre que je te consulterai au cours de la journée. Cependant, tu n'es qu'une seule source d'information pour moi, et je suis celle qui est consciente de toi. » Cette phrase donne le ton de la journée et précise en quelque sorte qui est aux commandes.

Prenez quelques instants pour porter votre attention sur votre respiration et vos sensations corporelles (voir chapitres 2 et 3). Prenez conscience de votre respiration. Voyez si vous pouvez localiser le centre de votre être qui est conscient de votre respiration celui qui respire en ce moment même. Prenez encore quelques instants pour rester dans cette partie de vous qui est consciente de votre corps et de ses sensations, puis portez toute votre attention vers votre ventre et élargissez cette attention à partir de ce point. Ensuite, plutôt que de vous identifier à vos pensées, soyez celle qui est consciente de ses « trains de pensées ». Regardez les wagons défiler les uns après les autres et évitez de monter dedans pour le moment. (Vous pourrez toujours revenir à un de ces wagons plus tard, si vous le désirez.)

Si votre esprit lutte fermement pour prendre le dessus, essayez de porter une attention très douce, compatissante et aimante vers vos pensées. Envoyez-lui un remerciement sincère pour son travail intense. Ressentez, si vous le pouvez, pour votre esprit du respect et de l'émerveillement pour tout ce qu'il fait. Il est réellement très impressionnant. Ayez de la compassion pour votre esprit qui trouve mille et une façons de se perdre dans les complications, d'être confus et d'être pathétique. Ayez de la sympathie pour lui qui est si dur envers lui-même, pour son impatience lorsqu'il est incertain ou ignorant (en réalité, ce sont des endroits très créatifs où se trouver). Ayez de la compassion pour votre esprit qui se met en colère lorsqu'il pense qu'il est passé à côté de quelque chose d'important ou qu'il a pris la mauvaise décision et que s'il réfléchissait avec plus d'intelligence, il trouverait la réponse.

Autorisez votre esprit à travailler moins dur. Soulagez-le de son rôle à vouloir s'occuper de tout, tout le temps. Dites à votre esprit que vous ne lui demandez plus de résoudre les

problèmes là où il n'y en a pas. Que vous allez maintenant répartir équitablement les tâches essentielles de votre vie entre les parties de votre être. Gentiment et avec beaucoup de douceur, dites à votre esprit qu'il est invité à s'arrêter de temps en temps, qu'il peut se reposer. Recadrez votre esprit afin qu'il sache ce que vous attendez de lui, par exemple : « Mon esprit, je prendrai en compte ton avis comme une source d'information parmi plusieurs qui me seront offertes. Ne mets pas la pression. »

Asseyez-vous et respirez pendant quelques minutes.

Laissez l'esprit faire exactement ce qu'il fait qu'il soit relativement silencieux en ce moment ou qu'il passe d'une idée à une autre comme un singe.

Laissez votre corps et ses sensations être exactement comme ils sont.

Laissez vos sentiments et vos émotions être exactement comme ils sont.

Soyez calme.

Soyez.

PARTIE 2

« Les qualités d'une maternité en pleine conscience

9

En quoi la pleine conscience est différente

Dans une session du programme « Vivre sa maternité en pleine conscience », une jeune femme que j'appellerai Rachel et qui berçait son bébé sur ses genoux dit : « OK, s'observer n'est pas un problème, mais moi je m'observe tout le temps et ça me pose un problème. Je note tout ce qui se passe, je pense sans arrêt à ce qui se passe, je réfléchis, j'observe, je note... tout le temps, ça va trop loin ! Je devine et devance tout ce que je fais tout le temps. Cela ne m'aide pas du tout je suis névrosée ! En quoi la pleine conscience est-elle différente de ce que je fais ? » Excellente question !

En général, la pleine conscience, c'est être consciente et présente à toutes nos expériences au moment où elles se déploient au cours de nos journées. Pour répondre à la question de Rachel, ce n'est pas « penser à ce qui se passe ». C'est être consciente de ce qui se passe dans l'instant présent. Ce sont deux choses complètement différentes. Où est la différence ?

La pleine conscience n'est pas une maîtrise de soi

Certaines approches vous apprendront à développer des capacités d'adaptation qui vous aideront à changer la manière dont vous pensez dans certaines situations, à arrêter les pensées qui détruisent votre santé, ou à vous changer les idées lorsque vous expérimentez des émotions ou des sensations corporelles qui vous dérangent. Tout ceci est possible et peut-être que ces aptitudes sont très utiles dans certaines circonstances. Mais je trouve qu'elles sont limitées, particulièrement durant la grossesse et en début de maternité.

Cette distinction est essentielle.

La pleine conscience n'est pas une méthode pour supprimer ou contrôler les pensées, les émotions ou les sensations corporelles.

Pourquoi suis-je convaincue que la pleine conscience peut être beaucoup plus utile que les tentatives de contrôle cognitif durant la grossesse et la maternité ? Parce que certains schémas de pensées, certaines émotions et sensations corporelles peuvent être comme des trains de marchandises qu'il nous est incapable d'arrêter durant cette période particulière. Les tentatives de les changer, les arrêter ou les enfouir sous terre en les supprimant sont non seulement vouées à l'échec, mais sont aussi contre-productives. Par exemple, lorsque Janice était en plein travail, elle s'est sentie complètement submergée. Elle ne voulait absolument pas que son mari la touche ou que sa mère soit dans la pièce. Son corps tout entier était crispé et elle serrait les dents à chaque contraction, quelles que soient les suggestions de la sage-femme. Janice n'avait utilisé aucune des techniques vues en séance de préparation à la naissance. Elle était effrayée et n'avait qu'une idée en tête : avoir sa prochaine dose d'antidouleur via sa péridurale. Les transitions étaient un véritable cauchemar. Elle s'est cachée dans la salle de bains et refusait d'avoir son bébé, gémissant : « Arrêtez la douleur, arrêtez la douleur ! » Quand le moment de pousser est venu, elle disait qu'elle n'y arriverait simplement pas. Rien de ce que son mari ou sa mère pouvaient dire ne l'aidait. La sage-femme a dû prendre le visage de Janice entre ses mains et lui dire que si elle voulait mettre un terme à sa douleur et avoir son bébé, elle devait pousser. Maintenant.

Je ne suis pas en train de dire que Janice faisait tout « de travers ». Bien que je pense que la pleine conscience puisse énormément aider durant l'accouchement, je suis également convaincue que l'accouchement est une situation unique. Dans un certain sens, tous les paris sont ouverts presque tout peut arriver quand vous donnez naissance à votre bébé. En lisant ces lignes, la plupart d'entre nous peuvent ressentir beaucoup de compassion pour Janice. Cependant, de ce lieu de compassion et vu de l'extérieur, il est évident que l'état d'esprit de Janice rendait son accouchement encore plus compliqué.

En fait, la résistance de Janice envers ce qui se passait, ses tentatives d'arrêter ou d'éviter la douleur, l'ont exacerbée. Elle s'est enfermée dans la résistance à l'expérience, elle s'est complètement embourbée dedans. Parce que sa douleur, sa peur et ses pensées « Je n'y arriverai pas », « Arrêtez la douleur » accaparaient l'entièreté de sa conscience, la seule chose qu'elle expérimentait était la colère, la peur, la douleur et la résistance.

Bien que cet exemple soit extrême, il s'applique bien à toutes ces expériences de trains de marchandises petits ou grands que vous rencontrerez durant votre grossesse et au début de votre maternité (et bien au-delà !). Cette période est très particulière, comme vous le savez, mais elle contient aussi des difficultés uniques (vous vous en êtes certainement déjà rendu compte). Il peut y avoir beaucoup d'irritation ou des moments de dépression qui peuvent venir du manque de sommeil durant les premières semaines qui suivent l'arrivée de bébé. Il peut y avoir des douleurs physiques et des inconforts de toutes sortes. La plupart des couples expérimentent des hauts et des bas dans leur relation entre eux, mais aussi avec les aînés, car chacun essaie de trouver sa place dans cette nouvelle vie. Toutes sortes de pensées, d'émotions et de sensations corporelles puissantes font partie du processus de la grossesse, de l'accouchement et de la maternité et toute tentative de les contrôler ou de les éviter ne fera qu'ajouter de l'impuissance et de la détresse à ces moments déjà difficiles.

Dans un certain sens, les pensées, les sentiments et les sensations sont comme les vagues de l'océan. Essayez de modifier ou d'empêcher les vagues de déferler inlassablement... Parfois, pour parvenir à vous comporter selon vos valeurs et vos objectifs, vous pouvez essayer de contrôler ou de bâillonner la venue de vos pensées ou de vos sentiments. C'est parfois possible, mais pas toujours, et généralement pas sur une longue période de temps. Essayer de contrôler, changer ou supprimer des émotions, des pensées et des sensations est comparable à faire du sur-place c'est très limité dans le temps. Vous pouvez le faire, mais pas très longtemps. Quand vous commencez à fatiguer, à avoir faim, à vous sentir déstabilisée, ou submergée par les hormones, il est facile de se faire reléguer, et le pire c'est que vous devrez fournir encore plus d'efforts pour reprendre la route.

Cela ne veut absolument pas dire que vous ne devez jamais essayer de recadrer une situation de manière plus positive ou de calmer un sentiment de panique interne en comptant jusqu'à dix et en respirant profondément. Ce que je veux dire, c'est que si vous pouvez éviter de vous laisser entraîner vers le bas dans une spirale émotionnelle en portant votre attention sur les aspects positifs de la situation plutôt que sur le négatif, arrêter volontairement de sombrer dans une tirade autocritique ou sortir d'une situation malheureuse, faites-le. Ces genres d'aptitudes sont les piliers essentiels de votre santé émotionnelle.

Cependant, la pleine conscience est une approche essentiellement différente de votre expérience et est un outil précieux à avoir dans sa boîte à outils lorsque des pensées, des sentiments, des sensations et des situations ne peuvent pas être changés ni évités. Prenez l'exemple décrit dans le chapitre 5 du bébé qui pleure dans l'avion. C'est une situation à laquelle il vous est impossible d'échapper et dans laquelle il vous est difficile de supprimer ou de changer vos pensées et vos sentiments. De plus, les sensations impliquées ne sont pas sous votre contrôle (comme le bébé qui pleure, la chaleur et le manque d'air dans l'avion, les regards des autres passagers). Dans cette situation, il est important de connaître une façon d'approcher son expérience qui permet à celle-ci d'être exactement comme elle est et qui vous aide à vous sentir moins en difficulté et à poser des choix plus éclairés sur la manière de répondre à la situation.

La liberté de choisir

La pleine conscience est vraiment un outil extraordinaire dans les situations où vous ne souhaitez rien changer même si elles sont pénibles ainsi que dans les situations où vous souhaitez être capable de rester présente et de pouvoir agir face à ces expériences pénibles. Par exemple, vous devez passer une interview pour un emploi que vous désirez fortement obtenir, mais vous vous sentez intimidée et nerveuse, car vous pourriez être appelée à parler en public d'un sujet qui vous passionne. Vous souhaitez réellement prendre la parole, mais vous êtes aussi prise par la peur de la mise en scène. Autre exemple : vous êtes anxieuse à l'idée de prendre l'avion, mais vous souhaitez rendre visite à votre grand-mère qui habite à l'autre bout du pays. Ou encore, vous avez un bébé qui pleure à cause de coliques ou de douleurs à l'estomac et, bien que vous ne puissiez rien changer à la situation, vous souhaitez réellement être en mesure de rester présente et consciente dans ces moments-là.

Nous avons tous nos stratégies d'adaptation préférées pour faire face à de telles situations certaines de ces stratégies sont saines, d'autres moins. Votre stratégie peut être d'appeler un ami, d'autres préféreront aller marcher, prendre du temps pour eux, se distraire, essayer d'ignorer l'expérience ou de la refouler profondément dans leur conscience, boire de l'alcool, chercher la petite bête auprès de leur partenaire, jouer au solitaire sur l'ordinateur, lire ou encore travailler... Aucune de ces stratégies ne pose un sérieux problème quand elle utilisée avec modération. Il est normal de se distraire en regardant un film humoristique, en allant se défouler dans une salle de sport pour surmonter un moment de colère, en choisissant un jeu de solitaire ou en s'impliquant dans un gros projet.

Le problème survient lorsque vous vous sentez *incapable* de faire face à votre expérience et que, par conséquent, vous vous sentez *contrainte* de réagir par la fuite. Ou que vous vous sentez dépassée chaque fois que les événements ne se déroulent pas comme vous l'aviez prévu, ou lorsqu'un imprévu se présente (en d'autres mots, quand vos tentatives de contrôler la situation ont échoué). Vous pouvez aussi rencontrer des problèmes face à des expériences agréables comme recevoir un feed-back positif de la part de vos collègues de travail ou à propos de votre apparence. Le souci survient quand vous vous accrochez à ces événements agréables pour les faire durer ou rendre leur présence nécessaire à votre bonheur.

Un surplus de souffrance est créé lorsqu'il vous est difficile d'accueillir les expériences telles qu'elles sont et lorsqu'elles vous poussent à agir contrairement à vos valeurs et à vos objectifs. En d'autres mots, la difficulté de faire face à votre expérience de l'instant présent peut vous empêcher d'agir comme la maman que vous souhaitez être, qu'il s'agisse de quelque chose de subtil comme rompre le contact avec votre bébé parce que vous tolérez difficilement ses pleurs, ou vous contracter et devenir irritable, ou être si stressée durant la grossesse que vous n'arrivez pas à vous nourrir ou à vous reposer suffisamment. Les réactions peuvent parfois être extrêmes comme recourir à la consommation de substances, crier ou vous en prendre physiquement à votre enfant.

L'idée avec la pleine conscience n'est pas nécessairement de se calmer, de changer vos émotions principales ou de vous distraire. La pleine conscience ne cherche pas à changer vos expériences (de toute façon elles changent d'elles-mêmes !). Par contre, elle peut vous aider à supprimer ou à modifier des comportements ou des actions qui ne sont pas dans la ligne de conduite de la maman que vous souhaitez être.

L'objectif pour vivre sa maternité en pleine conscience n'est pas de vous proposer de nouvelles ou de meilleures façons de modifier votre expérience, mais plutôt de cultiver une manière de rester présente, consciente et en contact avec votre bébé *pendant que vous vivez vos expériences*, peu importe ce qu'elles sont. C'est là l'élément central d'une maternité en pleine conscience : être capable de vivre vos sentiments et de, malgré tout, vous comporter en phase avec vos valeurs et vos objectifs qui et comment vous voulez être.

La pleine conscience : changer la relation avec vos expériences

Cette distinction est importante et je veux être sûre que vous me comprenez bien. La pleine conscience est différente d'autres techniques d'adaptation, car son objectif n'est pas de changer vos « pensées fautives », de changer ce que vous ressentez ou la situation que vous vivez. La pleine conscience ne cherche pas à changer le contenu de votre expérience (pensées, sentiments, sensations), bien que cela puisse souvent arriver.

La pleine conscience, c'est changer votre relation avec vos pensées, vos émotions et vos sensations corporelles.

La pleine conscience, c'est approcher vos pensées, vos sentiments, vos sensations et votre environnement (votre bébé, votre maison, votre partenaire, votre travail...) en :

Portant votre attention à ces éléments

dans l'instant présent

sans les juger de bons ou mauvais ;

les laissant simplement être tels qu'ils sont,

en les approchant, si possible, avec curiosité
et compassion,

en les laissant traverser votre environnement
à leur rythme ;

en respirant profondément pendant tout ce temps,
sans chercher à les modifier,

mais en agissant à dessein et habilement
au moment opportun.

Notez que cette façon d'approcher vos pensées, vos sentiments et vos sensations est aussi une bonne manière d'approcher les expériences de votre enfant qu'il soit toujours dans votre ventre, qu'il soit bébé, jeune enfant ou adolescent.

Parfois, quand j'enseigne « Vivre sa maternité en pleine conscience », il arrive que des participantes viennent me trouver et disent « J'ai essayé la pleine conscience, mais ça n'a pas marché. »

« Que signifie ne pas marcher ? », dis-je alors.

« Eh bien, je ne me suis pas sentie mieux après ! En fait, c'était même pire ! »

« Étais-tu consciente de ce que tu pensais et ressentais ? »

« Eh bien, oui. »

« As-tu respiré ? Est-ce que ton comportement était en phase avec la maman que tu veux être ? Étais-tu connectée avec ton bébé ? »

« Humm... Oui, assez bien. »

« C'est ça la pleine conscience ! Tu l'as fait ! »

C'est comme l'histoire qu'un de mes collègues, Zindel Segal, a partagée à propos d'un participant de son programme de thérapie cognitive basée sur la pleine conscience, qu'il a développé avec ses collègues pour les personnes qui se remettent d'une dépression (Segal, Williams et Teasdale 2002). Ce participant a dit : « Je suis toujours dépressif certains jours, mais simplement je ne laisse plus cette dépression me rendre misérable ! »

L'excellente nouvelle, c'est que, bien que le but d'une maternité en pleine conscience ne soit pas de changer le contenu de votre expérience, de le rendre agréable ou de vous débarrasser des éléments désagréables (je serais millionnaire si j'avais découvert ce secret !), elle nous permet cependant souvent de cultiver une paix de l'être qui est indépendante des circonstances.

Avec la pleine conscience, même lorsque vous ressentez de la tristesse, de la peur, de la colère ou de la culpabilité, vous avez une capacité accrue à rester présente, à garder le contact avec votre bébé, à placer des limites saines (pour vous et votre bébé) et à répondre à ce qui se passe réellement plutôt que de réagir aux histoires créées à partir de ce qui se passe. Vous serez moins souvent amenée à transformer ces émotions pures, normales et naturelles en expériences chroniques de dépression, d'anxiété, de rage ou de honte. De plus en plus souvent, vous serez capable d'agir dans l'alignement de vos valeurs et de vos objectifs pour être la maman que vous voulez être.

Comme la voile prend le vent

La pleine conscience, comme vous l'aurez peut-être déjà compris si vous avez pris le pli de réaliser les exercices pratiques à la fin des chapitres précédents, a certaines qualités qui sont très différentes de votre façon d'être habituelle. La pleine conscience n'est pas seulement la conscience et la présence, mais elle est une *sorte* de conscience et de présence. La pleine conscience n'est pas seulement la capacité d'être présente à nos expériences lorsqu'elles émergent, d'en être consciente, de les noter et de les observer. La pleine conscience est la conscience de nos pensées, de nos sentiments et de nos sensations, et cela *d'une façon tout à fait particulière* à partir d'un certain cadre de référence et avec une certaine attitude.

Le mot « attitude » était à l'origine un terme nautique signifiant la façon dont la voile prend le vent. Donc, lorsque je parle d'attitude, cela ne signifie pas regarder du côté lumineux ou être plus optimiste. Je veux plutôt dire qu'il s'agit d'approcher toutes vos expériences de maman, qu'elles soient agréables ou désagréables, faciles ou difficiles, grandes ou petites, qu'il s'agit de les accueillir exactement comme elles sont, sans résistance ou lutte, sans essayer de les modifier, en leur permettant d'être comme elles sont et en les approchant progressivement avec curiosité et compassion. Il s'agit d'accueillir nos expériences sans les juger. Avec acceptation. Comme la voile accueille le vent.

Précédemment, j'ai parlé de la pratique de la pleine conscience comme d'un moyen pour explorer un territoire qui ne vous est pas familier et y passer plus de temps. Si vous étiez un explorateur et que vous cherchiez un territoire sur lequel vous n'avez jamais mis les pieds auparavant ou que vous n'avez pas eu le temps de connaître suffisamment, je vous dirais qu'avant de pouvoir l'explorer vous avez eu besoin le trouver. Si je vous disais : « Vous le connaîtrez quand vous y serez parce qu'il y aura beaucoup de dunes de sable, des palmiers, une grande rivière et un grand nombre de pyramides à l'ouest », vous auriez plus facile pour le trouver.

Dans les chapitres suivants, je parle de certaines de ces attitudes qui caractérisent la pleine conscience. Tout comme la pleine conscience, ces qualités sont des attitudes que vous pouvez cultiver. Vous pouvez pratiquer afin d'être plus dans l'acceptation, d'être plus centrée dans le moment présent, moins jugeante, plus curieuse ou compatissante. Cependant, ces attitudes sont aussi des points de repère. Vous pouvez consacrer plus de temps dans cette partie de votre être qui est *déjà* acceptante, non jugeante, dans le non-effort, curieuse ou compatissante. La pleine conscience, de par sa nature, comprend toutes ces qualités. Ainsi donc, lorsque vous rencontrerez ces attitudes par rapport à votre expérience, vous saurez que vous êtes dans le domaine de la pleine conscience.

10

L'acceptation : accueillir sa maternité comme elle se présente

Assez souvent, votre esprit pensant peut s'exprimer de manière très positive : « OK, je me sens bien ! Je suis prête pour la journée ! Mon bébé est heureux, je suis si heureuse de pouvoir voir ma meilleure amie cet après-midi, je ne peux rien demander de mieux. » Votre esprit évalue les circonstances présentes comme « bonnes », il balaye l'environnement et ne trouve aucun problème à résoudre, il est actuellement satisfait du passé et se réjouit du futur. Il existe des moments où tout se passe merveilleusement bien, et ces moments sont de vraies bénédictions. Il est relativement facile de pratiquer l'acceptation dans ces moments-là.

Le seul problème est que vous pouvez perdre beaucoup de temps et d'énergie à lutter pour que chaque situation se passe merveilleusement bien et que vous puissiez ressentir du plaisir et une tranquillité d'esprit. Souvent, c'est là un job à plein temps. En effet, il vous arrive de passer votre temps et de dépenser votre énergie à essayer de maîtriser la situation, à réunir toutes les bonnes conditions pour qu'*à ce moment-là* vous puissiez enfin vous détendre et être heureuse. En fait, la plupart d'entre nous passent énormément de temps à essayer que tout roule comme sur des roulettes. Quand vous y réfléchissez bien, cependant, cette tentative ressemble au comportement du hamster qui court dans sa roue vous courez et courez, mais n'arrivez jamais.

Votre bonheur et votre tranquillité d'esprit peuvent devenir complètement dépendants des circonstances en d'autres mots, le fait que vous trouviez ou non votre tranquillité d'esprit dépend de la manière dont les événements se déroulent dans votre vie. Et parce que votre tranquillité d'esprit dépend de ces facteurs, il est compréhensible que vous passiez un certain temps à essayer de contrôler ou de changer les circonstances. Et quand les événements ne se déroulent pas comme prévu, vous vous braquez ou vous vous figez face à ce qui ne fonctionne pas. La pleine conscience est une approche de la vie complètement différente, qui consiste à cultiver un certain sens de stabilité et de paix, et ce *peu importe les circonstances.*

Ceci ne devrait pas être comme ça

Un grand nombre de nos souffrances inutiles proviennent du fait que nous voulons que les choses soient différentes de ce qu'elles sont. Vous allez me rétorquer : « Attends une minute ! Ce n'est pas vrai ce que tu dis là. Mon désir que les situations soient différentes de ce qu'elles sont provient de ma motivation à les améliorer ! Si je ne détestais pas ma maison lorsqu'elle est salle, je ne la nettoierais jamais ! »

Il y a une part de vérité dans ce commentaire. Cependant, du point de vue de la pleine conscience, si votre tranquillité d'esprit *dépend* du fait que votre maison soit propre et si vous n'avez simplement pas le temps ou l'énergie de la nettoyer avant quelques jours, alors votre tranquillité d'esprit passera à la trappe ! Avoir sa satisfaction basée sur de nombreuses circonstances qui peuvent évoluer à tout moment est une stratégie perdue d'avance.

Vous pourriez argumenter en me parlant du cas d'une femme battue. N'est-il pas normal que cette femme souhaite que les situations soient différentes de ce qu'elles sont ? Si votre enfant est malade, n'est-il pas normal de vouloir qu'il en aille différemment ? En effet, certaines circonstances peuvent causer beaucoup de souffrances et de chagrin, et il est bien compréhensible de ne pas les admettre et de souhaiter qu'elles ne soient pas là. La douleur et la peine occasionnées par un bébé malade, par la perte d'un être ou d'un objet cher à vos yeux, ou encore un traitement inhumain infligé à l'encontre d'une autre personne ne sont pas des exemples que je classe dans ce que j'appelle « souffrances inutiles ».

Il existe cependant des douleurs qui sont inhérentes au fait même d'être en vie. Les accepter plutôt que leur résister est en partie ce dont il est question dans « Vivre sa maternité en pleine conscience ». Nous vivons tous chaque jour des difficultés, petites ou grandes, et expérimentons des émotions plus ou moins pénibles face à ces situations. Votre bébé tombera malade de temps à autre, vous pouvez un jour vivre la perte d'un être cher ou être en conflit avec des proches, vous pouvez vous trouver dans une situation politiquement délicate dans votre travail ou connaître une dynamique familiale compliquée. Agir pour réduire ou prévenir ces difficultés et ces douleurs est une stratégie valable, si elle est utilisée intentionnellement et habilement.

Quand je parle de *souffrances inutiles*, je fais référence à ces couches inutiles d'inquiétude, de ruminations, de luttes intérieures et de difficultés que nous ajoutons au problème original. Sylvia Boorstein, précieuse enseignante de méditation, maman et grand-mère, dit que « la souffrance, c'est la tension supplémentaire créée dans notre esprit quand il se bat » (2005, p. 1).

Donc lorsqu'en réponse à une expérience,

- vous lui résistez
- vous la détestez
- vous essayez de vous en éloigner
- vous mettez la faute sur le dos des autres
- vous essayez d'en comprendre le pourquoi
- vous vous racontez des histoires
- vous vous y accrochez
- vous la rendez nécessaire à votre bonheur
- vous essayez d'en avoir plus

- vous vous blâmez de ce qui se passe
- vous vous désespérez
- vous la supprimez, l'évitez ou vous distrayez

vos réponses - assez naturelles et fréquentes pour la plupart d'entre nous - ajoutent des couches de souffrances inutiles, rendent vos expériences difficiles plus pénibles encore et transforment vos expériences agréables en situations moins plaisantes. Un peu comme lorsque votre bébé s'endort finalement pour une sieste après avoir été fort difficile et que vous vous dites : « Mon Dieu, j'espère qu'elle durera plus qu'une demi-heure », plutôt que de permettre à ce doux relâchement de se répandre dans chaque partie de votre corps.

Pema Chodron, elle aussi enseignante de méditation merveilleusement claire et véhiculant beaucoup de compassion, qui est l'auteur du livre *Bien-être et l'incertitude* (2004), appelle ceci la « tendance à compliquer les choses ». Même dans le cas où vous subissez une perte importante et personnelle, elle estime que « l'émergence de ces souffrances inutiles dépend de ce que vous faites avec la situation, de la manière dont vous vous sortez de là (2007a, p. 1).

Utilisons un exemple. J'avais une étudiante dont la voiture venait d'être volée. Elle m'a appelé pour annuler le rendez-vous que nous avions ensemble. De manière tout à fait compréhensible, elle était assez choquée et en colère. Elle était en chemin pour porter plainte à la police et me verrait donc la semaine prochaine. Quand je l'ai vue, elle m'a expliqué ce qu'elle avait ressenti lorsqu'elle avait vu les débris de verre dans la rue, qu'elle a réalisé que sa voiture avait été volée et qu'il a fallu déterminer les démarches à accomplir. Je lui ai demandé comment elle se sentait là maintenant. Elle m'a répondu : « Oh, c'est une vraie déception, mais tout ira bien. Je devrai utiliser les transports en commun et je peux emprunter de temps à autre la voiture d'un membre de la famille jusqu'à ce que je puisse m'en payer une nouvelle, ce qui ne sera pas facile. Mais je trouverai une solution. Je n'avais pas d'assurance et je dois encore rembourser la vieille voiture avant de pouvoir m'en acheter une nouvelle, mais je n'ai pas d'autre solution. Maintenant, le plus important c'est de me concentrer sur mes patients. » Dans nos séances de supervision qui ont suivi l'événement, je ne pense pas qu'elle ait mentionné l'incident une seule fois.

Par contre, une de mes collègues est tombée dans les escaliers il y a quelque temps de cela et s'est tordu la cheville. Il s'est avéré que c'était une vilaine entorse et il lui fut fort difficile de se déplacer. Elle pouvait toujours conduire, mais elle devait se garer plus près, car elle avait beaucoup de difficulté à aller d'un endroit à un autre. C'était un inconvénient de taille et c'était physiquement pénible. Par contre, à la différence de l'étudiante de l'histoire précédente, cette personne a fait de son entorse une partie centrale de sa vie pendant tout le temps de son rétablissement et encore plusieurs semaines après.

Elle était en colère contre elle-même d'être tombée et se le reprochait ouvertement. Elle était déçue de son médecin traitant qui n'avait pas trouvé de véritable solution face à son inconfort et parce ce qu'elle avait dû attendre longtemps dans la salle d'attente à chacun de ses rendez-vous. Étant fort ralentie dans ses déplacements, elle était moins productive au travail, ce qu'elle considérait comme inacceptable. Elle n'était bien sûr plus capable de courir comme elle en avait l'habitude, et par conséquent elle avait peur de ne plus être en forme physique et de prendre du poids. Elle luttait contre son inconfort, levant la jambe en gémissant ou s'asseyant en secouant la tête de dégoût. Elle disait souvent des phrases du genre « Je vais devoir boiter jusque-là », ou « Maladroite et lente, c'est moi ». Même plusieurs semaines plus tard, elle faisait allusion à l'événement comme étant un point de repère important dans sa vie. Par exemple, elle partageait les souvenirs d'un événement avec ses collègues et disait : « Oh, c'est juste c'était avant mon entorse. »

Quelle est la différence entre les deux situations, l'entorse de la cheville ou la voiture volée ? Vous pourriez expliquer que la pire situation est celle qui a causé le plus de souffrance. Cependant, je dirais que la différence en termes de souffrance entre ces deux femmes vient principalement de la capacité de chaque personne à accueillir et à accepter la situation comme elle s'est passée plutôt que de dépenser trop d'énergie à résister ou à lutter contre la situation.

La source de la plupart de nos souffrances inutiles provient de la déclaration suivante :

Cela n'avait pas lieu d'être.

L'idée que les situations ne sont pas comme elles devraient être génère chez les gens, et en particulier chez les mamans, beaucoup de souffrances inutiles. Une idée qui prend la deuxième place et qui cause la plupart de nos autres souffrances inutiles est la déclaration suivante :

Quelque chose devrait être ici, et tant que ce n'est pas là, je ne peux pas être heureuse.

La plupart de nos difficultés psychologiques, émotionnelles et interpersonnelles ne sont pas causées par les circonstances (certaines le sont). Ces difficultés trouvent souvent leur origine dans notre lutte contre les situations qui sont « ce qu'elles sont ». Les addictions sont une utilisation exagérée de substances qui change notre manière de ressentir les événements. De nombreuses disputes entre partenaires ou proches proviennent de ce désir que l'autre personne agisse différemment ou soit différente. Le stress provient souvent de notre résistance vis-à-vis des situations telles qu'elles se présentent.

Les choses sont ainsi

La pleine conscience prend son origine dans la conscience que *les situations sont toujours exactement comme elles se présentent*. Cela peut vous paraître une évidence, voire même très philosophique. Mais, lorsque vous prenez le temps d'explorer cette idée, il devient évident qu'une grande majorité des difficultés que l'on rencontre dans notre vie viennent du fait que l'on n'admet pas ce principe. Les choses sont comme elles sont.

Acceptation. Le sens dans lequel j'utilise ici ce mot ne veut pas dire être d'accord. Cela ne veut absolument pas dire que vous deviez *aimer* les choses comme elles sont ou accepter la situation comme bonne, juste ou même intéressante. Cela signifie simplement que vous reconnaissez d'une part que les choses sont comme elles sont et d'autre part que ni la résistance, ni la lutte, ni le fait d'y penser, ni le souhait de les voir différentes ne changeront quoi que ce soit.

Il s'agit d'accueillir chaque moment avec l'attitude « les choses sont ainsi ». Ce n'est que lorsque vous admettrez ce principe que vous pourrez poser des choix réels sur la manière de répondre à la situation. Plus loin dans ce livre nous verrons comment la pleine conscience et l'acceptation des choses comme elles sont offrent une plate-forme idéale à partir de laquelle il est possible de mettre en place des actions conscientes pour changer les situations qui ne fonctionnent pas.

Pensez à une situation qui vous a énervée récemment. Lorsque vous l'observez de près, était-ce la situation en elle-même qui vous a causé le plus de souffrance ? Ou était-ce la croyance que les événements n'auraient pas dû se passer comme cela ? Je me rappelle un événement récent qui s'est produit lorsque je conduisais ma fille à l'anniversaire de sa meilleure amie (voir l'exercice au chapitre 5). Nous avons quitté la maison bien à l'heure et, comme elle n'avait pas encore pris son repas de midi, j'ai pensé que nous avions le temps de prendre un repas à emporter dans un fast-food. Plusieurs voitures étaient devant nous, mais j'ai estimé qu'elles avanceraient vite. Ce ne fut pas le cas. Il fallut près de vingt minutes, car une fois engagées dans la file il nous était impossible de faire marche arrière. J'ai accepté la situation comme elle se présentait, j'ai pris conscience de mon agacement, de mon inquiétude naissante d'être en retard, et des petites graines de tension qui commençaient à germer dans mon ventre. Pas de soucis.

Une fois sorties de la file, nous sommes arrivées à un pont qu'il nous fallait traverser. C'était un véritable chaos. Apparemment, il y avait eu un accident et la route était barrée, mais certaines voies étaient sur le point d'être rouvertes à la circulation. J'ai commencé à faire un peu d'humour autour de la situation « Wow, nous ne sommes vraiment pas bénies en ce moment. » Un petit peu plus de tension, encore un peu plus inquiète d'être en retard, mais en général, j'accepte plutôt bien ce genre d'aléas de la vie. Il nous a fallu encore une quinzaine de minutes pour franchir ce pont, mais nous étions définitivement en retard. Nous avons poursuivi notre chemin à la recherche du lieu de destination, lieu où je n'avais encore jamais été auparavant. Nous sommes entrées dans un immeuble, mais là, pas moyen de trouver la fête d'anniversaire.

À ce moment-là, j'ai commencé à m'énerver. Nous étions déjà en retard de quarante minutes, ma fille commençait à s'impatienter et nous tournions en rond. La maman ne décrochait pas son téléphone et je commençais à ne plus tenir en place complètement dans la non-acceptation, jurant entre mes dents, respirant difficilement, très tendue, courant de porte en porte pour demander frénétiquement si l'on savait où avait lieu la fête.

En outre, je me blâmais de m'être laissé emporter par mon agacement. « Tu es en train d'écrire un livre sur vivre sa maternité en pleine conscience, pour l'amour de Dieu ! Comment peux-tu être, en ce moment même, à ce point-là dans la non-acceptation ? Quel modèle es-tu pour ta fille ? C'est vraiment terrible ! »

Pour résumer, que se passait-il en moi dans cette situation ? Je vivais une frustration compréhensible en raison des circonstances extérieures : une longue file, un bouchon, me perdre, la déception de ma fille. De telles circonstances, pour la plupart des gens, représentent des expériences désagréables. Mais la plus grande partie de ma souffrance, mon anxiété, ma tension, mon inquiétude, mon agitation, les reproches envers moi-même, mon sabotage mental et émotionnel venaient du fait que je voulais que la situation soit différente et de ma résistance envers la situation telle qu'elle se présentait.

En fin de compte, nous sommes arrivées à la fête avec une heure de retard et avons passé un merveilleux moment. Avec le recul, j'ai observé avec compassion ma journée et j'ai réalisé que j'aurais pu la transformer en une meilleure expérience. Bien sûr, la situation avait été ennuyeuse. Mais en acceptant les circonstances et en me fixant l'objectif d'accueillir les choses et d'aller de l'avant, j'aurais pu transformer cette situation en un long moment ininterrompu avec ma jolie petite fille, un moment pour se raconter des blagues, écouter de la musique, jouer au jeu des vingt questions, en apprendre un peu plus sur sa personnalité, ou simplement passer un moment calme ensemble.

Chaque fois qu'une situation similaire se représente, je ne la regarde pas comme un échec, mais comme une expérience directe qui me permet de voir plus clairement. Ces expériences directes de ce qui ne fonctionne pas couplées à un nombre croissant d'expériences où je suis capable de trouver des moments de liberté dans la tourmente ou dans des moments pénibles me rendent plus performante pour cultiver ma maternité en pleine conscience. Donc, lorsque vous vous surprenez à penser que vous avez « échoué » à être consciente, considérez cela comme une pensée et notez que les expériences dépourvues de pleine conscience sont parfois aussi utiles pour cultiver la pleine conscience que celles où vous avez été capable d'y apporter cette pleine conscience.

EXERCICE Les choses sont ainsi

Essayez ceci la prochaine fois que vous vous trouverez coincée dans un bouchon, ou lorsque votre vol sera retardé, ou lorsque vous serez retardée dans une longue file. Plutôt que de vous focaliser sur le désir de voir la situation changer complètement, regardez simplement le bouchon, le retard de votre vol, la longue file et dites-vous « Ceci se passe exactement comme cela doit se passer. Cela ne peut pas se passer différemment à cet instant. Peut-être qu'avec une action intentionnelle et habile, un jour, cette situation pourra être différente. Mais là, maintenant, la situation ne peut pas être différente. La chose est ainsi. Je suis dans le bouchon, je suis bloquée à l'aéroport, je suis coincée dans une longue file. » Respirez. Notez les sensations dans votre corps. Observez la situation sans résistance, sans lutte et observez ce qui se passe.

Est-ce que la situation vous plaît maintenant ? Probablement pas. Est-ce que vous espérez revivre cette situation très prochainement ? C'est peu probable. Avez-vous réalisé qu'au fond de vous, vous aimez être coincée dans les bouchons ? J'en doute. Mais ce qui *peut* se passer c'est un relâchement subtil, en vous, qui peut faire une grosse différence. Lorsque vous cessez de lutter contre la situation qui est telle qu'elle se présente, vous pourriez peut-être percevoir que votre corps se détend, que votre cœur s'ouvre et que votre esprit se décoince un peu comme s'ils avaient été lubrifiés. Vous pourriez commencer à devenir créative quant à la manière d'utiliser votre temps. Vous pourriez simplement en profiter pour être présente et ne rien faire. Vous pourriez rester agitée, mais en étant consciente de votre agitation et en étant ainsi un peu moins attachée à la situation.

La maison d'hôte
Cet être humain est une maison d'hôte,
Chaque matin, un nouvel arrivant.
Une joie, une dépression, une méchanceté,
une réalisation momentanée viennent
tel un visiteur inattendu.

Accueillez et divertissez-les tous !
Même s'il s'agit d'une foule de chagrins,
qui balaie violemment votre maison
et la vide de ses meubles,
malgré cela, traitez chaque invité honorablement.
Il pourrait vous préparer de nouveaux plaisirs.

La pensée obscure, la honte, la malice,
ouvrez-leur la porte en riant
et invitez-les à entrer.

Ayez de la gratitude, quelle que soit la personne,
parce que chaque invité
vous a été envoyé pour vous guider.

Rumi

11

L'océan de la pleine conscience

Approfondissons un peu plus cette notion d'acceptation. Il est difficile pour un grand nombre de personnes d'entendre simplement le mot « acceptation » dans un sens autre que celui d'être d'accord avec, de se résigner, d'approuver, de pardonner ou de fermer les yeux sur la situation. Comment puis-je *accepter* que mon bébé soit malade ? Comment puis-je *accepter* d'avoir été mise en repos forcé et que ma carrière s'éloigne de moi. Pourquoi devrais-je *accepter* les critiques de ma belle-mère ?

L'acceptation ne signifie pas approbation. Elle n'est pas une invitation à aimer les expériences inconfortables et pénibles. Elle n'est pas non plus appel à la résignation ou à la défaite, au pardon ou à l'accord les yeux fermés. L'acceptation est reconnaissance et accueil dans le sens premier du terme – la reconnaissance que ce qui se passe là maintenant est bel et bien ce qui se passe là maintenant. Cela n'a rien avoir avec ce qui devrait ou ne devrait pas se passer, mais cela invite plutôt à regarder ce qui se passe droit dans les yeux. L'acceptation est cette volonté d'accueillir chaque expérience exactement comme elle est. Elle veut dire rester présente et consciente, même face à la difficulté.

Cheri Huber, une enseignante de méditation de la tradition zen qui a un humour merveilleux, explique l'acceptation de la manière suivante :

Quand je suggère que nous nous acceptions telles que nous sommes, les gens s'emportent. La croyance des gens est telle que si nous nous acceptons, si nous ne luttons pas

pour nous changer, nous ne serons jamais différents et le mal l'emportera sur le bien. [Alors, je] suggère que cette lutte entretient le « problème » et qu'il est plutôt arrogant de notre part de penser que nous pouvons contrôler les événements en ne les acceptant pas. Prenons l'exemple suivant : je ferme la voiture en oubliant mes clefs à l'intérieur. Maintenant, je peux me maudire et taper du pied, défoncer la porte et me traiter de tous les noms. De nombreuses possibilités s'offrent à moi, mais si je n'accepte pas le fait que mes clefs sont enfermées à l'intérieur de la voiture, je ne vais nulle part. Le terme acceptation ne veut pas dire que je dois aimer la situation, l'approuver ou quoi que ce soit d'autre. En réalité, rien ne m'oblige à avoir une quelconque relation avec la situation. Je dois simplement accepter le fait que mes clefs sont enfermées dans ma voiture. Oui, c'est la réalité, quelle direction vais-je prendre en partant de ce point ? À partir de ce point d'acceptation, plusieurs possibilités me sont disponibles alors qu'elles auraient pu ne jamais l'être si j'avais persisté dans mes réponses conditionnées (Huber 2007, p. 2)

L'acceptation met fin à votre querelle avec la réalité

Quand vous luttez contre la réalité, qui gagne habituellement ? La réalité, bien sûr. En fait, la réalité gagne toujours. Ce qui est reste effectivement comme il est, malgré tous nos efforts pour que les choses soient soit autrement ou même légèrement différentes.

Nous dépensons le plus clair de notre temps et de notre énergie à essayer de modifier les situations pour qu'elles soient comme nous voudrions qu'elles soient. Nous le faisons avec une certaine conscience entremêlée d'inconscience. Nous attaquons un problème comme un chien qui s'acharne sur une corde en la tirant dans un sens puis dans l'autre. Et nos comportements, surtout dans nos relations, peuvent être dominés par nos tentatives de vouloir contrôler ou modifier les personnes ou les situations plutôt que d'accueillir chaque situation comme elle est et d'y répondre en partant de là.

Vous pourriez me dire : « Attends une minute. Je connais quelqu'un qui n'essaie jamais de changer les choses et j'*aurais souhaité* qu'il mette un peu plus de volonté pour changer les choses ! Est-ce ça l'apogée de l'acceptation ? » Non, l'acceptation n'est pas synonyme de passivité. Je parierais que si vous regardiez plus profondément dans les attitudes de cette personne, dans ses schémas de pensées, dans ses comportements et même dans sa passivité, vous trouveriez une tentative d'éviter de devoir faire face aux situations *comme elles sont*. C'est leur manière de résister à la réalité de l'ignorer ou de la minimiser.

L'acceptation n'implique pas de devenir un robot ou de faire montre de gentillesse. Cela signifie que vous voyez ce qui est juste sous vos yeux, ce qui est réel et que vous ne résistez pas à cette réalité, que vous ne la niez pas et ne luttez pas contre elle. L'acceptation, c'est créer de la place pour tout ce qui se passe et rester en contact avec votre corps dans ces moments-là. Loin d'être une position passive, l'acceptation se rapproche plus de la qualité du guerrier.

Vivre sa maternité en pleine conscience a pour but de créer suffisamment d'espace et de stabilité d'esprit pour être capable de tolérer, contenir, expérimenter et approcher ce qui se passe entre vous et votre enfant, que ce soit agréable ou désagréable, avec curiosité et compassion. De manière intéressante, cette volonté d'accueillir les choses comme elles sont jette les bases d'une action informée et éclairée et d'une présence aux situations qui *doivent* être changées.

J'utilise souvent le mot « accueillir » plutôt qu'« accepter » parce que l'acceptation est un terme parfois utilisé pour signifier le consentement, voire la résignation. Dans ce contexte, le mot acceptation signifie accueillir votre expérience, accueillir la situation comme elle est, l'accueillir comme vous accueilleriez une autre personne – avec les yeux ouverts et, dans les meilleures occasions, avec bon cœur envers ce qui se présente.

Capituler est un autre terme parfois utilisé pour décrire la pleine conscience. Il comporte aussi une connotation ambiguë et problématique. Ce terme laisse entendre que vous seriez une perdante ou que vous abandonneriez. Utilisé dans notre contexte, capituler est cependant à comprendre comme l'acte noble de s'avouer vaincue dans la lutte que vous menez face à la situation telle qu'elle est. Je préfère penser que capituler est un acte courageux. Imaginez l'acte de capitulation d'un chef bienveillant et consciencieux qui, lorsqu'il fait face à une armée imbattable, lève le drapeau blanc pour éviter des effusions de sang inutiles. Se rendre est différent d'avoir été vaincu. Se rendre, c'est être capable de voir clairement ce qui est et de décider de composer avec ces éléments.

L'océan de pleine conscience

La pleine conscience est comme un océan. Il existe toutes sortes d'êtres sauvages et magnifiques dans l'océan, une variété quasi infinie de créatures de tailles, de formes, de couleurs différentes, de plantes, d'épaves de navires, etc. Il y a ces êtres merveilleux que sont les dauphins joueurs, les tortues de mer remontant à la surface, les baleines émergeant hors de l'eau. Vous pouvez voir scintiller des méduses parapluies ou admirer le majestueux récif corallien. Vous pouvez suivre de nombreux bancs de poissons composés de centaines de milliers de sardines, qui paraissent interminables. Une grande partie de l'espace marin est aussi utilisée par des créatures microscopiques qui sont invisibles à nos yeux, ainsi que par un grand nombre de créatures occupant les eaux profondes. Sans oublier que cet espace est occupé par des créatures aussi laides que dangereuses les requins, les méduses piquantes, les poissons-crapauds –, mais qu'il couvre aussi des zones entières de pollution et de déchets. L'océan contient tous ces éléments et les « accepte » tous, sans rejeter aucun de ces éléments. L'océan n'a aucun moyen de rejeter, d'éviter ou de se séparer de ce qu'il n'aime pas. L'océan lui-même est le « container » de tous ces éléments.

À l'image de l'océan, votre conscience peut contenir toutes sortes d'éléments, vos pensées, vos émotions, vos sensations dont certaines sont agréables, d'autres ennuyantes et répétitives, d'autres encore carrément détestables. Et vous ne pouvez pas vous débarrasser de vos pensées, de vos sentiments et de vos sensations, pas plus que l'océan ne peut se débarrasser de son contenu. Il n'y a rien d'amusant à se tordre la cheville ou à se faire voler sa voiture. Mais il est encore moins plaisant de se gâcher plusieurs semaines parce que vous vous accrochez à l'idée que vous n'aimez pas du tout ce qui vous arrive. Même si cette expérience vous dégoûte, votre conscience peut simplement laisser votre expérience être là, tout comme l'océan accepte de vivre avec ses divers contenus. En réalité, votre conscience *a déjà accepté* ce qui se passe. Dans le cas contraire, elle n'en serait pas consciente. C'est seulement votre esprit pensant qui lutte encore contre cet événement qui lui déplaît.

Cela ne signifie pas que vous devenez passive et que vous n'avez aucun pouvoir, ou qu'il vous est interdit de mettre en place des réponses créatives ou des actions intentionnelles. Vous pouvez décider de passer intentionnellement plus de temps avec les contenus agréables de votre propre océan. Vous pouvez explorer les contenus non familiers avec curiosité afin de mieux les connaître. Permettre aux contenus de votre océan d'être là ne signifie pas que vous devez nager dans un banc de méduses piquantes ou que vous êtes volontaire pour vous jeter dans les mâchoires d'un requin. Cela signifie que vous avez pris conscience du requin, reconnu sa présence et pris une décision sur la manière de répondre à la situation telle qu'elle se présente, plutôt que de passer votre temps à essayer d'éviter le requin, de le supprimer ou à souhaiter qu'il ne soit pas là.

EXERCICE Accepter ce qui est là

La prochaine fois que vous vous énerverez gentiment ou franchement, dirigez votre attention sur vous-même et voyez si vous pouvez sentir cette spirale de souffrances inutiles ou cette tendance à empirer les circonstances. Vous pouvez clairement distinguer ces états en notant si vous êtes en train de ressasser l'événement encore et encore, si en y pensant cela vous rend plus critique envers vous-même ou les autres, ou si vous vous bloquez simplement dessus.

Si vous commencez à vous laisser emporter, portez votre attention en contact direct avec votre respiration pendant quelques instants, centrez-vous sur votre souffle qui entre et sort. Prenez place dans cet espace entre l'inspiration et l'expiration ainsi que dans l'espace entre l'expiration et l'inspiration. Soyez en contact avec vos sensations corporelles, en utilisant les exercices décrits précédemment, notez-les l'une après l'autre par un simple mot pour chacune de ces sensations. Revenez dans l'instant présent et scannez la situation à laquelle vous êtes en train de faire face, séquence après séquence. Nommez chacun de ses éléments. Je suis attendue à un événement important pour moi. Ma baby-sitter est en retard, je suis en train de penser que j'aurais dû l'appeler ce matin pour confirmer. Je me sens en colère contre elle et contre moi. Mon cœur bat très vite. Je suis inquiète… Nommez toutes les pièces de votre expérience.

Maintenant, un par un, accueillez intentionnellement et sincèrement chaque élément comme il est. Je suis en retard. Ma baby-sitter est en retard. Je me critique. Je suis en colère. Je sens mon corps agité… Regardez chaque élément dans les yeux et reconnaissez que c'est ce qui est en train de se passer, que cela vous plaise ou non. Prenez place dans ce qui se passe. Si vous le pouvez, ayez de la compassion pour vous-même comme vous auriez pu en avoir pour une amie proche dans la même situation. Vos mots seront peut-être différents, mais le ton sera proche de celui-ci : « Oh, mon amie, cela doit être stressant d'être en retard pour cet événement. » Soyez chaleureuse envers vous-même. Et si vous le pouvez, soyez chaleureuse envers votre baby-sitter aussi. Elle a peut-être elle aussi rencontré des problèmes ou a juste fait une erreur.

Ou peut-être que la baby-sitter n'est pas du tout responsable. Indépendamment de tout jugement, souhaitez-lui d'être en sécurité et en pleine forme.

Que se passe-t-il lorsque vous approchez la situation de cette manière ? Le but ici n'est pas que la situation vous rende heureuse ou que vous soyez sereine avec celle-ci. Mais simplement que vous puissiez vous immerger dedans et que de cette place vous puissiez prendre des décisions plus justes.

12

Le non-effort

La pleine conscience se caractérise aussi par son aspect de non-effort. Ne pas essayer de changer les événements. Ne pas essayer de se rendre quelque part. Ne pas se battre ou lutter contre nos expériences. Ne pas essayer d'atteindre un but. *Ne pas essayer de faire* quoi que ce soit. Mais simplement être. Simplement prendre le temps d'être avec les choses comme elles sont.

Cela peut paraître confus à certains moments. Vous pourriez penser « Hey, ne suis-je pas en train d'essayer d'être plus consciente ? D'être plus présente ? » C'est un peu paradoxal. Toutes les pratiques que je vous encourage à exercer même la lecture de ce livre reflètent votre ferme intention d'être une maman consciente.

Mais la pleine conscience, plus que tout, a pour principe de ne pas s'acharner, mais plutôt de se poser vraiment dans ce qui se passe dans l'instant présent. La pleine conscience, en tant que façon d'être, vous encourage à être plus présente à ce qui est déjà là, à la personne que vous êtes, à ce qui se trouve devant vos yeux plutôt que de vous efforcer de changer les événements.

Voici un exemple très simple. Je me rappelle avoir utilisé des langes lavables durant les trois premiers mois de ma fille parce que je me sentais concernée par la réduction des déchets pour l'environnement. (J'ai appris plus tard que l'impact sur l'environnement était quasi similaire lorsqu'on lave les langes. Mais bon !) Pendant les premiers jours, j'utilisais une épingle pour fermer le lange et j'avais toujours beaucoup de difficulté à la placer. Pour je ne sais quelle raison, mes doigts ne parvenaient pas à passer l'épingle dans les différents plis du coton et je devais m'y reprendre à plusieurs fois, de plus en plus agitée.

Finalement, j'ai pratiqué un jour « le changement de lange en pleine conscience » (voir chapitre 18), et ça a tout changé. J'ai ralenti le processus, j'ai prêté attention à mes mouvements, j'ai plié le lange doucement en deux couches plutôt que quatre. Cette nouvelle façon de procéder m'a permis d'introduire l'épingle aussi facilement qu'un couteau chaud dans du beurre. Qu'est-ce qui a changé ? J'ai arrêté d'*essayer* de changer le lange, je l'ai simplement fait, en pleine conscience. Avec ma conscience plongée dans l'instant présent, j'ai vu plus clairement : « Oh, une épingle ne peut pas traverser quatre couches. Le tissu doit être plus fin, je ferai donc deux couches. » Ça paraît simple, mais ce n'est pas uniquement cette nouvelle stratégie plier le lange différemment qui m'a aidée. C'est également mon attitude de non-effort qui m'a apporté un plus grand calme intérieur. Et quand je pense au nombre de fois que j'ai changé les langes de ma fille durant ses trois premiers mois, combien j'étais plus douce et combien chaque changement de lange a été nourrissant. Avoir été capable d'apporter la pleine conscience dans ces simples gestes a renforcé mon contact avec mon bébé. Cela semble un petit changement, mais avec le temps, il a eu un impact énorme !

Est-ce que le non-effort signifie ne pas agir pour changer les situations ? Absolument pas. Il signifie que les actions que nous mettons en place sont pleinement réfléchies, basées sur notre accueil honnête et franc de la situation exactement comme elle est. Et parce que nous ouvrons nos yeux sur la situation, nos actions sont en phase avec nos valeurs et nos objectifs. Quand cela se passe, nous *ne nous efforçons pas*, nous ne luttons pas pour agir nous le faisons simplement. Vous souvenez-vous de Yoda ? « N'essaye pas ! Fais-le ou ne le fais pas. Ne te contente pas d'essayer. »

Je ne veux surtout pas que vous entamiez une nouvelle bataille avec vous-même *essayer* d'être pleinement consciente et ne pas être en pilote automatique, *s'acharner* à être présente et ne pas penser au passé ni au futur, travailler dur pour être non jugeante et ne pas évaluer vos expériences et qu'ensuite vous soyez dure avec vous-même lorsque vous échouez.

Cultiver la pleine conscience ce n'est pas dire qu'il existe une bonne ou une mauvaise façon d'être, et que vous devez maintenant vous efforcer d'être sur le bon chemin et surtout pas sur le mauvais.

Si vous avez lu le livre jusqu'ici, vous savez pertinemment que cette idée est complètement contraire à la pleine conscience. Poser des règles et des formules pour établir ce qui est bon ou mauvais, juste ou faux dans chaque situation, c'est simplement la façon dont notre esprit pensant fonctionne naturellement. Nous pouvons nous attendre à ce qu'il fonctionne ainsi, qu'il essaye d'avoir le dessus sur la pleine conscience, qu'il établisse des formules et des règles à suivre, qu'il catégorise les situations bonnes ou mauvaises, justes ou fausses et cherche ensuite à résoudre les problèmes.

Au lieu de cela, l'idée ici est d'*arrêter* de faire autant d'efforts d'arrêter de vouloir changer les choses, modifier vos pensées, lutter contre vos émotions pour les rendre plus faciles à gérer, de vouloir trouver des solutions, transformer les circonstances afin qu'elles prennent une tournure dont vous pensez avoir besoin pour être heureuse. La pleine conscience, c'est en grande partie arrêter de travailler si dur. Donc, bien que la pleine conscience puisse être difficile à mettre en place, elle n'a cependant rien à voir avec un travail pénible. Elle vise plutôt à cultiver la facilité, ce qui, paradoxalement, peut vous paraître inconfortable et difficile au début, car cette démarche ne vous est pas familière. Quiconque a essayé d'apprendre une nouvelle langue à l'âge adulte le sait, il existe une période qui n'est pas facile à traverser, lorsque vous êtes loin de votre zone de confort et que vous ne vous sentez pas encore apte à relever le défi.

Je me rappelle une période où je faisais de la recherche sur les pratiques spirituelles et la manière dont elles transformaient la vie des gens. J'avais alors interviewé Gangaji, une enseignante spirituelle disciple de Ramana Maharshi, un sage hindou bien connu qui a vécu au siècle dernier et était très respecté dans de nombreuses traditions spirituelles pour sa vision intérieure et sa clairvoyance. Je lui avais demandé : « Quelle pratique recommandez-vous aux personnes qui souhaitent réellement grandir et changer ? »

Elle prit un moment avant de répondre et me dit : « Et bien, je dirais *arrêtez.* » Sa voix a insisté sur le mot avec cette autorité perçante qui lui est caractéristique. « Arrêtez simplement et voyez que ce que vous cherchez a toujours été présent, a toujours été juste ici. »

Elle poursuivit, avec un éclat dans les yeux : « Donc je vous dirais *arrêtez*. Mais je suis prête à parier que, d'ici un an, vous reviendrez me voir avec un livre intitulé *S'arrêter*, un nouveau programme pour apprendre à s'arrêter, et un séminaire sur "Les sept étapes pour s'arrêter" », et elle se mit à rire (2002).

C'est ainsi que fonctionne notre esprit, principalement l'hémisphère gauche de notre cerveau et notre lobe frontal. Nous planifions, nous élaborons des stratégies, nous jugeons et nous comparons, nous catégorisons, nous établissons des règles, et tout ce savoir-faire est très utile pour se débrouiller dans notre monde physique. Trouver de la nourriture, construire un abri, créer des outils, accomplir les tâches indispensables toutes ces actions nécessitent que notre esprit planifie, élabore des stratégies et établisse des règles.

Mais ce savoir-faire est presque inutile lorsque que nous souhaitons être présentes et connectées, lorsque nous voulons aimer de manière appropriée, être en résonance avec notre bébé, être sincèrement à l'écoute, et beaucoup d'autres choses qui font que nous sommes de bonnes mères. Avoir des interactions familiales saines, expérimenter sincèrement les moments de joie, et vivre une vie remplie de sens dépend autant de notre capacité à ne pas nous acharner à vouloir changer les situations que de celle qui consiste simplement à prendre des mesures intentionnelles et adaptées quand le moment est venu.

EXERCICE La pratique du lâcher-prise

Voici quelques voies qui vous aideront à explorer le non-effort :

- Sortez vous promener et marchez simplement. Pas de montre et pas de destination. Marchez sans vous presser. Suivez le chemin qui semble le plus intéressant à chaque moment. Observez ce qui se présente à vous. Si vous le pouvez, consacrez une matinée voire une journée entière pour marcher sans but. Vous pourriez bien être surprise de ce que vous allez découvrir lorsque vous n'avez pas de but précis.
- Prenez cinq minutes pour écrire tout ce qui s'installe dans votre conscience. Ne notez que ce dont vous avez conscience pendant quelques minutes. Dessinez éventuellement certaines caractéristiques de votre expérience. Jetez la page lorsque vous avez fini. Il peut être intéressant de voir ce qui se passe lorsque vous n'avez aucune intention de faire quoi que ce soit avec ce que vous venez de créer.
- La prochaine fois que vous nettoierez la maison, ferez la vaisselle ou donnerez le bain à votre bébé, entrez dans le processus plutôt que dans le résultat. Lavez les assiettes pour laver les assiettes, plutôt que de laver les assiettes pour qu'elles soient propres. Centrez votre attention sur le voyage plutôt que sur la destination.
- La prochaine fois que vous aurez du mal à dormir ou que votre bébé ne trouvera pas le sommeil, arrêtez de vous obstiner ! En d'autres mots, arrêtez de vous focaliser sur l'idée que vous devez dormir ou que votre bébé doit dormir. Asseyez-vous dans cet état d'éveil. Reposez-vous dans cet état. Laissez-vous sombrer comme vous le feriez dans un fauteuil moelleux. Arrêter de vouloir aller quelque part. Explorez ce qui se passe lorsque vous ne vous accrochez plus à des résultats précis.

13

La maman curieuse

Une autre qualité de la pleine conscience, qui est particulièrement accessible durant la grossesse et à laquelle de nombreux enseignants font référence, est « l'esprit du débutant ». Cela signifie approcher chaque expérience avec intérêt et curiosité, presque comme si elle se produisait pour la première fois.

En réalité, chaque expérience que nous rencontrons *se passe* réellement pour la première fois ! Même si c'est la millième fois que vous changez le lange de votre bébé, le lange que vous changez là, maintenant, vous le remplacez pour la première fois. Notre tendance est de nous mettre en pilote automatique lorsque nous évaluons la situation et que nous nous disons : « Oh, je connais cette situation. Je l'ai déjà fait un million de fois. » Lorsque nous prenons la même route depuis des années pour aller travailler, nous utilisons cet avantage de nous mettre en pilote automatique pour que nous puissions vous vous en doutez penser, planifier, ruminer, établir des stratégies, etc.

La curiosité, par contre, relève de l'observation avec intérêt. Quel est ce schéma de pensées ? Pourquoi cela se passe-t-il maintenant ? Oh, regarde comme ton esprit s'attarde sur cette personne. Oh, observe cette crampe dans ta jambe ! Oui, quand je me sens coupable, mon estomac se noue. Regarde cette longue file, c'est incroyable ! Développer cette qualité de curiosité demande d'approcher chaque expérience comme si elle se produisait pour la première fois, même si elle s'est déjà bien inscrite dans votre psyché.

À l'aise avec l'inconnu

La pleine conscience, c'est être à l'aise avec l'inconnu avec l'incertitude. La plupart d'entre nous pensent que nous devrions avoir une réponse pour tout, et si nous ne savons pas, nous devons nous débrouiller pour trouver la réponse le plus rapidement possible. Cependant, la plupart de nos « réponses » sont en réalité de simples croyances, des histoires ou des « cela devrait se passer ainsi » auxquels nous avons été conditionnées ou que nous avons été programmées à croire au cours de notre éducation au sein de notre famille et de notre société. Nous pensons que connaître les réponses est une source de sécurité et de confort, alors qu'en réalité, nos souffrances inutiles sont principalement causées par ce que nous pensons.

Vous êtes en train d'apprendre que les pensées et les croyances ne sont pas des faits. Elles sont simplement des pensées et des croyances des histoires que notre esprit nous raconte pour nous aider à comprendre notre monde. Et parfois, ces pensées, ces histoires ou ces croyances ne sont pas justes ou sont hors sujet par rapport à la situation actuelle. -

Je me rappelle une vieille histoire qui concerne une famille composée de membres de quatre générations qui se retrouvent pour un dîner de Thanksgiving. La maman dit à sa fille adolescente : « N'oublie pas de couper l'extrémité du jambon. » L'adolescente coupe consciencieusement l'extrémité du jambon avant de le placer dans le plat à mettre au four. Elle réfléchit un moment avant de demander : « Maman, pourquoi coupe-t-on l'extrémité du jambon ? » Sa maman réfléchit à son tour quelques minutes, ne se souvenant pas si c'est parce qu'il y a des nerfs ou parce que cela permet une meilleure cuisson. Elle finit par dire, « Humm, je n'en sais trop rien en réalité. Je vais demander à ta grand-mère. » Elles vont donc toutes les deux dans la salle à manger et la maman demande : « Maman, pourquoi coupons-nous toujours l'extrémité du jambon ? » La grand-mère regarde autour d'elle et dit : « Je ne sais pas. Allons demander à Gigi. » Les trois filles demandent à la vieille Gigi dans sa chaise roulante, en criant, car elle n'entend plus très bien : « Gigi, pourquoi coupe-t-on l'extrémité du jambon ? » « Parce que notre plat était trop petit », répond Gigi.

Un grand nombre des attitudes que vous pensez devoir adopter durant votre grossesse et votre maternité sont un peu comme cette habitude de couper l'extrémité du jambon. Vous êtes certaine que c'est comme ça que vous devez agir, et la certitude est un sentiment agréable. Quand vous vous trouvez face à une situation que vous n'avez jamais rencontrée et que vous ne savez pas comment l'aborder ou dont vous ne connaissez pas la réponse, vous pouvez être anxieuse, voire même vous mettre en colère. Vous pouvez même vous retrouver dans une position où il vous est impossible de vous détendre tant que vous n'avez pas trouvé de solution.

Être capable de sentir plus à l'aise avec ce que l'on ignore s'applique également à toutes les suppositions que vous faites à propos des comportements des autres personnes. Cela vous permet d'être curieuse de leurs comportements plutôt que de présumer que vous savez d'où elles viennent, voire comment elles vont agir. Vous ouvrez ainsi une porte sur un tout nouveau niveau de communication et d'intimité. Lorsque que vous êtes sincèrement curieuse, vous avez cette possibilité de réellement apprendre à connaître les gens, même lorsque vous pensez déjà tout connaître d'eux.

Prenons un exemple. Votre partenaire se retourne dans le lit et se rendort alors que votre bébé pleure au beau milieu de la nuit. Il se peut que, tout en berçant votre bébé dans un rocking-chair dans le noir, vous passiez en revue toutes les raisons possibles qui font que votre partenaire n'est pas à vos côtés en ce moment. Mais la vérité est telle que *vous n'êtes pas sûre* de la raison. Vous pouvez élaborer un grand nombre de suppositions à propos de ses motivations, y réagir émotionnellement, mais en réalité vous ne savez pas *réellement*.

Être incertaine peut être si inconfortable que votre esprit invente un tas d'histoires autour du comportement de votre partenaire, pariant sur l'idée qu'il est préférable de se tracasser à propos de ces histoires montées de toutes pièces plutôt que de vivre avec l'inconfort de ne pas savoir. De temps à autre, il nous arrive à toutes de prendre des décisions prématurées sans disposer de toutes les informations, simplement pour éviter l'inconfort lié à l'incertitude. Et certaines d'entre nous se laissent prendre dans cette ambivalence sans fin, paralysées et incapables de prendre des décisions ou d'agir, car elles n'ont aucune certitude concernant le résultat final.

Un des avantages de la pleine conscience est qu'il vous devient tout à fait acceptable de ne pas savoir. L'incertitude n'est pas un problème. Être « innocente », ou le faut que « j'ignore la réponse » ou que « je n'ai pas l'habitude avec ceci » sont des attitudes tout à fait acceptables. La pleine conscience reconnaît que l'incertitude est le terrain le plus fertile pour laisser naître la créativité. L'ignorance est le lieu idéal pour qu'émergent des solutions innovantes, nouvelles et différentes. Pema Chodron, la merveilleuse enseignante de la tradition bouddhiste tibétaine que vous avez rencontrée dans le chapitre 8, dit dans son livre intitulé *Les endroits qui vous font peur* que l'essence même du courage, dans ces situations où les vieilles habitudes sont déclenchées, est de modifier vos actions automatiques (2007b).

Ne pas savoir vous donne de l'espace pour créer des solutions, prendre des décisions qui répondent à la situation du moment présent plutôt que de faire confiance à votre programmation habituelle. Cette attitude vous permet d'être plus agile et habile face aux circonstances qui changent rapidement et qui sont toujours uniques plutôt que d'essayer de ranger chaque circonstance dans un de vos modèles intitulés « La vie est comme ça », ou « Oh, cette situation est une de celles où je me fais rejeter », ou « Je n'ai jamais été douée pour calmer les bébés », ou encore « Mon bébé est un garçon, cela signifie qu'il sera plus actif ». La pleine conscience vous permet de voir les situations comme elles sont réellement, au moment où elles se produisent. Elle permet à votre instinct maternel inné de se révéler ce qui vous amènera à vivre certains des moments les plus joyeux et chaleureux que vous rencontrerez dans votre vie de maman.

Le confort dans l'incertitude vous permet aussi de retarder certaines décisions jusqu'à ce que vous ayez plus d'informations et que vous soyez capable de supporter l'anxiété qui pourrait naître de cette attente de prise de décision. Être capable d'approcher chaque situation avec cet esprit du débutant vous offre la possibilité d'aborder la vie comme si vous aviez une multitude de choix pour y répondre. Vous pouvez décider comment interpréter indépendamment chaque situation que vous rencontrez parce que vous êtes entièrement présente, éveillée, consciente et que vous avez un grand nombre d'informations qui vous sont disponibles via vos sens et votre esprit pensant. Le confort dans l'incertitude offre également de l'espace pour l'intuition dans la parentalité, ce qui signifie simplement répondre à chaque situation au moment où elle émerge.

EXERCICE La curiosité

La curiosité est une des formes les plus puissantes d'amour et de respect que vous pouvez manifester à l'égard d'une autre personne. Vouloir sincèrement connaître son point de vue, d'où elle vient, ce qu'elle aime ou n'aime pas et pourquoi, est une des manières de communiquer les plus profondes que vous pouvez véhiculer.

J'ai une amie qui me pose toujours des questions lorsque nous nous retrouvons. Elle n'est ni indiscrète ni intrusive ; elle est réellement intéressée par tout ce que je lui raconte le temps que nous sommes ensemble. Elle me pose des questions intéressantes, qui portent non seulement sur mes idées ou ma manière de juger ou d'évaluer diverses situations, mais se font aussi plus exploratrices, par exemple : « Qu'est-ce qui t'a attiré dans ce travail ? », « Comment as-tu rencontré ton partenaire ? », « Qu'est-ce que tu aimes dans l'école maternelle de ta fille ? », « Que veux-tu dire, explique... ». Chaque fois que je la quitte, j'ai le sentiment d'avoir appris un nouvel élément sur moi-même, d'avoir de la valeur et d'être appréciée.

La prochaine fois que vous serez avec une amie ou un membre de votre famille, essayez de pratiquer ce genre de curiosité. Sans que ce soit un interrogatoire, soyez intéressée d'en découvrir plus sur cette personne, des facettes que vous ne connaissiez pas encore ou même des éléments que vous pensiez connaître. Il se pourrait que vous soyez réellement fascinée ! Essayez aussi (même si cela peut sembler étrange) avec votre bébé qu'il soit dans votre ventre ou pas. Pendant plusieurs minutes, intéressez-vous à lui. Posez-lui des questions. Écrivez-lui une lettre qui commence par « Je veux tout savoir sur toi... », Réellement intéressée. Pratiquez cette curiosité.

14

Bercer votre expérience

(Exercice *Pleine conscience de la compassion et de la bienveillance* disponible en mp3)

Lorsque vous êtes réellement présente dans le moment et dans votre corps, avec acceptation et sans jugement, lorsque vous commencez à ne plus vous battre contre ce qui est, il se peut que vous remarquiez que vous approchez automatiquement vos expériences avec une plus grande compassion.

C'est parce que la pleine conscience, de par sa nature, est un regard compatissant, une exploration douce de votre expérience marquée par une attitude de bienveillance. Une façon simple de voir si vous êtes pleinement consciente lorsque vous observez votre expérience est de voir si votre approche est dure et jugeante ou si elle est aimable. C'est la différence entre « Oh, mince, j'ai tendance à me compliquer l'existence en ce qui concerne ce souci particulier » et « Bon sang, quand est-ce que je vais être capable de lâcher prise ? ». Le premier exemple est plein de compassion ; le second montre ce que l'esprit jugeant fait en pensant que c'est utile. La pleine conscience n'est jamais dure et jugeante et elle possède généralement une saveur de compassion et de bienveillance.

La compassion, une caractéristique naturelle de la pleine conscience, est aussi une attitude dans laquelle vous pouvez vous engager activement. Tout comme la pleine conscience, la compassion est une attitude que vous avez peut-être besoin de pratiquer.

Cultiver la compassion envers soi

En tant que maman, vous ferez énormément d'erreurs. Un nombre incalculable d'erreurs. C'est pourquoi en cultivant la compassion envers vous-même plutôt que la critique dont nous pensons souvent qu'elle améliorera nos performances est essentielle.

La compassion est un peu comme bercer doucement votre expérience, quelle qu'elle soit. Même si vous avec l'impression que des parties de vous sont laides, effrayantes, petites, effrayées, anxieuses, détestables ou jolies, enlacez-les toutes de ce même amour et de cette attention bienveillante que vous déploieriez si vous teniez votre bébé dans les bras.

Cette attitude vous aidera à accueillir la douleur, la tristesse, la peur, la culpabilité ou toute autre forme d'émotion pénible qui est responsable de certaines de vos qualités ou de vos comportements moins désirables. Vos attitudes peuvent parfois vous ennuyer et vous ne comprenez pas toujours pourquoi vous entreprenez certaines choses, mais il vous est toujours possible d'accéder à ce puits de compassion envers vous-même.

Par exemple, je me rappelle une expérience que j'ai vécue lorsque je discutais avec une maman que je n'avais plus vue depuis un moment. La dernière fois que je l'avais vue, elle venait d'accoucher. Elle était sur le point de rompre sa relation difficile avec le papa de son bébé et se demandait comment elle allait bien pouvoir gérer sa nouvelle vie de maman célibataire qui a un travail à plein temps. J'ai senti une réelle compassion pour elle, pour ses difficultés et ses chagrins, mais aussi un désir d'apaiser ses souffrances de manière concrète et habile. Je me suis occupée de son bébé lorsqu'elle participait à un groupe de mères divorcées, j'ai passé quelques soirées avec elle après que les bébés aient été mis au lit, et j'étais disponible pour des conversations téléphoniques pour qu'elle puisse avoir quelqu'un à qui parler.

Un an plus tard, après une période où nous nous sommes progressivement éloignées l'une de l'autre sans raison particulière, nous nous sommes revues. Elle avait rencontré un merveilleux partenaire auquel elle était fiancée et vivait maintenant dans une superbe maison située dans un quartier somptueux. Elle était en forme, radieuse et visiblement très heureuse. Elle avait la possibilité de rester à la maison avec son bébé, mais avait décidé de visiter des crèches pour pouvoir y mettre son bébé trois heures par jour. De cette manière, elle pourrait avoir un peu de temps pour elle, pour courir et écrire.

Ma réaction ? J'étais complètement verte de jalousie ! J'imaginais que je devais être heureuse pour elle, et il n'y avait aucune raison que je ne le sois pas. Elle avait obtenu tellement plus que ce que j'avais souhaité pour elle un an auparavant. Mais quelque chose de hideux s'est manifesté en moi et je ne voyais que la chance qu'elle avait. J'avais souvent le sentiment que je devais travailler trop, que je n'avais pas assez de temps pour faire du sport, que je n'avais pas assez d'argent, et en ce moment je ne me sentais pas particulièrement pleine d'énergie.

Cerise sur le gâteau, j'étais presque malade de voir à quel point j'enviais tout ce qu'elle avait en ce moment. Je m'en voulais énormément quand je suis rentrée à la maison. Bon sang, qu'est-ce qui ne va pas chez moi ? Comment puis-je désapprouver ce bonheur hautement mérité de mon amie ? Moi qui pensais avoir un peu évolué ! Quel genre d'amie suis-je ? Et ainsi de suite.

Ensuite, une voix douce a émergé, calme à travers tout ce remue-ménage. Peut-être n'était-ce pas tant une voix qu'une façon d'être qui me disposait à accueillir chaque élément. Si c'était une voix, elle aurait dit : « Bien sûr, ma chérie, tu veux plus de temps. Bien sûr, tu veux une belle maison et une salle de sport. Qui ne le souhaiterait pas ? Tu travailles si dur. Comment pourrais-tu faire autrement ? Et bien sûr qu'au fond de toi tu es heureuse pour ton amie. Peut-être qu'en organisant ta vie différemment, tu parviendras à te ménager certains moments de liberté. Peut-être que ça n'a rien avoir avec l'argent, mais avec le fait de brûler la bougie par les deux bouts. Que pouvons-nous mettre en œuvre pour rendre les situations plus nourrissantes et plus spacieuses ? »

Comme vous pouvez le constater, ce genre de compassion envers soi crée de l'espace pour accueillir la vérité qui se cache derrière certains comportements confus. Lorsque vous n'agissez pas, ne pensez pas ou ne ressentez pas d'une façon qui est dans la ligne de vos valeurs authentiques, comme le ferait la maman que vous voulez être, la compassion peut vous aider à voir ce qui se cache derrière ces comportements. Elle encourage les parties les plus jeunes, les plus vulnérables en vous pour que vous arriviez à vous mettre en avant et à prendre la parole pour vous exprimer et vous donner une opportunité de vous occuper d'elles. Ensuite, elle permet aux parties les plus matures en vous de mettre en place une réponse adaptée et en accord avec vos principes, même quand il s'agit d'expériences dures à accepter.

L'autopunition, au contraire, engendre plus de restrictions, de peur et de stress, en vous laissant souvent avec le besoin de vous appuyer sur quelque chose d'extérieur pour soulager ce sentiment atroce. Ça peut être de la nourriture, un excès de dépenses, la consommation d'alcool, regarder la TV ou d'autres formes moins adaptées de réconfort. Vous est-il déjà arrivé de changer un comportement en étant méchante vis-à-vis de vous-même ? Est-ce que le changement réel ne se produit pas plutôt comme un effet secondaire de la gentillesse que vous exercez envers vous-même prendre mieux soin de vous et de votre famille ? Est-ce que vous connaissez des personnes qui ont changé de comportement après avoir été de plus en plus dures avec elles-mêmes ? Est-ce qu'une attitude compatissante n'est pas le meilleur moyen pour poser les limites avec l'autre plutôt que de lui dire : « Laisse-moi t'expliquer à quel point tu as tort, tu es mauvaise, irréfléchie et immature. » Le même raisonnement vaut pour vous se flageller ne fait qu'augmenter la douleur, qui en retour vous incite à agir de telle manière que vous êtes encore plus en colère contre vous-même !

Notre peur est la suivante si nous arrêtons d'être dures envers nous-mêmes, nous ne réaliserons pas toutes les tâches que nous avions prévues. Cheri Huber, enseignante zen et auteur du livre *When You're Falling, Dive* et de dix-huit autres ouvrages, écrit que nous fonctionnons sous l'influence de l'illusion de cette voix dure, jugeante et critique. « L'illusion est que cette voix est de votre côté, que c'est la voix de la raison et du bon sens et que, pour réussir dans la vie, nous devons l'écouter » (2007, p. 2). Cheri Huber montre qu'en réalité, à travers une exploration douce et non jugeante, la pratique de la pleine conscience « permet aux parties de nous qui se sont senties menacées de se sentir en sécurité et d'ainsi commencer à se détendre un peu. Nous avons créé un endroit plus sûr pour tous les aspects de notre personnalité. La compassion est dirigée maintenant vers nous et le joyeux travail d'acceptation de soi a commencé » (2007, p. 4). Quand vous vous sentez en sécurité, vous êtes plus efficace et plus sûre de vous en tant que maman et vous développez plus de compassion envers les autres. (Si vous souhaitez en lire plus sur les pensées de Cheri, visitez son site internet www.cherihuber.com.)

La compassion envers soi ne signifie pas que vous ne deviez jamais être ferme ou vous poser des limites saines ou encore vous centrer davantage sur vous et être plus indulgente envers vous-même. « Parce que j'ai eu une dure journée aujourd'hui, je vais manger un demi-litre de glace ! » Ce n'est pas de la gentillesse envers soi. Même si des comportements tels qu'être constamment en retard, boire trop d'alcool ou dépenser à l'extrême sont causés par une souffrance sous-jacente, cela ne signifie pas qu'ils ont le droit de s'installer en vous à demeure. Une vraie compassion voit les situations très clairement, accueille la douleur ou le chagrin qui déclenche la situation, et ensuite prend des mesures réalistes pour aborder cette douleur ou ce chagrin. Cela signifie peut-être suivre une thérapie. Cela peut vouloir dire demander de l'aide d'une autre façon. Cela signifie presque toujours agir afin d'éviter d'éprouver davantage de douleur ou de chagrin.

La définition de la *compassion* implique la reconnaissance que la souffrance existe, un désir et une intention puissante de réduire cette souffrance, et, quand c'est possible, une action qui va dans cette direction. Cette définition s'applique autant aux autres qu'à soi. Parfois, la forme la plus puissante de la compassion consiste à se fixer des limites saines pour soi-même.

Au début, la compassion envers soi demande des efforts. Elle implique de penser, agir et même choisir d'observer des pensées et des émotions différentes de celles que vous avez l'habitude d'observer. Alors que la plupart d'entre nous sont familières avec la partie jugeante de notre esprit, caractérisée par les pensées telles que « Qu'est-ce que je pensais ! ? », ou « Voyons, j'ai bien dû commettre cette erreur une centaine de fois, quand est-ce que je vais le comprendre ? », ou encore « Bon sang !, Ma fille, reprends-toi un peu ! », il est parfois difficile de découvrir notre douce et gentille voix intérieure.

La compassion est bonne pour vous. Des recherches menées par Kristin Neff à l'Université du Texas montrent que la compassion envers soi agit à la fois comme un tampon vis-à-vis des états émotionnels et mentaux négatifs comme l'anxiété et la dépression, la rumination et la suppression de pensées, et comme favorisant les états émotionnels positifs comme un bonheur plus grand, l'optimisme, la sagesse, la curiosité et l'exploration, les initiatives personnelles, les émotions positives, l'autonomie, les compétences, la parentalité (Neff 2003a, 2003b). Comme la pleine conscience, la compassion envers soi n'est pas juste une forme de pensée positive se remonter le moral ou voir tout en rose. Selon le Dr Neff et ses collègues, « la compassion envers soi se réfère à la capacité de maintenir les émotions négatives difficiles dans une conscience non jugeante sans devoir supprimer ou nier les aspects négatifs de cette expérience (2008, p. 7). » (Cela vous est-il familier ?) Elle poursuit : « Parce que les individus capables de compassion envers eux-mêmes ne se démolissent pas lorsqu'ils échouent, ils sont capables d'apprendre plus, de grandir et de faire face à de nouveaux challenges » (p. 8). Ceci fait de l'autocompassion, liée à la pleine conscience, un ingrédient précieux pour devenir maman. (Pour plus d'infos à propos des travaux de Kristin Neff sur l'autocompassion, voyez sur www.self-compassion.com.)

EXERCICE L'autocompassion

La prochaine fois que vous entendrez cette voix critique et jugeante vous rabaisser ou être méchante envers vous, utilisez-la comme un drapeau rouge ou un signal d'avertissement pour apporter de la pleine conscience dans votre expérience du moment (en d'autres mots, notez-le simplement et accueillez ce qui est là).

Votre esprit jugeant a probablement sa propre et unique voix. Découvrez la tonalité et le langage de cette voix, et chaque fois que vous l'entendez, prenez-la comme un signal pour *arrêter* et *respirer*. Cette voix peut vous rappeler une personne particulièrement critique dans votre vie. Elle peut simplement être méchante et désagréable. Elle peut être sarcastique ou sardonique (compassion et sarcasmes sont incompatibles). Elle peut maudire ou utiliser des mots blessants. Ces signaux peuvent devenir de vrais indices qui vous indiquent que vous êtes montée dans le train de l'autojugement (duquel il peut être très difficile de descendre, comme vous l'aurez peut-être constaté). La pleine conscience commence toujours par réaliser que nous sommes montés dans le train.

Une fois que vous avez pris conscience du train, utilisez la pleine conscience pour le laisser passer. Observez les pensées qui traversent votre esprit, regardez chaque pensée comme si elle était un wagon du train ou une feuille qui se laisse emporter par le courant. Vous pourriez examiner chaque pensée comme s'il s'agissait d'un char de parade, et aller d'un char à l'autre dans votre parade des pensées. Regardez chacun de ces chars lorsqu'ils passent devant vous. Sans vous laissez aller à évaluer ceux qui sont beaux et ceux qui ne le sont pas, notez simplement chaque char lorsqu'il passe devant vous.

Maintenant, observez quelles sont les émotions présentes en ce moment. Très souvent, quand nous sommes en mode jugement par opposition au mode compassion, les « émotions » ressemblent plus à des états d'esprit. Outrée ? (« Qui pense-t-il qu'il est ? ») Indignation morale ? (Incroyable, simplement incroyable, Je ne le crois pas ! ») Martyre ? (« Après tout ce que j'ai fait pour elle !... ») Injustice ? (« C'est vraiment pas juste !) Récrimination ? (« Pourquoi n'ai-je pas simplement... », « Qu'est-ce que cela va me coûter de... », « C'était juste devant mes yeux... ») Diminuée ? (« Je suis une perdante. », « Je n'en vaux pas la peine. ») Désespérée ? (« Il est évident que je n'y arriverai jamais. »)

Maintenant, cherchez les émotions pures qui se cachent derrière ces états. Si vous les trouvez, notez-les une par une. Utilisez de courtes phrases pour exprimer ou décrire chacune d'entre elles. « Je me sentais coupable d'être une nouvelle fois en retard pour récupérer mon bébé à la crèche. Je suis triste de devoir travailler et d'être loin de mon bébé plus de temps que je ne le souhaiterais. Je suis triste que ma maman ne soit plus en vie pour m'aider. J'ai peur de perdre mes anciennes amies. Je me sens fatiguée de m'occuper de trois enfants toute la journée, tous les jours. »

Regardez maintenant les états d'esprit évoqués deux paragraphes plus haut. Il se peut que vous trouviez plus difficile d'éprouver de la compassion pour ces états d'esprit, alors qu'il vous est plus facile d'avoir de la compassion pour les états d'esprit décrits dans le denier paragraphe. Pourtant, si vous continuez à pratiquer, vous commencerez à réaliser que les premières descriptions sont simplement les signaux de celles qui sont reprises en second lieu. Comme toujours, commencez par porter votre attention sur votre respiration, et notez ce qui se passe dans votre corps. Une façon de voir la différence entre les états de l'esprit et les émotions qui se cachent derrière eux est de savoir que ces émotions sont présentes en vous plus spécialement dans votre cœur, vos tripes et votre gorge alors que vos états d'esprit sont plutôt localisés dans votre tête. Ces états mentaux jugeants et peu sympathiques sont presque toujours le reflet d'une émotion sous-jacente, la tristesse, la peur, la colère ou la culpabilité, qui appelle à la compassion plutôt qu'à la récrimination. Lorsque vous prenez le pli de voir l'autocritique et les pensées blessantes de cette manière, vous développerez beaucoup plus de compassion envers vous. Entre-temps, portez une attention consciente sur ce qui se cache sous le jugement, la rage, la constriction ou la fermeture de votre cœur.

15

Incarner sa maternité en pleine conscience

La pleine conscience n'évalue ni ne juge les expériences ou les sensations comme bonnes ou mauvaises. Par contre, votre esprit le fera toujours et continuera probablement à le faire jusqu'à la fin des temps. La pleine conscience ne s'en tracasse pas. Elle prend note de ce qui est présent. La pleine conscience ne s'attache pas aux expériences agréables pour les prolonger ou n'essaye pas de supprimer les expériences désagréables. Elle les observe simplement telles qu'elles sont. Elle accueille chaque expérience comme elle vient, avec curiosité, douceur et compassion. Avec gentillesse. À certains moments, elle examine les expériences, les regarde de plus près, en explore les qualités, les compositions internes et les limites. À d'autres moments, elle leur permet de passer sans être examinées, elle en prend simplement note et les laisse aller.

Maintenant, si vous êtes un tant soit peu comme moi, vous vous dites : « Attends un peu. Je pensais qu'elle nous avait dit de ne pas devenir une sorte de maman zen robotisée, comme si rien n'avait d'importance ! À la lire, il semble bien qu'elle me suggère d'être une sorte de sainte, de sage illuminée qui n'est affectée par rien ! »

Il est vrai que toutes ces explications invitant à observer, être consciente, noter ou être témoin peuvent suggérer que vous êtes en quelque sorte en dehors de votre expérience que vous regardez à partir d'une place qui est plus haute que le sol. Rien n'est cependant plus loin de la vérité.

La pleine conscience ne cherche pas à éviter, à supprimer ou à vous dissocier de votre expérience. Elle n'est pas non plus une invitation à vous détacher de votre expérience ou à approcher vos expériences comme un robot. « Oh, regarde, je suis là et je sens une rage naître en moi. C'est complètement fascinant. » Vivre sa maternité en pleine conscience, ce n'est pas devenir imperturbable, distante, intouchable ou les trois à la fois. Vivre sa maternité en pleine conscience, c'est être présente, consciente, permettre aux expériences d'exister et de *rester dans votre corps* durant tout ce temps.

Vivre sa maternité en pleine conscience est une pratique qui est vivante, incarnée, impliquée, sensuelle, centrée et ancrée dans *ce* monde, dans *ce* corps et *ce* moment. C'est savoir être présente dans votre corps et en contact avec votre bébé. C'est savoir jouer avec votre bébé dans le jardin et dans la terre plutôt que de vous inquiéter de la manière de le garder propre. C'est savoir passer toute la matinée ensemble dans le lit, jouer à « coucou », manger, se reposer et se câliner plutôt que de vouloir absolument se laisser attirer par la vaisselle sale qui traîne dans l'évier. C'est savoir laisser la colère s'exprimer lorsque vous vous levez pour la sixième fois la nuit pour l'aider à se rendormir, ou vous autoriser à être malade de la grippe en sachant que vous devrez malgré tout vous occuper de bébé 24h/24 et 7j/7.

En réalité, de manière un peu paradoxale, la pleine conscience vous permet d'entrer en contact intime avec chacune de vos expériences. Vous les accueillez, vous leur souhaitez la bienvenue, et vous les vivez pleinement et les traversez. Vous êtes consciente de votre expérience *au moment même où elle se produit*. Lorsque vous êtes consciente que vous êtes en colère, vous êtes en réalité aussi en colère ! Vous êtes en train d'expérimenter cette colère. Mais vous en êtes aussi consciente. Vous pouvez la voir clairement, vous pouvez la vivre sans la juger comme bonne ou mauvaise, juste ou fausse, et vous pouvez l'exprimer si vous en prenez la décision.

Lorsque vous êtes consciente de pensées comme « Pourquoi mon bébé ne passe-t-il pas encore ses nuits ? », vous êtes en réalité toujours en train d'avoir cette pensée. Lorsque vous êtes consciente de vous sentir triste, vous êtes toujours avec ce sentiment de tristesse. Vous apportez de la pleine conscience à ces pensées et à ces sentiments *au moment* où vous les expérimentez. Et leur apporter cette pleine conscience, non jugeante, peut changer fortement la manière dont votre vie sera affectée.

Dans un certain sens, vous vivez chaque événement plus profondément lorsque vous êtes dans l'instant présent, dans votre corps, et consciente, plutôt que de vous laisser entraîner par vos histoires créées à partir de ce qui se passe. Vous commencez à laisser vos expériences vous mouiller comme la mousson, en sachant que, tout comme la pluie, vous ne pouvez pas la changer ni l'arrêter. Vous savez également que vous êtes absolument capable de tolérer la plus grande majorité des expériences que vous rencontrerez en tant que maman, les autorisant à émerger, culminer et disparaître. Donc, ne vous inquiétez pas de devenir un automate en pratiquant la pleine conscience. C'est en réalité un chemin qui vous permettra d'être consciente plus que vous ne l'avez jamais été.

Plonger au lieu de se laisser submerger

Pour la plupart d'entre nous, nous pouvons nous laisser emporter dans une spirale mentale où nous ne cessons de penser à quelque chose à longueur de journée, tournant et retournant ces pensées encore et encore. Les psychologues appellent cette façon de penser *ruminer*. La première fois que l'on entend ce terme, il semblerait que cela se rapproche de ce dont j'ai parlé précédemment expérimenter réellement ses pensées. Mais la recherche montre que la rumination est en réalité une tentative d'*éviter de ressentir* les incertitudes ou toute autre émotion comme la peur, la tristesse ou la colère et que ce processus peut mener à la dépression et l'anxiété (Nolen-Hoeksema, 2000). La rumination n'est pas équivalente à la pleine conscience de ce qui se passe ; c'est l'esprit qui place votre expérience dans un hachoir pour voir si son goût change lorsqu'il aura été haché.

Si vous avez une tendance à vous laisser tirer vers le bas dans une spirale émotionnelle, dans un lieu où vous vous sentez coincée comme dans un vortex géant de pensées et de sentiments négatifs, et si vous avez tendance à y rester un bon bout de temps, ce n'est pas ce que je veux dire lorsque je vous invite à vire votre expérience de l'intérieur, à l'incarner. Ce n'est pas plonger dans l'expérience c'est se noyer dedans.

La pleine conscience est une façon de s'engager dans chaque expérience avec volonté. Vous avez la liberté de choisir jusqu'où vous souhaitez aller. Vous avez le choix, si vous voulez, d'examiner chaque expérience consciemment au moment où vous la vivez. D'en toucher le centre, d'en observer les bords, d'en tester la conduite, de la contourner, et même de donner un coup de pied dans les pneus. Grâce à ce choix, lorsque la pleine conscience est amenée dans des expériences positives, il existe un renforcement presque incroyable de votre capacité à apprécier et à éprouver du plaisir à les savourer, à en extraire le maximum et à les utiliser comme antidote contre les aspects les plus difficiles de votre vie.

Lorsqu'une expérience est stressante, inconfortable ou terriblement douloureuse, cette capacité à s'engager dans cette expérience consciemment, avec curiosité et compassion fait toute la différence. Elle ne supprime pas forcément la douleur (celles d'entre vous qui ont accouché savent et celles qui n'ont pas encore accouché le découvriront vite !). Elle change votre relation à la douleur et vous permet d'interagir activement avec elle. Quand vous ne vous identifiez pas à la pensée, au sentiment ou à la sensation que vous avez, mais qu'au lieu de ça vous êtes consciente de ceux-ci au moment de les expérimenter, vous créez de l'espace pour bouger, pour respirer. Même le plus petit cercle d'espace autour de votre expérience peut être très bénéfique.

Alors que je vous ai recommandé d'approcher vos pensées et vos sentiments, laissez-les être, soyez même curieuse, mais attention pas le genre de curiosité qui a tué le chat. Vous pouvez apprendre à être consciente de vos pensées, sans être préoccupée par celles-ci. Et lorsque malgré tout vous êtes préoccupée, vous pouvez laisser votre esprit partir dans son cycle habituel, tout en restant consciente de ce processus et de tous les autres contenus de votre expérience. Rappelez-vous que votre esprit pensant n'est seulement qu'une partie de ce que vous êtes.

Pleine conscience de votre corps

(Exercice *Pleine conscience des sensations corporelles* disponible en mp3)

Porter votre attention sur votre corps et toutes ses sensations est un moyen efficace pour être dans l'instant présent, connectée à votre corps et avec votre bébé qu'il soit toujours dans votre ventre, que vous l'allaitiez, que vous le portiez sur votre ventre ou qu'il vous grimpe dessus. Pour réussir à pratiquer cette attention, particulièrement dans les moments difficiles, vous devez passer un peu de temps à vous familiariser avec cette aptitude d'être dans votre corps et dans l'instant présent, accueillant les événements comme ils sont sans vous laisser emporter à vouloir les changer.

Essayez cette méditation :

Prenez la même posture que pour la méditation centrée sur la respiration ou, si vous pensez pouvoir rester éveillée, couchez-vous. Commencez par prendre quelques minutes pour prendre conscience de votre respiration.

Ensuite, de manière identique à la façon dont vous portez votre attention doucement et légèrement sur votre respiration, portez cette même qualité d'attention sur vos sensations corporelles. Sans essayer de changer certaines de ces sensations pour le moment, sans les évaluer de bonnes ou mauvaises (ou si vous le faites, laissez cette évaluation être là elle aussi), soyez simplement consciente de votre corps comme un tout unifié. Centrez votre attention dans votre corps. En d'autres mots, laissez votre corps et ses sensations, quelles qu'elles soient, prendre le devant de la scène de votre conscience. Percevez-vous des endroits de votre corps qui sont crispés, douloureux, tendus ou endoloris ? Existe-t-il des endroits de

votre corps qui sont détendus, agréables, où percevez-vous une sensation de doux flux ou de courant qui les parcourt ? Êtes-vous consciente de sensations neutres, engourdies ou de parties de votre corps parcourues par des sensations invisibles dépourvues de sensations ? Vous remarquerez que certaines sensations corporelles sont réellement importantes et perceptibles, comme une crampe dans la jambe, alors que d'autres sont plus subtiles, comme l'air traversant votre peau. Prenez conscience de l'ensemble de ces sensations. Qu'elles soient subtiles ou évidentes.

Vous pouvez essayer de déplacer votre attention lentement depuis le sommet de votre tête en passant par vos yeux, votre nuque, vos épaules, votre poitrine, votre ventre, vos bras, vos hanches, vos cuisses, vos genoux, vos mollets, vos chevilles et vos pieds. Ou déplacez systématiquement votre attention depuis vos pieds jusque votre tête, en notant simplement ce que vous trouvez dans chaque région de votre corps. Du mieux que vous pouvez, ouvrez votre cœur à toutes les sensations. Il se peut que votre esprit pensant évalue chaque expérience de bonne ou mauvaise, préférable ou non. Laissez-le simplement faire. Quoi qu'il se passe, c'est bien. L'intention de cette méditation est d'être consciente de votre corps, d'être présente dans votre corps.

Maintenant, portez votre attention consciente au centre de votre corps, glissez dans votre corps comme vous le feriez dans votre fauteuil préféré. Plongez dans votre corps et laissez-lui câliner chaleureusement votre conscience. Sentez la gravité lorsqu'elle attire votre corps contre la surface sur laquelle vous êtes assise, debout ou couchée. Si vous êtes enceinte, sentez le poids de votre ventre et si vous tenez votre bébé dans les bras, sentez sa proximité. Créez une relation intime avec l'expérience d'être dans un corps.

La première fois, pratiquez cette méditation pendant cinq minutes, ensuite dix, puis mettez une minuterie pour vingt minutes ou plus.

16

Materner l'instant présent

Maintenant que vous savez que vivre sa maternité en pleine conscience se passe dans l'ici et le maintenant, dans votre corps, et que vous n'assistez pas à votre expérience indifférente et à une certaine distance, parlons d'une des qualités les plus importantes d'une maternité en pleine conscience. En réalité, si je pouvais choisir un seul outil avec lequel vous repartiriez après avoir lu ce livre et pratiqué la pleine conscience, ce serait la capacité d'*être présente*.

Être présente est la base essentielle d'une maternité en pleine conscience. C'est la clef pour être une maman consciente. Si les qualités de non-jugement, d'acceptation, de curiosité, de compassion, d'observation et de laisser les situations être comme elles sont sans lutter représentent les pièces de votre maison consciente, alors être dans l'instant présent représente les fondations de cette maison.

En réalité, vous êtes *toujours* dans l'instant présent. Où d'autre pourriez-vous être ? Mais vous connaissez ce sentiment où une grande partie de votre attention est centrée ailleurs que dans l'instant présent. Très souvent, votre conscience ou votre attention se promènent ailleurs que dans l'instant présent.

Par exemple, imaginez que vous portez votre bébé dans les bras en faisant les cent pas dans votre appartement parce qu'il est difficile et que vous souhaitez l'endormir. Vos beaux-parents viennent souper ce soir et votre partenaire travaille jusqu'à dix-huit heures. Votre esprit court dans tous les sens en pensant que votre maison doit absolument être nettoyée. Vous vous demandez quand le bébé s'endormira pour que vous puissiez nettoyer, spéculant sur l'heure de son réveil pour pouvoir faire vos courses et ainsi de suite. Là maintenant, il est dix heures du matin et vous êtes en pyjama marchant d'un côté à l'autre de l'appartement avec votre bébé que vous essayez d'endormir, mais votre esprit est déjà au souper.

Même lorsque vous êtes distraite ou perdue dans vos pensées, vous avez très certainement toujours votre radar-maman. Vous contrôlez ce qui se passe et vous sortirez d'un coup de vos rêvasseries si bébé recommençait à pleurer ou s'il devait tomber. Certaines parties de vous sont toujours dans l'instant présent. Mais cette attention de l'instant présent est souvent uniquement dans votre conscience périphérique. Apprendre à être dans l'instant présent nécessite que vous échangiez les rôles pour que votre attention soit plus souvent dirigée sur ce qui se passe dans l'instant présent et que votre conscience périphérique contrôle le reste (comme ce qui doit se passer ensuite).

Être présente est une capacité naturelle. Mais c'est aussi un savoir-faire. Il se peut que cette façon d'être n'ait pas été encouragée, particulièrement si vous avez grandi dans une culture occidentale moderne. Nous vivions dans une culture de distraction, une culture qui privilégie la pensée et le faire plutôt que l'être. Nous n'avons pas appris à simplement être présente. Depuis que nous sommes petites, s'asseoir calmement et ne rien faire peut nous avoir valu des questions mêlées de critiques : « Arrête de rêvasser », ou « ferme la bouche, tu va avaler une mouche ». S'asseoir en silence peut soulever d'autres questions du genre « À quoi penses-tu ? », « Que fais-tu ? », ou encore « Est-ce que tu vas bien ? », comme si s'asseoir sans rien entreprendre était le résultat d'un problème. Des attitudes comme celles-là sont bien ancrées en nous et remontent à très loin n'avez-vous jamais entendu dire que « des mains au repos sont les jouets du diable » ? Dans notre culture où accomplir, penser et faire sont considérés comme les meilleures choses à entreprendre, simplement s'asseoir et être présente est vu comme une activité anormale (à moins que nous soyons complètement engagées dans une activité passive comme regarder la TV).

Paradoxalement, cette capacité à être pleinement présente est aussi hautement appréciée. Nous répondons positivement aux personnes qui ont cette capacité de présence. Avez-vous déjà rencontré ce genre de personne qui semble être réellement là, qui porte son entière attention sur vous dans le moment présent, comme si, durant ce moment, personne d'autre ne comptait ? Elles vous écoutent avec curiosité et intérêt, sans juger ce que vous dites par rapport à leurs attentes ou en pensant à ce qu'elles vont vous répondre. Elles vous posent des questions pour en savoir plus. Elles sont réellement installées dans leur corps et avec vous. Cette expérience peut être extrêmement puissante. Elle est vécue comme du respect, de la reconnaissance et de l'amour. Imaginez que vous êtes une telle maman, sachant avec douceur et compassion que parfois vous serez complètement à côté du chemin, mais que vous saurez comment revenir dans l'instant présent lorsque vous en prendrez conscience. Quel cadeau pour votre bébé !

Vous avez très certainement déjà expérimenté cette capacité d'être pleinement présente dans l'instant. Être juste ici, maintenant, avec nulle part où aller et rien d'autre à accomplir. Peut-être l'avez-vous ressenti quand vous étiez dans la nature ou quand vous pratiquiez un sport ou un instrument, quand vous étiez avec une autre personne ou lorsque vous étiez prise par un projet absorbant. Cette sorte de présence peut être mise en place chaque jour avec votre bébé, quoi qu'il se passe.

Vous êtes ici

Donc, qu'est-ce qu'être présente ? Qu'est-ce que cela signifie ? Cela signifie que vous vivez dans le temps réel, de telle manière que votre attention est centrée sur ce qui se passe en ce moment. Cela me rappelle ces vieilles pellicules que j'avais l'habitude de regarder en classe d'histoire, où l'on rejouait un événement ou une période historique et où nous entendions la voix tonitruante du présentateur qui disait : « Nous voici aux premiers jeux Olympiques en Grèce », et la voix retentissait : « Vous êtes là ! »

C'est un peu comme ça. Vous voici au parc, sous un arbre avec votre bébé qui se réveille tout doucement après une ballade dans sa poussette, et « vous êtes là ». Ou parfois, situation plus délicate, vous voici avec votre bébé qui pleure à 2 heures du matin, impossible de le calmer ou de le rendormir, et « vous êtes là ». Être ici, dans l'instant, peut être extrêmement riche et extrêmement difficile à la fois.

La bonne nouvelle pour beaucoup d'entre nous est que le fait d'être présente avec nos bébés peut être très facile. Ces adorables petits êtres peuvent être incroyablement irrésistibles. Vous vous voyez parfois simplement être dans l'instant avec votre bébé observant tout ce qui se passe avec grand intérêt, curiosité et amour. Dans un sens, c'est l'apogée de la pleine conscience ; ainsi, elle vous donne l'opportunité de l'expérimenter naturellement sans même devoir l'essayer. Quand toutes vos hormones fonctionnent correctement et que vous passez du temps avec votre bébé, cette expérience l'emporte souvent sur cette hypervigilance de tous les autres moments. Vous développez ce « cerveau maternel » où tout le reste n'a plus d'importance pendant un temps. Ces moments de pure conscience quand ils viennent facilement sont de réelles récompenses.

Dans la même lignée, lorsque bébé pleure, il vous force à être présente d'une manière qui vous fait souhaiter parfois l'éviter sans pouvoir le réaliser. C'est très dur d'ignorer ou de se distraire des cris de son propre bébé. Dans un certain sens, ces moments-là aussi sont des cadeaux. Ils vous fournissent l'opportunité d'être présente à un moment où votre bébé vous réclame, et l'opportunité de commencer à apprendre comment plonger dans l'instant présent, se détendre dedans, se pencher dessus et le traverser sans toutes ces souffrances supplémentaires qui naissent de notre résistance ou de nos vaines tentatives de les arrêter. La prochaine fois que vous êtes confrontée à une situation qui pourrait typiquement vous faire fuir une douleur durant la grossesse ou un moment où bébé pleure penchez-vous dessus et voyez ce qui se passe (et essayez l'exercice qui se trouve à la fin de ce chapitre).

L'attention : de la balle de flipper au faisceau laser

Votre attention peut souvent ressembler à un flipper, une machine qui ne vous donne pas vraiment le choix sur la direction que prend par la balle celle-ci se déplace simplement de place en place en fonction des objets qu'elle rencontre sur son passage. L'idée du flipper n'est pas une mauvaise métaphore en ce qui concerne le contenu de notre expérience. Pensées, émotions et sensations fonctionnent un peu comme une balle de flipper. Elles sont temporaires, elles naissent et disparaissent et elles rebondissent dans tous les sens.

Mais vous pouvez entraîner votre attention et votre conscience pour qu'elles soient plus stables face aux expériences de changement perpétuel. Quand elle est dirigée avec intention, l'attention ressemble alors à un projecteur. Quelle que soit la direction dans laquelle vous pointez votre projecteur, cette zone s'illumine et vous pouvez voir ce qui est présent. Lorsque votre attention n'est pas centrée sur un point, il est difficile de voir clairement ce qui est présent. C'est pourquoi, lorsque votre attention n'est pas entraînée à être centrée sur l'instant présent, il vous est difficile de percevoir correctement la situation en cours. Et, en général, plus vous placez votre attention et votre conscience sur l'instant présent, plus vite il vous sera possible de répondre aux situations, d'être éveillée et créative en tant que personne et en tant que maman.

Par exemple, lorsque vous emmenez votre bébé à la plaine de jeux, il peut être très tentant de prendre votre téléphone portable et d'envoyer un message à quelqu'un que vous n'avez plus contacté depuis longtemps. Même avec le plus beau bébé du monde (le vôtre), pousser votre enfant sur la balançoire ou creuser dans le sable n'est pas exactement l'activité la plus excitante du monde. Et je ne suis pas en train de vous dire que vous ne devriez jamais passer un coup de fil lorsque vous poussez votre bébé sur la balançoire.

Je dis simplement que si vous *voulez* être là, à la plaine de jeux avec votre bébé, mais que vous vous sentez poussée à entreprendre plusieurs tâches en même temps parce que vous souffrez d'ennui, que vous vous inquiétez que tout ne soit pas fait, ou simplement que vous n'arrivez pas à vous poser, vous habituer à la pleine conscience dans l'instant présent peut *vous* aider à être cette personne qui pose un choix plutôt que votre esprit pensant. Après tout, votre esprit pensant a une fâcheuse tendance à sauter dans tous les sens, à toujours chercher à quoi penser ou quelque chose à planifier, à bricoler ou à réaliser dès que les expériences sont un peu trop calmes. Avec la pratique du *porter son attention à l'instant présent*, vous serez capable de choisir plus souvent d'être dans l'instant présent quand vous le voulez. Vous pouvez décider d'être présente au moment présent plutôt que d'en être éloignée par un élément plus attrayant de votre expérience.

La tentation ici est de mettre en place de nouvelles règles. Ainsi, il se pourrait que vous vous disiez : « OK, je ne me laisserai pas distraire quand je donnerai à manger à mon bébé ni quand je serai au parc avec lui. » Être multitâche égale être « mauvaise mère » et être parfaitement présente égale être « bonne mère ». C'est ici l'esprit pensant qui saute les deux pieds en avant. L'habitude de votre esprit est en effet de créer de nouvelles règles et catégories et il le fait donc de sa propre initiative. Mais catégoriser les situations comme noires ou blanches n'est pas du tout ce que je suggère.

Ce que je suis en train de dire est que vous pouvez choisir d'être présente dans votre corps et en contact avec votre bébé plus souvent que de coutume, et que même à ces moments où vous êtes multitâche vous pouvez en réalité être présente tout en accomplissant vos tâches multiples. Soyez dans l'instant présent. Soyez dans votre corps. Restez connectée. Et téléphonez ou regardez la TV quand vous le souhaitez. Restez simplement en contact avec vous et votre bébé dans ces moments-là. Dirigez votre attention sur les deux activités simultanément. Lorsque vous restez éveillée et consciente, vous serez capable de dire si le fait d'être engagée dans trop d'activités en même temps perturbe votre capacité à être présente, incarnée et en contact avec votre bébé, et d'ensuite poser des choix basés sur cette prise de conscience.

Porter simplement votre attention sur le fait que vous êtes distraite et que vous avez des difficultés à être présente ou connectée est aussi une façon d'être présente. Si vous commencez à vous installer plus souvent dans la conscience de ce qui se passe, plutôt que de vous perdre n'importe où sans conscience, vous y gagnerez un peu en espace autour de vos expériences. Et cet espace peut être extrêmement libératoire, vous offrant des informations et une perspective dont vous ne disposiez pas auparavant.

Réfléchissez sur cette vieille histoire zen à propos d'un enseignant de méditation. Il disait souvent à ses étudiants d'être présents avec tout ce qu'ils étaient en train de réaliser. Il leur disait : « Lorsque vous mangez, soyez simplement conscients de ce que vous mangez », « Lorsque vous nettoyez, soyez simplement conscients que vous nettoyez », « Lorsque vous méditez, soyez simplement conscients de votre méditation. » Un de ses étudiants fut étonné un matin lorsqu'il entra dans la résidence de son enseignant et qu'il le vit en train de manger un bol de riz tout en lisant un journal avec de la musique en fond sonore. « Qu'est-ce que vous faites ? », demanda l'étudiant d'un air choqué. « Je pensais que nous devions être attentifs à l'unique chose que nous étions en train de faire ! » L'enseignant répondit : « C'est ce que je fais. Là maintenant, je suis seulement conscient que je mange, que je lis et que j'écoute. »

Le but de cette pratique est de vous donner le *choix* de placer votre attention où vous le souhaitez. Eckhart Tolle, auteur du livre *Le pouvoir du moment présent* (1999), s'est employé à montrer comment le fait d'être présent dans l'instant peut améliorer notre vie. S'adressant à ceux qui veulent planifier le futur, il leur recommande avant tout de prendre réellement un moment pour le faire. Ensuite, dit-il, quand vous êtes dans le processus de planification, dites-vous une phrase du genre : « En ce moment, je suis en train de planifier un événement futur. C'est ce que je suis en train de faire *maintenant*, dans l'instant présent. Je suis en train de planifier pour le futur. » Puis, quand vous avez fini de planifier et que vous vous installez pour manger avec votre famille, *soyez là*, avec votre famille, avec votre repas. Planifier son futur, songer à son passé ne constitue pas un problème. Vivre avec son attention centrée *principalement* sur le futur et sur le passé (une condition commune) peut cependant être limitant et peut interférer dans votre contact avec votre bébé.

Le but de la pratique de pleine conscience est de cultiver la capacité d'être consciente et présente à tout ce qui ce passe. Il est de stabiliser votre attention de telle manière que vous puissiez être la personne qui dirige le projecteur sur votre point d'attention plutôt que d'être comme la balle de flipper, avec votre attention qui part vers les événements les plus attractifs du moment. Mon bébé sur les genoux, je mange en compagnie d'une amie et de son bébé. J'allaite mon bébé en lisant ce livre. Je fais du step, cinq mois enceinte. D'une certaine manière, le seul endroit intéressant où se trouver pour votre attention est là, maintenant, dans l'instant présent. Votre maternité se passe *maintenant*, et *maintenant*, et *maintenant*. Quel que soit le temps que nous passions centrées sur le passé ou préparant le futur, le seul moment où nous avons un certain pouvoir est maintenant.

Lorsque vous êtes présente, vous pouvez voir quand votre bébé commence à se sentir en détresse, parfois avant que ça ne tourne au cauchemar. Lorsqu'il commence à se plaindre, vous pouvez toujours lui être présente, enracinée dans l'instant présent, dans votre corps, avec votre respiration. Vous pouvez voir les expressions de votre bébé et, sur la base de ce que vous percevez, vous pouvez répondre au mieux aux besoins de votre bébé.

En lisant ce livre, j'espère que vous commencez à l'expérimenter en prenant un peu de temps pour pratiquer la pleine conscience (méditation de pleine conscience et mouvement en pleine conscience). J'espère aussi que vous trouvez l'occasion de pratiquer la pleine conscience au quotidien (les situations comme manger en pleine conscience, conduire en pleine conscience, nourrir et changer les couches en pleine conscience, apporter la pleine conscience à la crise inattendue de votre bébé dans une allée du supermarché). Dans la mesure où vous pratiquez, vous serez de plus en plus apte à changer votre attention du mode balle de flipper qui rebondit sur un objet puis sur un autre en ayant le sentiment de ne pas avoir beaucoup de choix sur la direction à prendre, vers le mode projecteur où vous devenez plus souvent capable de diriger la lumière de votre attention dans la direction désirée, ou du moins d'être plus consciente de l'endroit ou elle est partie. Plutôt que d'avoir votre attention attirée dans tous les sens, involontairement, vous pouvez choisir de poser votre attention sur ce qui est, en réalité, le plus important à vos yeux. Mais cela demande bien sûr de la pratique !

Introduire la pleine conscience dans l'instant présent, au travers d'activités comme manger ou nourrir votre bébé peut transformer un repas en une opportunité de connexion, de profonde satisfaction et de plaisir. S'entraîner à être dans le moment présent peut être plus sécurisant et peut même vous permettre d'avoir du temps pour d'autres activités, d'être plus calme et tranquille, d'écouter de la musique ou un livre enregistré, ou encore de prendre conscience d'éléments dans votre entourage auxquels vous n'avez pas encore prêté attention. Être présente lorsque vous allaitez vous permet d'expérimenter une connexion plus intime avec votre bébé, de renforcer le lien entre vous. Si votre bébé se met en colère en plein milieu du supermarché, vous pouvez lui accorder votre attention même si vous vous inquiétez de ce que les autres pensent. Avec la pleine conscience, vous serez plus encline à répondre à la situation comme elle est et vous pourrez apporter cette même conscience à la situation en elle-même ainsi qu'à votre anxiété et à votre embarras engendrés par la situation.

Même si vous mordez de temps en temps aux nombreux hameçons des pensées, même si vos réflexions deviennent des ruminations et si vos planifications se transforment en inquiétudes pour le futur, vous pourrez toujours rester présente avec votre bébé en étant consciente que vous vous êtes fait prendre par un hameçon. Lorsqu'un de ces sentiments ou schémas de pensées vous colle comme du Velcro, malgré la conscience que vous y apportez, vous pouvez les laisser là à s'agiter comme un poisson au bout d'un hameçon, alors que vous êtes présente à vous-même et à votre bébé. Lorsque vous les laissez être comme ils sont, ils ne sont plus réellement un problème.

L'attention, c'est un peu comme la nourriture. Ce à quoi vous accordez de l'attention est nourri. Si vous portez votre attention sur votre connexion avec votre bébé, cette connexion est nourrie. Lorsque vous portez votre attention sur vos pensées, vos sentiments et vos sensations corporelles, ceux qui reçoivent votre attention deviennent plus forts. Si vous portez votre attention à l'instant présent, il est nourri et prend vie. Il existe une richesse et une vitalité dans l'instant présent qui émergent lorsque nous ne vivons pas uniquement dans notre monde imaginaire.

Se pencher sur l'instant présent

Alors que notre réponse naturelle à un moment inconfortable est de penser, sentir ou nous comporter d'une manière qui dit « fais-moi sortir d'ici ! », la pleine conscience centrée sur le moment présent vous aide à rester ici, connectée à votre bébé même dans le cas de situations inconfortables. Savoir être dans le moment présent quand les situations sont agréables est tout aussi important. Cette attention du moment présent peut favoriser votre bien-être mental et émotionnel (les deux étant liés à votre bien-être physique), votre connexion avec votre bébé, et vous aider aussi à modérer ce qui est transmis à votre bébé.

Comment, dès lors, être dans l'instant présent lorsque vous réalisez que votre esprit est ailleurs ? La clef est de diriger le projecteur de votre attention sur le moment présent, sur le fait que vous êtes réellement ici, et que toutes vos pensées à propos du passé et du futur sont ici aussi. Tous ces éléments se situent dans l'ici et le maintenant, dans l'instant présent. C'est juste une manière de permettre à votre attention de monter à bord.

Essayez cette méditation de pleine conscience :

Dans un premier temps, portez votre attention consciente sur votre respiration. Je commence presque systématiquement chaque pratique avec cet acte simple de porter mon attention sur ma respiration, parce qu'elle se passe toujours dans l'instant présent, elle se produit dans mon corps et elle se produit sans aide de la part de mon esprit pensant. Avec le temps, lorsque vous réalisez ces pratiques régulièrement, porter votre attention sur votre respiration devient un signal pour être pleinement consciente parce qu'elle a été liée à votre pratique tellement de fois (un peu comme le processus de salivation du chien de Pavlov).

Donc, portez votre attention sur votre souffle pendant quelques respirations en suivant chaque respiration depuis le début, lorsque vos poumons commencent à se remplir d'air, jusqu'à la fin de votre expiration, mais avant que votre inspiration suivante n'ait commencé.

Maintenant, portez votre attention sur votre corps comme vous l'avez déjà pratiqué lors d'un autre exercice de pleine conscience. Mais cette fois, ouvrez vos yeux et fixez un point quelques centimètres devant vous, sur le sol ou droit devant vous. Relâchez les muscles autour de vos yeux, lâchez vos épaules. Utilisez un ou deux mots pour décrire ce que vous voyez. Chaise. Mur. Plante. Voitures qui passent.

Portez votre attention sur ce que vous entendez, alors que vous êtes toujours consciente de ce que vous voyez. Tintements de verre venant de dehors. Des oiseaux chantent. La cour de récréation juste à côté. Un train qui passe à distance. Vous voyez et vous entendez en même temps. Amenez de votre mieux cette pleine conscience (accueillant les événements comme ils se présentent) à l'ensemble des images et des sons.

Maintenant, alors que vous portez toujours votre attention sur ce que vous voyez et entendez, portez simultanément votre attention sur ce que vous sentez dans votre corps et au contact de votre corps. Où il est assis. Des douleurs ou tensions. Chaleur ou fraîcheur. Le contact de l'air sur votre peau. Maintenant, vous êtes consciente de ce que vous voyez, entendez et ressentez. Ajoutez à votre champ de conscience les saveurs et les senteurs. Maintenant, vous expérimentez une combinaison – une quantité de différents contenus de conscience sont en train de mijoter tous ensemble dans votre marmite à soupe de conscience.

Vous êtes probablement en train d'expérimenter aussi des pensées et de ressentir des émotions. Des pensées à propos de ce que vous allez devoir réaliser plus tard. Des sentiments d'impatience, d'agitation. Des sentiments de relaxation. Des fragments de pensées qui tourbillonnent. Portez vos pensées, à mesure qu'elles passent dans votre esprit, et vos sentiments, lorsqu'ils émergent et disparaissent, dans votre marmite à soupe de conscience.

Si votre bébé est dans votre ventre ou près de vous, portez votre attention sur votre bébé dans l'instant présent. Amenez sa présence dans votre champ de conscience. Vous et votre bébé êtes ici ensemble, dans le moment présent.

Maintenant, penchez-vous sur le moment présent. Comme le disait le professeur d'Harvard Ram Dass qui est maintenant enseignant de méditation, « soyez ici maintenant », avec chaque fibre de votre être (1971).

Ce moment, cette soupe particulière de sensations et de circonstances, ne s'est jamais produite auparavant et ne se reproduira pas dans le futur. Il existe une incroyable richesse dans chaque moment lorsque nous y apportons cette attention consciente. Tellement de choses se passent en ce moment qu'il est difficile d'imaginer que nous ayons besoin d'y inclure des situations imaginaires du passé ou du futur.

Ce moment exquis est exactement comme il est que ce soit le camion poubelle qui ramasse les déchets à l'extérieur – et c'est le principal événement du moment ou que vous soyez assise avec votre bébé sur un banc face à l'océan. Et vous, avec votre conscience, avez la capacité d'être présente à tout moment. Vous pouvez décider de remplir l'instant présent de votre attention. Joignez-vous à ce moment, penchez-vous dessus, reposez-vous dedans, et installez-vous dedans. Relaxez-vous dans ce moment présent. Sentez cette vitalité dans votre corps et votre esprit. Cette vitalité ne se passe que dans l'instant présent.

Un autre exercice à pratiquer pour être dans le moment présent et prendre conscience du temps que vous passez mentalement dans le passé ou dans le futur est un exercice que vous pouvez réaliser avec un ami ou votre partenaire. Je détiens cet exercice de Dave Ellis (2006), un coach de vie qui a développé le programme « Falling Awake » (ou Chute éveillée ; www.fallingawake.com).

Durant un repas entier avec un ami ou votre partenaire, ne parlez que de ce qui se passe dans l'instant présent. Ne parlez de rien qui a eu lieu dans le passé et ne faites aucune référence au passé. Ne parlez d'aucun événement qui prendra place dans le futur, même de ce qui est prévu plus tard dans la journée. C'est incroyable à quel point cet exercice peut être complexe et stimulant !

Viens te reposer

Viens te reposer ici,
ici dans *cette* pensée,
ce sentiment, *ce* moment
de grande tristesse ou de joie.

Viens te reposer, ici dans les sons
des enfants qui rient
et dans les pleurs remplis de souffrance
de ceux qui imaginent
qu'ils ont perdu leur chemin.

Viens te reposer ici,
ici dans le berceau
d'une chaude nuit d'été
et dans le froid piquant
de l'aube hivernale.

Viens te reposer dans ceci,
car il n'y a nulle part ailleurs
où te reposer...

John Astin

17

Votre corps est un lien entre vous et votre bébé

De même que vous êtes constamment dans l'instant présent et que seule votre attention peut s'en éloigner, vous êtes aussi toujours dans votre corps. Et tout comme il vous arrive d'être distraite, il vous arrive certainement de vous sentir par moments hors de votre corps - quand vous sentez que votre esprit plane quelque part (probablement là où un train de pensées vous a menée) et que vous n'êtes plus réellement ancrée dans votre corps.

Vous avez probablement déjà vécu l'expérience de conduire la voiture jusqu'à votre travail et de ne pas vous rappeler ensuite le trajet que vous avez emprunté, car vous étiez en mode « pilotage automatique ». C'est un exemple où vous vivez dans votre esprit plutôt que dans votre corps. Ou peut-être qu'un soir où vous étiez de sortie avec votre partenaire, vous avec commencé à vous tracasser, car vous ne saviez plus si vous aviez donné toutes les informations nécessaires à la baby-sitter. Peut-être avez-vous oublié de lui dire que votre bébé ne peut pas être laissé sur la table à langer sans être sanglé parce qu'il commence à se retourner, ou peut-être avez-vous omis de rappeler à la baby-sitter de contrôler la date sur le lait congelé avant de le réchauffer, etc., etc. Finalement, même si vous êtes physiquement en tête à tête avec votre partenaire, votre attention, elle, est principalement à la maison avec la baby-sitter et votre bébé.

Si vous êtes une athlète ou une danseuse, votre corps est probablement un territoire très familier pour vous. Mais si vous êtes comme la plupart d'entre nous, il se pourrait que votre corps soit principalement un véhicule pour votre esprit un véhicule qui vous aide à réaliser des tâches comme utiliser un ordinateur, à vous déplacer d'un endroit à un autre, ou à préparer le repas. Si vous êtes plutôt de ce genre-là, une des choses les plus merveilleuses, mais aussi les plus difficiles, durant la grossesse est qu'elle vous force à être dans votre corps plus souvent que vous en aviez probablement l'habitude. Lorsque votre corps nécessite autant d'attention et pour des actions auxquelles vous n'aviez jamais réellement fait attention comme dormir, mettre vos chaussures, faire l'amour, ou simplement prendre une inspiration profonde, ces simples actions demandent maintenant toutes sortes d'acrobaties intéressantes invitant votre attention à rester plus consciemment dans votre corps.

Dans ce sens et dans beaucoup d'autres, la grossesse est un véritable cours intensif sur la maternité. Durant neuf mois, vous êtes invitée progressivement à être dans votre corps. Le travail et l'accouchement sont probablement les moments où vous êtes le plus en contact avec votre corps bien que ce ne soit pas forcément des moments très confortables. Cela ne s'arrête pas quand le bébé naît. Apprendre à être présente et ancrée dans son corps même face à l'inconfort est un grand savoir-faire à cultiver dès maintenant et pour le reste de votre vie en tant que maman.

Vous centrer dans votre corps

Qu'est-ce qu'il y a de si génial à être dans son corps ? Tout d'abord, votre corps est l'outil premier avec lequel vous interagissez avec votre bébé. Durant la première année de la vie de votre bébé, votre corps, bien plus que votre esprit ou vos mots, est votre premier outil de communication. Vous recevez presque toutes les informations dont vous avez besoin à propos de votre bébé par le biais de votre corps et de ses sensations (par opposition à la communication sur laquelle nous nous centrons lorsque nous sommes adultes l'échange d'idées).

Toutes les informations que vous envoyez à votre bébé passent également par votre corps. Vous êtes connectée à votre bébé au travers des expressions de votre visage, par votre chaleur, vos caresses, le ton de votre voix ainsi que vos tensions et vos relâchements à chaque moment. Votre corps est la première source de nourriture et même si vous nourrissez votre bébé au biberon, votre corps durant ces moments de repas nourrit votre bébé avec d'importants contacts de peau à peau.

Tout ce que votre bébé sait de vous et apprend de vous durant ce moment ultime de plasticité cérébrale, lorsque les chemins neuronaux se mettent en place pour la vie, passe par la communication entre votre corps et celui de votre bébé. Cette communication est essentiellement non conceptuelle elle est faite de sensations et d'émotions plutôt que d'idées. C'est réellement stupéfiant si vous vous arrêtez pour y penser. C'est un peu comme si vous deviez apprendre le langage des signes plutôt que le langage verbal, mais le langage des signes n'est pas simplement celui de vos mains il implique tout votre corps.

Votre corps étant fondamental pour votre communication, il devient extrêmement important que vous lui accordiez de l'attention et que votre conscience se centre sur lui. Un peu comme lorsque vous avez tendance à renverser ou à laisser tomber des objets, à rater votre sortie d'autoroute par distraction, il est possible qu'en n'étant pas présente dans votre corps vous ratiez d'importants signaux venant de votre bébé ou que vous lui envoyiez des signaux que vous n'aviez pas l'intention de lui adresser.

Le bébé de Samantha était en train de pleurer comme un loup hurlant. Elle lui avait changé son lange, l'avait nourri et fait faire son rot, et s'était assurée qu'aucun de ses vêtements ne le pinçait les points suspects habituels. Elle présuma qu'il était fatigué, bien que l'heure de sa sieste habituelle n'était que dans une heure. Il s'était réveillé plus souvent que d'habitude pendant la nuit précédente et il frottait ses yeux avec le revers de sa main comme il le faisait habituellement avant l'heure du sommeil. Samantha était bien présente dans l'instant et elle avait vu juste.

Un peu plus tard, elle remarqua que chaque muscle de son corps était tendu comme les cordes d'un violon. Ses épaules étaient voûtées, ses mouvements étaient raides et même les muscles de son visage étaient tendus. Elle réalisa qu'elle se contractait, en partie parce qu'elle était mal assise sur un banc peu confortable dans le parc et en partie parce qu'elle était restée éveillée avec son bébé plus longtemps que de coutume et que par conséquent elle était fatiguée. Elle voulait vraiment que son bébé se calme et fasse une sieste.

Samantha était le genre de maman qui n'aimait pas reconnaître ses propres besoins. Elle était une fonceuse au travail, en tant que juriste, et maintenant, en tant que maman, elle appliquait le même esprit de bravoure à tout ce qui se présentait. Elle appréciait énormément de s'occuper de son bébé et avait l'impression de se débrouiller plutôt bien, mais elle commençait à réaliser que sa force venait de sa détermination mentale et psychologique. Elle croyait en l'esprit plus qu'au corps et créait son chemin à travers les difficultés. Elle était rarement malade et, si elle l'était, elle se forçait à ne jamais manquer un jour de travail pour ce motif. Elle était vive d'esprit, s'exprimait avec facilité et avait de très bonnes idées. Toutes ces caractéristiques définissaient en grande partie son identité.

Mais, dans son nouveau rôle de maman, elle s'est retrouvée plus que de coutume en contact avec son corps, à porter son attention en dessous de sa tête. À mesure qu'elle commençait à inclure ses sensations corporelles dans son champ de conscience, elle s'est souvent étonnée de prendre conscience qu'elle était très souvent tendue. Lorsque son bébé était agité, elle trouvait que simplement porter son attention sur son corps l'aidait à se relâcher tout doucement. Pour aller plus loin dans l'expérimentation, elle prit une couverture de son sac, elle se coucha avec son bébé qui pleurait encore, plaça sa main sur le ventre chaud de son bébé sous son tee-shirt et commença à respirer profondément. À mesure qu'elle se relâchait dans son corps, ses muscles ont commencé à se détendre. Son bébé est passé des hurlements aux gémissements et ensuite finit par s'endormir, permettant à Samantha de se reposer elle aussi.

Être présente dans votre corps signifie prendre conscience de vos sensations corporelles, source d'informations sur où vous en êtes et sur ce qui se passe avec votre bébé. Dans le cas de Samantha, l'information était simplement « vous avez tous les deux besoin de repos ».

Votre corps est une source précieuse d'informations

Notez ce que vous ressentez lorsque vous portez votre attention sur l'instant présent. Êtes-vous surprise par la quantité d'informations précieuses qui vous sont disponibles ? Beaucoup de gens sont frappés par le nombre élevé d'informations qui leur sont disponibles lorsqu'ils sont entièrement présents dans l'instant comparativement à ce qui leur est accessible à travers le filtre de leur esprit pensant. Tout comme vous gagnez en perspicacité et en information sur le monde et votre expérience en vous immergeant dans l'instant présent, porter votre attention sur votre corps peut aussi vous conduire à un trésor de détails sur ce qui se passe pour vous en ce moment.

Prenez l'exemple de Sally. Sally était à son septième mois de grossesse et passait plusieurs heures par jour à caresser son ventre et à parler à son bébé. La petite fille à l'intérieur de son ventre était très dynamique et remuait beaucoup et répondait toujours aux histoires de Sally avec des étirements longs et lents, des retournements et des petits coups. Un jour, Sally réalisa que son ventre n'avait pas beaucoup grossi durant les dernières semaines. En réalité, il semblait même être un peu plus petit. Elle se dit mentalement qu'elle devrait en parler avec sa sage-femme à son prochain rendez-vous. Quelques jours plus tard, elle se rendit compte que son bébé ne répondait plus lorsqu'elle se caressait le ventre ou lui chantait. Tout paraissait très calme. Cela ne semblait pas normal. Elle appela sa sage-femme immédiatement et elles allèrent à l'hôpital d'urgence. Il s'est avéré que la quantité de liquide amniotique de Sally était dangereusement faible et que son placenta se dégradait prématurément. Le rythme cardiaque de son bébé était très lent et sa petite fille ne bougeait plus dans le ventre. Les médecins ont effectué une césarienne d'urgence, et la petite fille de Sally est née avec à peine 900 grammes. (Cléo est maintenant une jeune fille bien en chair de 10 ans !). La conscience de Sally de son corps et de ses signaux (et de les avoir prix au sérieux) lui a permis de recevoir des informations vitales sur la santé de son bébé.

Lorsque vous commencerez à porter votre attention sur votre corps, vous entendrez plus facilement les messages qu'il vous envoie, que vous ayez trop chaud ou trop froid, que vous soyez déshydratée ou que vous fassiez une hypoglycémie, que vous ayez besoin d'une sieste ou d'une bonne nuit de sommeil, ou que vous soyez sur le point de tomber malade. Votre corps vous envoie constamment des signaux pour vous indiquer avec beaucoup de détails vos capacités et l'environnement dans lequel vous vous trouvez. Tout cela peut vous paraître évident, mais il est surprenant de constater à quel point nous ignorons ces signaux corporels de base jusqu'au moment où ils deviennent problématiques, où ils causent des changements de notre humeur ou de notre capacité de fonctionner. Une attention consciente régulière à votre corps, tout au long de la journée, peut éviter des souffrances inutiles en vous signalant que certains éléments de votre moi physique ont besoin d'attention.

Votre corps n'est pas seulement une source d'information le concernant. Il peut aussi vous éclairer sur ce qui se passe dans l'instant présent dans vos relations avec les autres et votre environnement. Si vous avez déjà fait appel à votre instinct, à vos sensations profondes, vous comprenez ce que je veux dire. Habituellement, seules les *fortes* sensations parviennent à votre conscience, en partie parce que vous n'êtes peut-être pas habituée à vérifier consciemment et régulièrement les messages que vous envoie votre corps. Mais lorsque vous prenez l'habitude d'être attentive à vos sensations corporelles et en faites une pratique de base pour devenir plus consciente et présente à chaque situation, vous pourrez aussi déceler les sensations plus subtiles.

Par exemple, tôt ou tard, vous devrez choisir une nounou, une baby-sitter ou un mode de garde quelconque pour votre enfant. Porter une attention consciente à vos sensations corporelles durant ce processus peut vous être d'une grande aide. Vous pouvez vérifier toutes les références et les qualifications. Vous pouvez sonder vos amis et parler à d'autres personnes qui ont eu une expérience avec cette gardienne d'enfants. Et bien sûr, vous rencontrerez la (les) personne(s) et irez voir son lieu de garde si elle ne vient pas chez vous. En plus de tous ces renseignements, auxquels votre esprit est intéressé, prenez un moment pour vous installer dans votre corps et observer ce que vous remarquez durant l'interview ou la visite. Êtes-vous tendue ? Est-ce que votre esprit vous dit que la situation semble parfaite, alors que vous ressentez une boule dans l'estomac ? Est-ce que votre cœur semble ouvert ou fermé ? Avez-vous un sentiment d'angoisse ou un sentiment de confort et de sécurité ? Il est peut-être parfois utile d'évaluer la (non-)correspondance entre le corps et l'esprit. Votre esprit pourrait dire « Oui, nous devrions entreprendre ceci », alors que votre corps dit « Pas question ! ». Ensuite, vous conclurez peut-être que cette décision a besoin d'être retardée jusqu'à ce que ce soit plus clair.

Cet exemple ne veut pas dire que les informations du corps sont meilleures que celles de l'esprit. Le corps peut se sentir détendu et à l'aise dans des situations qui sont simplement familières et le familier n'est pas toujours idéal. De plus, comme nous en avons déjà discuté à plusieurs reprises, les sensations sont toujours changeantes. Mais disposer de cette source supplémentaire d'informations peut être inestimable. Si vous pouvez vous entraîner à accéder à vos connaissances viscérales ou corporelles, en plus de vos connaissances conceptuelles ou intellectuelles, vous disposerez du double d'informations potentiellement utiles dans le cadre d'interactions avec votre bébé et votre monde.

Je suis convaincue que vous êtes une maman encore plus compétente et authentique lorsque votre attention est dans l'instant présent et que vous êtes dans votre corps. C'est le lieu idéal pour être en contact réel avec votre bébé et lui fournir ce dont il a besoin tout en maintenant des limites saines. Être mère, en incarnant la pleine conscience et en étant présente à chaque instant, vous permet tout au long de votre grossesse et jusqu'au début de votre maternité :

- de savoir que votre corps est un lien entre vous et votre bébé ;
- d'envoyer des informations en pleine conscience (plutôt qu'en mode de pilotage automatique) à votre bébé et aux autres à travers le langage de votre corps et le toucher ;
- d'utiliser votre corps comme source d'informations concernant votre propre expérience, celle de votre bébé et la situation actuelle à travers vos cinq sens physiques et votre instinct ;
- de prendre la meilleure décision possible en vous basant sur vos connaissances viscérales, centrées sur le corps et le cœur *et* sur les connaissances intellectuelles de votre esprit pensant.

EXERCICE Recentrage rapide sur le corps

Pour un exercice rapide de présence dans votre corps – que vous pouvez pratiquer à n'importe quel moment de la journée, n'importe où et quelle que soit votre occupation, essayez cet exercice.

Prenez un moment pour vous plonger dans votre corps. Sentez où votre respiration est la plus évidente votre poitrine, votre gorge, autour de vos narines ? Respirez quelques instants dans cet endroit. Maintenant, localisez un endroit de votre corps que vous pourriez appeler le centre de votre être. Pour beaucoup de personnes, ce centre se situe quelque part le long de cette ligne imaginaire qui va de votre pubis jusqu'à votre cœur. Centrez-vous à cet endroit. Sentez cet endroit s'alourdir un peu. Installez-vous dans votre bassin. Relâchez profondément vos cuisses. Plongez dans vos pieds. Revêtez-vous de votre corps à la manière d'un gant. Prenez une respiration et laissez votre tête se déposer doucement sur vos épaules. Regardez à travers vos propres yeux. Doucement, laissez votre attention s'infiltrer dans votre corps comme l'eau qui imbibe une éponge. Prenez plusieurs minutes pour respirer et entrez aussi profondément que possible dans votre corps.

PARTIE 3

“Une maternité en pleine conscience au quotidien

18

La danse de la maternité en pleine conscience

Vivre sa maternité en pleine conscience, c'est être présente dans l'instant, dans votre corps et en connexion avec votre bébé. Comme je l'ai déjà mentionné, vous êtes en réalité toujours dans le moment présent et dans votre corps si vous y réfléchissez bien, il n'y a aucun autre endroit où l'on puisse être. Mais, parfois, il peut sembler que ce n'est pas le cas. Vous êtes également toujours connectée à votre bébé, que vous le ressentiez ainsi ou non. Être pleinement pleine consciente peut renforcer cette connexion entre vous et votre bébé.

Que veut dire connexion ?

Il existe quelques éléments clefs pour une connexion saine avec votre bébé, sans que vous ayez besoin d'essayer quoi que ce soit. Devenir plus consciemment attentive à la manière dont vous vous connectez n'a pas grand-chose à voir avec le fait d'essayer d'être une bonne mère ou d'essayer d'atteindre la barre que vous avez personnellement placée assez haut. Tout comme pour la pleine conscience, vous ne pouvez pas mettre en place une connexion avec votre bébé. La connexion est déjà là et n'a pas besoin d'être créée. Vivre sa maternité en pleine conscience tient plutôt du fait d'être éveillée et consciente lorsque la connexion se produit et de créer les conditions optimales pour que la connexion naturelle entre vous et votre bébé puisse naître. En gros, rien ne vous est demandé si ce n'est de ne pas vous placer en travers de votre propre chemin et de permettre à ce qui se passe d'être simplement là. La pleine conscience *peut* vous aider dans ce sens.

❖ Être en harmonie

En tant que maman, avoir son attention dans l'instant présent jette les bases de ce que le psychologue développementaliste Daniel Stern appelle être en harmonie avec votre bébé, ou être consciente de ou interpréter correctement la communication de votre bébé au sujet de ses émotions et de ses besoins (1985). Être en harmonie avec votre bébé est un peu comme un diapason votre bébé emploie une tonalité particulière, et vous résonnez avec cette même tonalité, lui répondant via le ton de votre voix, l'expression de votre visage, le toucher et votre façon d'être. Ces actions subtiles signifient « Oui, je te vois et je t'entends, et je comprends ce que tu ressens ». À travers ces milliers de micro-interactions avec votre bébé, son sens du soi se développe ainsi que sa propre capacité à apprendre à gérer ses propres émotions.

Par exemple, vous êtes au téléphone alors que votre bébé joue sur vos genoux et il commence à se tortiller. Vous continuez à discuter, mais vous prenez peu à peu conscience de ce que votre bébé est en train de vous dire. Son visage se crispe et il arque son dos. Ici, vous pourriez essayer de continuer votre conversation, de bercer votre bébé sur les genoux ou de le placer sur votre épaule et de lui tapoter le dos. Vous pourriez commencer à sentir des tensions dans votre corps, parce que vous souhaitez réellement communiquer avec à votre maman, à qui vous n'avez plus parlé depuis plusieurs jours, et vous commencez à élever le ton de la voix.

Une autre solution : vous pourriez arrêter votre conversation lorsque vous remarquez que le visage de votre bébé se crispe et qu'il arque le dos, en demandant à votre maman de patienter quelques minutes ou en lui proposant de la rappeler plus tard, le temps pour vous de voir ce qui se passe. Naturellement, vous pourriez vous aussi froncer un peu le visage et produire un son apaisant qui est l'inverse de ce que fait le bébé.

Aucun de ces choix n'est nécessairement bon ou mauvais. (Je suis vraiment sérieuse ici. Ce ne serait pas vivre sa maternité en pleine conscience que de tout laisser tomber à chaque fois que votre bébé se tortille.) Mais amener sa pleine conscience à ce moment (être présente dans le moment, dans votre corps, connectée avec votre bébé, en laissant l'expérience être exactement comme elle est et sans avoir besoin de la changer et de l'approcher avec curiosité et compassion) vous aidera à prendre conscience de ce qui se passe dans l'expérience de votre bébé et de poser un choix sur la manière d'y répondre.

Être au diapason, ce n'est pas simplement renvoyer à votre bébé ses propres humeurs. C'est mettre en place une réponse *complémentaire*, qui transmet à la fois votre empathie (« Je peux sentir ce que tu ressens ») et qui répond de manière appropriée au message que votre bébé fait passer. Par exemple, si votre bébé est vraiment en colère, il n'est pas approprié que vous vous harmonisiez avec lui en vous mettant aussi en colère. L'harmonisation idéale est de s'assurer que votre bébé sache que vous avez vu qu'il était en colère et de lui renvoyer une image de vous qui est capable de tolérer et de contenir cette colère. Cette réaction pourrait se traduire par le fait de le tenir fermement et d'émettre des sons calmes et profonds. Heureusement, cette attitude d'accueil des expériences comme elles sont vient assez naturellement vous ne devez pas trouver de solution avec votre esprit pensant.

Utilisez votre conscience du moment présent pour explorer ce que votre bébé essaye de vous dire. « Ne me laisse pas sur le dos. Je veux être sur mon ventre ! », « Je veux m'asseoir ! », « Je suis fatigué, mais je n'arrive pas à m'endormir ! », « Mon lange est souillé ! » Vous ne serez pas capable de toujours dire exactement ce qui ne va pas. Mais le plus important est que vous communiquiez avec votre bébé et que vous le lui fassiez savoir : « Je comprends ! Je vois que tu es mal à l'aise. Travaillons en équipe. Que pouvons-nous mettre en œuvre pour te soulager ? »

Transmettre un sentiment de sécurité à travers l'écoute se produit à travers des milliers de micro-interactions pas seulement une, deux ou cinquante. Ce n'est pas une question d'être toujours en harmonie parfaite c'est impossible. C'est une question de prendre la décision de s'engager activement, de plus en plus souvent, dans la conscience du moment présent. Votre bébé est toujours dans le moment présent. La pleine conscience vous permet de le rejoindre dans ce moment plus souvent.

❖ Être synchrone

Un peu comme l'harmonisation, être synchrone est une façon de faire attention à votre bébé qui prend racine dans la pleine conscience. Vous pouvez apprendre le « langage » de votre bébé lorsqu'il s'exprime avec ses mouvements, sa respiration, ses pleurs et son attention ce qu'il regarde et vers quoi il tend la main, ou lorsqu'il se replie sur lui. Des communications synchrones se produisent lorsque vous prenez conscience des actions de votre bébé et que vous vous engagez avec lui dans ces actions. Il vous envoie un signal et vous lui répondez. Il gazouille et vous lui souriez ou vous sautillez, vous gazouillez en retour. Il vous sourit et vous souriez en retour. Il vous dit « Oooh » et lève les sourcils. Vous lui répondez « Oooh, oooh, oooh » et levez vos sourcils deux fois. Cette sorte de répétition est un jeu spécial de « style bébé » (Stern, 1974). Vous lui montrez avec votre corps que vous lui prêtez attention, que vous le reconnaissez. Vous commencez à prendre conscience de ce qui fonctionne et de ce qui ne fonctionne pas en regardant les réactions que vous obtenez par rapport à vos actions.

Voici comment les pédiatres T. Berry Brazelton et Bertrand G. Cramer (1990, p. 1) présentent cela :

> Comme une maman apprend que les rythmes de son bébé déterminent sa capacité à lui être présente, elle synchronise son propre comportement à celui de l'enfant. Elle apprend à répondre aux signaux de l'enfant, à calculer ses réponses. Elle apprend à se détourner ou à réduire sa réponse quand bébé le fait. Et elle apprend également qu'elle peut amplifier légèrement chacun de ses comportements pour stimuler bébé. Lorsque bébé sourit, elle sourit plus largement, lui enseignant comment prolonger un sourire. Lorsque bébé fait des vocalises, elle ajoute un mot ou un son pour l'inciter à l'imiter. En synchronisant ses rythmes et ses comportements à ceux du bébé, elle entre dans le monde de bébé...

La pleine conscience rend tout ceci possible et souvent elle permet que tout ceci vienne naturellement. Être présente dans le moment et dans votre corps vous permet d'être plus réceptive et sensible aux signaux de votre bébé d'une manière qui est plus difficilement accessible lorsque vous êtes coincée dans votre esprit pensant.

❖ *Être flexible*

Être présente dans votre corps et être en connexion avec votre bébé ne signifie pas avoir toujours un contact physique ou un contact par le regard. Cela ne signifie pas non plus reproduire avec exactitude chaque action ou recopier exactement les tonalités de votre bébé.

Cela signifie prendre conscience lorsque votre bébé a besoin de se déconnecter et vous permettre à vous aussi de supprimer les contacts directs de temps à autre, offrant ainsi à votre bébé une opportunité d'indépendance pour un développement approprié. Vous avez probablement eu l'occasion d'être à côté d'un être aimé, chacun s'occupant indépendamment, mais en sentant néanmoins une connexion entre vous tout en étant présent l'un à l'autre. Ce type de présence, de connexion incarnée avec votre bébé peut être tout aussi puissant que de se regarder longuement l'un l'autre.

Il faut être deux pour danser le tango

Le développement de votre enfant durant la grossesse et sa première année est dyadique. En d'autres mots, il faut être deux pour danser le tango. Vous et votre bébé êtes pris dans une danse qui déterminera certains aspects de son développement à long terme. Avant que vous ne ressentiez trop de pression, il existe une quantité invraisemblable d'autres déterminants qui exercent un impact la génétique, l'environnement et l'interaction entre les deux. Donc, il est possible que vous arriviez tant bien que mal à être en harmonie, à être synchrone avec votre bébé, à rester flexible, éveillée et consciente, et que malgré tout vous vous retrouviez encore parfois avec un vilain petit canard !

Rappelez-vous de l'exemple du ballon dans la boîte à pain (chapitre 7). La boîte à pain n'est pas seulement le récipient de vos expériences. Elle est aussi le récipient des expériences de votre bébé. Dans un certain sens, votre travail en tant que maman est de créer de l'espace pour vous et votre bébé afin d'interagir de façon optimale pour son développement et le vôtre. (On n'y prête que très peu d'attention, mais une bonne partie du développement de l'adulte et de la maturation de la personne se produisent *pour vous* lorsque vous donnez naissance.)

D. W. Winnicott s'est surtout fait connaître, comme pédiatre et psychanalyste, à travers ses travaux sur les « objets transitionnels. » Ceux-ci sont des objets réconfortants auxquels les enfants sont très attachés, comme l'ours en peluche préféré ou le doudou, qui aident les jeunes enfants à se rassurer eux-mêmes jusqu'à un certain point sans devoir dépendre de leur maman pour leur donner ce sentiment de sécurité (1960).

Winnicott appelle cette boîte à pain-pour-deux « l'environnement contenant ». Cet *environnement contenant* est l'entièreté de l'espace à la fois autour de vous et entre vous et votre bébé, physiquement et psychologiquement, qui évolue à mesure que vous traversez ensemble les journées.

Au début, vous êtes presque la seule personne responsable pour créer et maintenir cet environnement contenant. Vous maintenez et contrôlez la connexion entre vous et votre bébé en restant présente, consciente et en connexion. Aux alentours du troisième ou du quatrième mois, votre bébé prend son tour pour être le leader de la danse. À ce moment-là, il contribue assez bien à la suite de la création et au maintien de cet environnement. Il provoque chez vous des expressions faciales, des émotions et même des schémas de pensées. Et si vous avez expérimenté une montée de lait en réponse aux pleurs de votre bébé, vous savez que votre bébé parvient même à agir sur votre physiologie.

Mais votre boulot dans cet environnement contenant est, comme son nom l'indique, de contenir ce qui se passe à l'intérieur.

De tolérer les moments de détresse de votre bébé, d'accueillir et de refléter ses sentiments et leurs manifestations dans son corps et sur son visage, d'être même sa cible et de résister à sa colère, à sa frustration et à son agressivité. Vous pouvez pratiquer une sorte d'aïkido avec votre bébé, cet art martial qui met l'accent sur une attaque miroir et complémentaire, où vous recevez, reflétez et renvoyez une partie de ce que votre partenaire vous a envoyé ; l'autre partie vous la laissez simplement passer, vous protégeant en laissant l'énergie de votre partenaire se dissiper.

Pour vivre sa maternité en pleine conscience pas besoin d'être parfaite !

La bonne nouvelle est que vous ne devez pas tout réaliser parfaitement tout le temps. En réalité, si vous y parveniez, vous retarderiez le développement de votre bébé ! Cela vous enlève le poids du perfectionnisme, non ?

Le Dr. Winnicott est aussi bien connu pour son concept de « mère suffisamment bonne » (1960). La mère suffisamment bonne commence la relation avec son bébé dans ce que Winnicott appelle « la préoccupation maternelle première » (1956), où elle est complètement obsédée par son bébé (dans le bon sens du terme !). La maman adapte son comportement ses pensées, ses sentiments, ses actions aux besoins toujours changeants de son bébé, répondant à chacun de ses besoins autant que possible pour éviter qu'il soit en détresse.

Mais, avec le temps, la maman s'adapte de moins en moins à ses besoins, le négligeant un peu et lui créant des inquiétudes gérables. Elle ne le fait pas toujours de manière appropriée le faire sauter sur ses genoux ou jouer à « coucou » lorsqu'il veut se reposer et se retrouver avec lui-même, ou ne pas l'entendre pleurer dans son lit après sa sieste parce qu'elle passe l'aspirateur.

Ces petits désaccords, loin d'être des problèmes, aident le bébé à être indépendant à s'habituer au fait que les événements ne prennent pas toujours la tournure désirée. Lorsqu'il rencontre une situation où sa maman ne comprend pas ses besoins, il est forcé (une fois encore dans le bon sens du terme) de combler lui-même certains de ses propres besoins. Il apprend à prendre soin de lui à certains moments comme lorsqu'il veut se calmer, trouver son sommeil, ou gérer son propre niveau d'attention et d'éveil. Donc, essayer d'être en parfaite harmonie ou de satisfaire chacun des besoins de votre bébé (ce qui est d'ailleurs impossible) empêche en réalité votre bébé de développer son indépendance. Une série graduelle d'échecs miniatures fait partie du processus normal et naturel du développement de votre bébé. Ils renforcent avec le temps le sens du soi de votre bébé et son autonomie. Ils lui permettent de vous voir comme une personne séparée avec ses propres besoins, et ceci est le début du processus de compassion et de prévenance de votre bébé pour les autres.

La clef ici est de commettre des erreurs de faible importance et appropriées à l'âge de votre bébé, du mieux que vous pouvez. Comme en médecine, vous donnez des « doses » de dissonance que le bébé peut tolérer. Je ne parle pas ici de décider qu'il est temps pour lui de passer ses nuits et de le laisser pleurer toutes les larmes de son corps sans aller voir de temps en temps dans sa chambre. C'est pousser le test un peu loin.

Winnicott aurait dit qu'il s'agit de lâcher un peu de lest, d'assouplir un peu votre cadre, mais pas trop pour ne pas lâcher le bébé ou le laisser avec des demandes émotionnelles ou physiques qu'il est incapable de gérer (1967). Parfois, cela arrive, même avec les meilleures mères suffisamment bonnes. Mais laisser son bébé avec un besoin trop important peut le rendre moins indépendant et lui donner un sentiment d'insécurité sur le long terme. Donc, à mesure que votre bébé grandit, vous commencez à prendre conscience de sa détresse, mais vous n'y réagissez plus tout de suite, vous contrôlez la situation avec conscience et présence, en observant également s'il trouve par ses propres moyens la capacité de gérer la situation qui se présente.

La pleine conscience (la capacité d'être présente, dans le moment, dans votre corps, connecter avec votre bébé, et d'accueillir chaque expérience comme elle se présente avec curiosité et compassion) peut aider à augmenter votre capacité de vous harmoniser aux besoins de votre bébé. Elle peut également vous aider à être en contact avec votre corps et les signaux de votre bébé.

La pleine conscience peut aussi vous aider à mieux évaluer la différence entre la détresse optimale – qui permet à votre bébé d'apprendre à entreprendre des choses par lui-même – et le moment où cela va un peu trop loin parce que les demandes de la situation ont dépassé ses capacités développementales. Lorsque vous êtes pleinement consciente, vous pouvez reconnaître la différence entre les pleurs qui disent « Je suis frustré, mais je me débrouille, maman » et les pleurs qui passent au stade supérieur « Attention, maintenant ça ne va plus ». Vous pouvez commencer à discerner quand votre bébé utilise simplement les pleurs de frustration et que vous pouvez dans ce cas respirer tout en lui permettant de trouver sa propre voie. Ou vous pouvez remarquer le moment où votre corps et vos sentiments sont éteints, où votre esprit pensant vous inonde de « je devrais » et où vous ne parvenez pas à respirer à cause des pleurs « attention, maintenant ça ne va plus ».

La pleine conscience au quotidien

J'ai mentionné toutes les raisons pour lesquelles je pense que les exercices de pleine conscience sont importants, que ce soit à travers la méditation (Pratique de pleine conscience en étant assise calmement ; chapitres 2 et 3) ou par les mouvements en pleine conscience (Yoga, marche ou autre activité comme le Qi-Gong ; chapitre 4). Ces exercices vous aident à entraîner votre muscle de la pleine conscience, ils vous permettent d'être plus familière avec le territoire de la pleine conscience et peuvent même changer la manière dont votre cerveau fonctionne.

EXERCICE

Changer les langes en pleine conscience

Une autre forme de pratique engagée de pleine conscience est la pleine conscience au quotidien. Elle ne nécessite pas de créer un espace-temps particulier ni de vous engager dans une activité nouvelle. À la différence des exercices injectés dans vos activités de tous les jours en tant que maman, la pleine conscience au quotidien consiste à s'engager intentionnellement en pleine conscience dans une pratique journalière habituelle.

Vous pouvez apporter la pleine conscience à toutes vos activités. Le contenu de l'activité n'a aucune importance : écrire, vous maquiller, prendre un bain, accoucher, faire bouillir des oeufs, nettoyer le sol... Dans cet exercice, je vous invite à porter une attention consciente chaque fois que vous changez le lange de votre bébé.

Le changement de lange est un exercice génial, car il peut être considéré comme l'activité principale durant la première année de votre enfant. Ces changements de langes sont un microcosme de votre vie avec bébé parfois, ce sont des moments amusants lorsque bébé gazouille et vous sourit ; parfois, bébé se remue dans tous les sens et vous essayez tant bien que mal de lui mettre le lange ; parfois, c'est hilarant ; et parfois, ça pue tout simplement. Ces moments offrent de nombreuses opportunités pour être en contact et créer des liens avec votre bébé, le regarder dans les yeux, recopier ses expressions du visage, avoir des contacts peau à peau, lui transmettre votre capacité à rester bien ancrée face à l'inconfort, lui enseigner de manière directe comment commencer à gérer par lui-même son propre inconfort lorsqu'il se manifeste. Ceci s'applique aussi (peut-être même plus) lorsque vous utilisez l'une de ces tables à langer dans les toilettes publiques les circonstances ne doivent pas être parfaites. Donc, essayez cet exercice la prochaine fois que vous changerez le lange de votre bébé.

Prenez un moment pour tenir votre bébé contre vous (à moins qu'il y ait eu, comment dire, un événement explosif). Prenez ce moment pour respirer avec bébé. Regardez-le et dites « maintenant, nous allons changer ta couche » ou quelque chose du genre. Cela signifiera qu'il va y avoir une transition, un passage de la phase du jeu ou du sommeil ou des câlins vers une phase sur le dos où l'on enlève les vêtements et où on va s'attarder sur ses zones sensibles.

Quand vous le couchez, placez une main sur son ventre ou sur sa jambe et pratiquez la pleine conscience de la connexion entre lui et vous. En d'autres mots, de la même manière que vous portez une attention consciente à votre respiration, votre corps, ou lorsque vous pratiquez le yoga, portez à cette interaction cette même ouverture d'esprit et de cœur, cette attitude centrée sur le présent, de non-jugement, de non-acharnement, d'acceptation, de curiosité et de compassion. Concentrez-vous sur la qualité de cette interaction entre vous et lui, physiquement, au travers de vos regards et de votre sens du toucher, d'être en dyade, en équipe, d'être reliés. « Nous sommes tous les deux, ensemble dans cette activité, et j'en prends conscience », est la tonalité de ce processus.

Malgré tous les mots que j'utilise pour décrire la situation, cette liste n'est pas exhaustive. C'est un moment de pleine conscience de la respiration et de la connexion avec votre bébé. Lorsque vous enlevez ses vêtements et son lange souillé, déshabillez-le plus lentement que de coutume. Prenez simplement votre temps. Même si vous êtes pressée, vous constaterez que bouger plus lentement est en réalité plus efficace, provoque moins de maladresses et d'inconfort. Ouvrir les pressions, sortir les bras, extraire les jambes. Placer les vêtements souillés sur le côté si nécessaire. Il n'y a aucune raison d'être énervée, même si le lange a débordé et qu'il y en a partout. Rappelez-vous que penser « ceci ne devrait pas être ici » est la source de plus d'énervement que ce qu'il en était auparavant.

Vivez ce moment avec douceur, intérêt et exploration. Prenez du plaisir. Restez en contact avec vous et avec votre bébé entre chaque opération après avoir enlevé les vêtements, après avoir nettoyé les fesses, après avoir remis un nouveau lange. Prenez un moment avant de le rhabiller pour faire du peau à peau, lui embrasser le ventre ou chacun de ses orteils.

Que bébé pleure, se débatte, gazouille ou rigole, cela n'a aucune importance pour la pleine conscience, car celle-ci permet de simplement noter ce qui est là. Rien de tout cela n'est un problème lorsque vous êtes pleinement dans l'action. Seules les choses que nous qualifions de problèmes deviennent un réel problème.

Prenez un moment après avoir mis le nouveau lange et rhabillé votre bébé pour l'enlacer une fois de plus. Laissez sortir un son et dites-lui « maman t'aime ». Aidez votre bébé à apprécier le fait d'être au sec et marquez la transition en le regardant dans les yeux et dites-lui : « Maintenant, nous avons fini ! »

Une grande partie de ce que l'on fait pour être une bonne mère consiste simplement à reconnaître et à être présente à tout ce qui se passe plutôt que d'y résister, d'essayer de le changer ou de le repousser. Prendre quelques secondes ici et là pour reconnaître les transitions, accueillir les moments de relâchement, prendre conscience des expressions d'inconfort et dire quelque chose ou sembler concernée toutes ces attitudes sont des moments de pleine conscience. Ils disent à votre bébé : « Je suis ici pour toi, nous sommes ensemble dans la situation et je peux gérer pratiquement toutes les situations auxquelles tu dois faire face. » Ce comportement transmet un sentiment de sécurité qui jettera les bases de la manière dont votre bébé appréhendera le monde.

19

Se connecter : pas toujours facile

Être véritablement connectée ou en contact peut être dur. Cela nécessite que vous soyez présente dans l'instant, dans votre corps, et en relation avec une autre personne (dans ce cas présent, votre bébé, bien que ce soit aussi très utile dans toutes vos autres relations). Certaines connexions naturelles peuvent se produire facilement lorsque vous êtes présente dans le moment et dans votre corps. Vous offrez ainsi à votre instinct maternel les conditions optimales pour remonter à la surface. Cependant, un tas d'événements peuvent venir perturber cet instinct maternel naturel et aucun de ces événements n'est bon ou mauvais. De nombreuses combinaisons de circonstances peuvent vous rendre la tâche plus difficile à vous connecter avec votre bébé, même en étant présente et consciente. J'ai repris ci-dessous certaines de ces circonstances.

Votre humeur. La dépression post-partum affecte jusqu'à 18 % des femmes (Gavin *et al.*, 2005) et de légers problèmes d'humeur affectent encore plus de femmes (Hopkins, Marcu et Campbell, 1984). Ces problèmes d'humeur peuvent interférer avec votre connexion saine avec votre bébé.

Votre tempérament, le tempérament de votre bébé et la compatibilité entre les deux. Des recherches montrent maintenant que certains bébés viennent au monde avec un tempérament extrêmement sensible (Kagan *et al.*, 1999). Cela signifie que ces bébés peuvent avoir des difficultés à se calmer, avoir un besoin inné d'un toucher ferme, tandis que d'autres ont une hypersensibilité innée au toucher et aux stimulations qui génèrent chez eux un besoin d'être pris d'une façon particulière : en douceur, avec très peu de contacts ou de caresses. La plupart des mamans ne sont pas conscientes de ces variations naturelles des besoins chez les bébés. Nous avons pour la plupart appris que tous les bébés avaient les mêmes besoins, et que les bébés qu'on ne peut pas calmer sont anormaux ou ont un problème. Nous avons peut-être même entendu dire que les mamans qui ne parviennent pas à calmer leur bébé doivent avoir de profonds problèmes sous-jacents. En réalité, ces variations sont très normales et les déphasages entre le tempérament de la maman et celui du bébé se produisent très souvent ! Mais une fois que nous sommes plus attentives à ces possibilités, nous pouvons y faire face directement plutôt que de nous perdre dans des histoires qui voudraient que les situations soient différentes.

L'éducation que vous avez reçue étant bébé ou enfant. À cause de la vaste étendue des circonstances, nos parents avaient un savoir-faire différent pour nous éduquer. Certains étaient abusifs, dépendants, délaissaient ou étouffaient leurs enfants. D'autres étaient pleins de bon sens vis-à-vis de leurs enfants, même s'ils se montraient moins chaleureux devant leur bébé. Certains étaient chouettes avec un de leurs enfants, mais pas avec tous. D'autres étaient globalement parfaits, mais avaient des schémas comportementaux subtils qu'ils nous ont transmis. Certains parents étaient juste acceptables et parfois quasi parfaits. Nombre d'enfants - vous peut-être - ont été adoptés ou élevés par leurs grands-parents. Une fois encore, aucune de ces situations ne signifie que nous sommes bonnes ou mauvaises ; aucune n'invite à la honte ou à l'évitement. Les choses sont ainsi, mais en combinaison avec beaucoup d'autres facteurs, ces éléments peuvent avoir un impact sur la qualité de notre connexion avec notre bébé.

Votre niveau de stress actuel ou les circonstances actuelles. Vous vous trouvez peut-être pour le moment en équilibre et relativement bien. Mais il se peut que vous ayez donné naissance à votre bébé au milieu de circonstances de vie difficiles par exemple avoir déjà deux enfants et un partenaire dans l'armée en mission à l'étranger, avoir récemment perdu un être cher, avoir connu un mariage conflictuel ou un récent divorce, se trouver devant des problèmes financiers ou des difficultés professionnelles. Lorsque le niveau des demandes excède le niveau des ressources internes et externes auxquelles vous pouvez avoir accès, il est tout à fait normal que vous soyez stressée et que vous ayez plus de difficultés à connecter avec votre bébé.

Choisir vos réactions

Du point de vue de la pleine conscience, toutes les circonstances qui peuvent avoir un impact sur votre connexion avec votre bébé sont simplement à prendre pour ce qu'elles sont. Elles ne sont ni bonnes ni mauvaises. Souhaiter qu'elles soient différentes, leur résister, les ignorer ou les supprimer, ou essayer de les contrôler c'est comme essayer de contrôler votre flux permanent d'expériences ce n'est pas possible bien longtemps et c'est fatigant. Ni la pleine conscience ni aucune autre approche ne vous permettront de répondre de cette manière, certainement pas sur une période longue comme votre grossesse et la première année avec bébé.

Ce que la pleine conscience permettra, cependant, c'est de changer la manière dont vous prenez conscience et répondez aux circonstances que vous rencontrez. Vous pouvez être une de ces femmes affectées par une dépression post-partum, modérée ou sévère. Plutôt que d'en être honteuse, plutôt que de l'ignorer ou de vous laisser complètement dépasser, soyez simplement consciente que c'est une réelle possibilité particulièrement si vous avez déjà fait une dépression dans le passé, et même si vous n'en avez pas fait. Si vous développez des pensées de désespoir, de dévalorisation, des peurs que tout s'écroule, que quelque chose de grave arrive à votre bébé, ou des pensées violentes envers votre bébé, allez voir un médecin et racontez-lui tout.

C'est comme avoir du diabète, un souffle au cœur ou un ulcère. Vous avez besoin de traitement et la pleine conscience peut vous aider à reconnaître ces symptômes (parce que la part en vous qui est consciente de ces symptômes ne souffre pas de ces symptômes). La pleine conscience vous aidera aussi à accepter que vous ayez ces symptômes, à demander de l'aide, et à rester présente et connectée avec votre bébé même lorsque vous ne le ressentirez pas ainsi. Des traitements sont disponibles (à base de médicaments ou sans médicaments), et ils fonctionnent.

Il peut vous être fort utile d'être plus consciente de votre tempérament, de celui de votre bébé, et de la bonne entente entre les deux. Par exemple, vous pourriez remarquer que vous aimez réellement être active courir dans tous les sens, avoir de nombreuses stimulations, écouter de la musique, ou peut-être participer à des soirées ou des festivals. Mais il se peut que vous remarquiez que votre bébé soit totalement surstimulé par toutes ces activités. Plutôt que de forcer votre bébé à s'en accommoder ou de vous priver des événements qui vous nourrissent, vous pouvez utiliser la pleine conscience pour prendre conscience de ce déphasage, l'accepter et venir avec des solutions créatives. Par exemple, vous pouvez sortir pour aller danser, écouter de la musique dans vos écouteurs pendant que vous réalisez vos exercices de gym, prendre une classe de danse superactive et demander à votre partenaire ou à un ami de s'occuper de votre bébé pendant ce moment-là. Vous pouvez prendre votre bébé à votre festival préféré, mais vous le portez dans une écharpe et vous lui mettez des protections sur les oreilles pour atténuer le bruit.

Au contraire, vous pourriez remarquer que votre bébé est très actif ! Il n'aime vraiment pas être caressé, câliné ou être dans un porte-bébé. Il aime être emmené partout tout le temps et avoir le regard tourné vers l'extérieur. Il préfère être couché à côté de vous plutôt que sur vos genoux. Vous pouvez consulter un docteur, un ergothérapeute ou un spécialiste du développement pour confirmer vos observations si vous le souhaitez, et ensuite venir avec des solutions créatives pour vous connecter sans avoir le sentiment que quelque chose ne va pas avec vous ou avec votre bébé. En utilisant la pleine conscience, vous pouvez voir *ce qui est*, et utiliser votre énergie pour répondre à ce qui est, plutôt que de vous focaliser sur la manière dont les événements *devraient* être et gaspiller votre énergie à essayer de les changer ou à être énervé par elles.

De façon tout à fait similaire, vous ne pouvez pas changer l'éducation que vous avez reçue, mais vous *pouvez* prendre conscience de la manière dont les expériences de votre enfance peuvent influencer votre manière d'éduquer votre enfant. Comme le dit Daniel Siegel, un psychiatre ayant une formation de pédiatre, dans un livre coécrit avec Mary Hartzell, *Parenting from the Inside Out* (2004, p. 13) :

> Lorsque nous devenons parents, nous apportons avec nous les problèmes de notre propre passé qui influenceront la façon dont nous éduquerons nos enfants. Les expériences qui n'ont pas été complètement traitées peuvent engendrer des problèmes non résolus qui influenceront notre manière de réagir face à nos enfants. Ces problèmes peuvent facilement refaire surface dans notre relation parents-enfant. Quand cela se produit, nos réponses envers nos enfants prennent souvent la forme de réactions émotionnelles assez fortes, de comportements impulsifs, de déformations de nos perceptions ou de sensations corporelles. Ces états d'esprit intenses diminuent notre capacité à penser clairement et à rester flexibles. Par conséquent, ils affectent nos interactions et nos relations avec nos enfants. Dans ces moments-là, nous n'agissons pas comme les parents que nous voulons être et nous nous demandons souvent pourquoi ce rôle de parent semble « faire ressortir le pire en nous ».

La pleine conscience ne traitera ni ne résoudra complètement chacun de vos problèmes familiaux dans les prochains mois. Par contre, elle vous permettra d'être plus consciente lorsqu'une de vos cordes sensibles sera touchée, lorsque votre réaction actuelle semblera être disproportionnée en comparaison de la situation réelle (toujours un bon signe que quelque chose du passé est en train d'être touché). La pleine conscience vous aidera à regarder ces réactions, à leur permettre d'être là, à les laisser passer, et à poser des choix qui sont en réponse à la situation actuelle plutôt qu'à celle du passé. Dans ces moments, lorsque malgré tout vous vous laissez emporter dans vos vieux schémas et que vous réagissez, la pleine conscience peut vous aider à vous en rendre compte plus rapidement et à réparer ainsi les dégâts en rétablissant votre connexion consciente avec votre bébé et en ayant de la compassion pour vous-même.

Je me suis rapprochée d'une amie lorsque nous sommes tombées enceintes plus ou moins à la même période et nous avons eu nos bébés à trois mois d'intervalle. Sa difficulté principale en tant que maman était sa colère et son irritation. Lorsqu'elle atteignait ses limites, elle avait tendance à élever la voix, à se sentir frustrée et dépassée. Elle avait une pratique quotidienne de pleine conscience et de yoga, elle prenait des antidépresseurs pour l'aider à gérer ses soucis et elle avait également accepté son caractère inné. « Je suis une personne qui s'emporte rapidement », admettait-elle. Ainsi, lorsqu'elle perdait son sang-froid, elle s'interrogeait à la fois sur les origines de ce moment, utilisant ses outils pour se remettre sur la voie de la maman qu'elle voulait être, et elle choisissait de ne pas nourrir les pensées qui l'empêchaient d'être qui elle était réellement.

EXERCICE Connexion rapide avec bébé

Lorsque vous avez l'impression d'avoir perdu le contact avec vous-même et avec votre bébé, essayez cet exercice pour vous ramener dans la présence de votre corps et de votre bébé.

Placez une main sur votre ventre si vous êtes enceinte, sinon sur le ventre ou le dos de votre bébé. Respirez doucement jusqu'à la base de votre ventre. Commencez à accorder votre respiration au rythme de celle de votre bébé. Imaginez un cercle entre vous deux créé par vos inspirations et vos expirations simultanées. Dans cet exercice, vous ne puisez rien de votre bébé et vous ne lui transmettez rien. Vous êtes côte à côte, main dans la main, faisant face au monde ensemble. À certains moments, vous prendrez les commandes, à d'autres moments, ce sera lui. Vous respirez ensemble, vous dansez ensemble et vous avancerez ensemble vers l'instant suivant.

20

Pleine conscience et pleurs

Observons un moment les pleurs. Lorsque ma fille était encore un bébé, j'avais la chance d'avoir intégré un groupe de soutien pour mamans. Ça n'avait rien d'extraordinaire simplement un groupe de mamans qui se retrouvaient les vendredis matins dans l'arrière-salle d'un magasin de produits pour bébés situé dans un centre commercial. Mais ce groupe était pris en charge par une personne réellement capable de parler et d'être en contact avec les bébés. Marsha Podd est une infirmière pédiatrique qui a fourni un lieu et de bons conseils à de nombreuses jeunes mamans, dont la plupart étaient mamans pour la première fois et qui avaient beaucoup de questions (pour en savoir plus sur le travail de Marsha, visitez le site www.gotosleepbaby.com).

Un jour, une maman dont le bébé était inconsolable décida de lever la main et finit par demander désespérément : « Pourquoi pleure-t-il sans arrêt ?! » Marsha lui répondit avec son attitude pragmatique du Mid-Ouest : « Il vous dit simplement qu'il est mal à l'aise. »

Cette phrase est restée ancrée en moi. J'étais souvent tentée de croire que les pleurs de mon bébé étaient le reflet d'un gros problème qui avait une signification profonde une signification à propos de mon bébé (malade ? coliques ? gâté ?) ou à propos de moi (clairement incompétente ? une mère froide et distante ? devrais-je utiliser du lait cru plutôt que du lait de chèvre comme le dit cet article ?). Mais peut-être que les pleurs signifient tout simplement : « Hey, Maman, hey, le monde ! Je suis mal à l'aise ! » Les pleurs, il est vrai, sont très bruyants et sont conçus évolutivement pour attirer immédiatement l'attention la vôtre en particulier. Mais la plupart du temps, ils sont juste un moyen pour votre bébé de communiquer avec vous. « Maman, je suis mal à l'aise ! »

Lorsque vous appliquez la pleine conscience à ces périodes de pleurs, que se passe-t-il ? Premièrement, vous commencez par porter votre attention sur votre propre respiration l'observant simplement pendant quelques respirations. Ensuite, vous pouvez rapidement scanner les trois éléments de votre expérience. Quelles sont vos sensations corporelles ? Tensions ? Douleur ? Très chaud, chaud ou froid ? Relâchée ? Ensuite, quels sont vos émotions ou vos sentiments ? Peur ? Exaspération ? Colère ? Culpabilité ? Et enfin quelles sont vos pensées ? Autocritiques ? Essayer de trouver des solutions ? L'idée n'est pas de se laisser emporter dans un de ces trois domaines de votre expérience, mais de prendre note simplement de ce qui se passe et respirer. Portez votre attention sur ce que vous êtes et sur ces trois éléments de votre expérience.

Maintenant, portez votre attention sur votre bébé. Considérez simplement les faits. Son visage est rouge. Sa bouche est grande ouverte. Ses hurlements. Ses poings serrés et agités, son dos cambré. La seule chose que vous savez de ses pleurs est que votre bébé est en train de vous dire par le seul moyen qu'il possède, « Hey, Maman, quelque chose me gêne en ce moment. »

Maintenant, libérée de tous les scénarios, significations, désirs qu'il en aille autrement, vous pouvez commencer à *répondre* plutôt que de réagir. Vous pouvez à ce moment vous engager dans un processus d'exploration relativement calme (continuez à respirer), en partant des situations que vous pouvez observer directement. Couche mouillée ? Faim ? Trop chaud ? Trop froid ? Les vêtements qui pincent ? Étape par étape, vérifiez chaque possibilité (et continuez à respirer).

Si aucune des suggestions ne résout le problème et que votre bébé ne présente aucun autre symptôme véritablement alarmant, vous devrez peut-être vous donner un coup de pouce et poursuivre la recherche d'un symptôme. Vous pouvez entreprendre un certain nombre d'actions, comme vérifier la présence de gaz ou de maux de ventre en appuyant doucement sur le ventre de votre bébé (en le tenant soit dans la position du jaguar ventre posé sur la longueur de votre avant-bras ou le ventre sur vos genoux pendant que vous lui tapotez le dos) et en réfléchissant s'il a fait récemment son renvoi. Essayez chaque possibilité en pleine conscience, comme si vous aviez tout le temps que vous souhaitiez. Bien qu'ils semblent urgents, les pleurs le sont rarement et peuvent être intensifiés et prolongés lorsque vous êtes plus tendue ou anxieuse.

Le plus souvent, la chose la plus difficile à *diagnostiquer* est quand bébé est fatigué. Dans quatre-vingts pour cent des cas, votre petit chéri est simplement épuisé. C'est dur d'être bébé ! Et le processus pour s'endormir n'est en réalité pas si facile, pour beaucoup d'adultes et encore moins pour les bébés qui n'ont pas encore beaucoup de pratique. Parfois, il est difficile de faire le pas qui sépare l'éveil du sommeil, et les pleurs ne sont qu'un pont qui permet de relier les deux côtés. Avoir sa maman présente, être en contact direct avec elle aide beaucoup, même si les pleurs ne s'arrêtent pas immédiatement.

D'autres possibilités d'exploration sont en lien avec le réconfort. Vous pouvez essayer méthodiquement et en douceur de prendre votre bébé différemment, en recourant à des balancements doux, des bercements plus fermes, à de la musique, à un bain chaud essayez un certain nombre de choses. J'ai eu beaucoup de chance en utilisant un ballon de thérapie physique, une de ces balles bien gonflées sur lesquelles on peut s'asseoir. Sauter gentiment avec bébé lorsque j'étais assise sur le ballon, respirant, bien présente, n'a pas seulement calmé le bébé, mais moi aussi !

La clef dans ce cas-ci est de se centrer sur des actions intentionnelles et habiles plutôt que de se lancer dans de vaines tentatives pour arrêter bébé de pleurer. Soyez créative face aux pleurs, fredonnez, chantez, soyez calme, restez connectée avec votre bébé en colère. Prenez conscience que les sons émis par les pleurs vous traversent. Ressentir de la compassion pour la détresse de votre bébé au lieu de vous concentrer sur le moyen de l'arrêter de pleurer vous laisse dans une saine position d'ouverture. Essayez différentes choses, et au lieu de vous focaliser sur les résultats positifs (parvenir à faire stopper les pleurs), attribuez plutôt votre succès au fait d'être restée présente, dans votre corps, et connectée à votre bébé le plus longtemps possible.

Pleurer peut durer très longtemps, spécialement dans les cas émotionnels où cinq minutes peuvent sembler des heures. Rester connectée à votre bébé et présente dans votre corps, d'instant en instant, une respiration à la fois, est donc la clef. Il se pourrait que vous aussi vous pleuriez. C'est normal. Pas besoin d'y résister non plus, de le voir comme un problème ou de créer une histoire autour de la signification de ces pleurs (« Je le perds ; je suis en train de m'effondrer »). Parfois, la sensation des chaudes larmes qu'on n'a pas réussi à contenir est exactement ce qu'il faut pour maman et bébé. Après un moment, poursuivez votre exploration. Voyez si votre instinct et vos sensations viscérales vous guident vers une action bienveillante.

Vous pouvez également agir intentionnellement et avec habileté en vous autorisant à demander de l'aide ou un conseil. Vous pouvez trouver ce soutien auprès d'une autre maman qui pratique la pleine conscience, auprès d'une personne de confiance (une personne qui n'est pas toujours un membre de la famille ou une amie proche) ou un pédiatre.

Disposer de tous ces choix peut être incroyablement libératoire et puissant. Survivre à ces moments de doute en étant en connexion avec votre bébé forme les bases d'un lien fort et d'un sentiment profond de confiance, encore plus que les moments agréables que vous partagez. Et à force de répéter des moments comme celui-ci, vous transmettez en réalité activement à votre bébé cette capacité de gérer les moments difficiles pour le reste de sa vie.

Notez que j'ai utilisé le mot « répéter ». L'idée ici n'est pas que vous soyez pleinement consciente à chaque fois que votre bébé pleure. Le but est de travailler cette pleine conscience pour que vous puissiez l'utiliser chaque fois que vous ferez face à une situation difficile avec votre bébé. Vous aurez cette opportunité de pratiquer chaque fois qu'un événement difficile se présentera et les événements difficiles se présenteront, peu importe votre niveau de conscience.

21

Quand les choses se compliquent

Pour beaucoup de mamans, c'est quand tout va bien qu'il est leur plus facile d'être pleinement conscientes (ce qui, comme vous le savez maintenant, signifie simplement être présente dans votre corps et connectée à votre bébé, en prenant les situations comme elles sont et en approchant vos expériences avec curiosité et compassion). Vous vous demandez peut-être pourquoi je répète sans arrêt cette définition. Je la répète parce que, indépendamment du nombre de fois que je le dis, votre esprit est tenté de définir la pleine conscience comme un état de plaisir, de contentement, de bonheur, de « bonne » et « juste » façon d'être. Ce n'est pas ça. C'est simplement être présente, dans votre corps et accueillir votre expérience comme elle se présente. C'est une façon d'être qui n'est pas un état qui peut être « atteint, », mais c'est plutôt un endroit à partir duquel il est plus efficace de fonctionner dans la plupart des situations.

Mais que se passe-t-il lorsque le lange souillé est la goutte qui fait déborder le vase ? Lorsque les situations sont si compliquées qu'il est difficile de conserver une once de lucidité, encore moins le noble idéal d'être présente, centrée et ancrée ? La plupart du temps, lorsque vous pratiquez la pleine conscience, vous réalisez que les situations ne sont pas aussi terribles que vous le pensez que vos histoires sont un surplus de souffrances inutiles qui s'ajoutent à une situation gérable. Mais que se passe-t-il quand la situation *est* aussi terrible qu'on le pense, et peut-être même pire ? Que se passe-t-il lorsque vous devez faire face au pire scénario ? Quand est-ce que la pleine conscience entre en scène ?

Dans un de mes groupes, j'ai eu une femme qui était une participante absolument très agréable. Tammy était pétillante, réfléchie, souriante et avait toujours un compliment ou un mot gentil pour tout le monde. Elle était motivée à apprendre la pleine conscience, mais avait du mal à pratiquer ses exercices à domicile. Chaque semaine, nous discutions du temps que nous avions pu pratiquer à la maison, mais elle disait qu'elle n'en avait pas eu. Semaine après semaine, elle commentait son sentiment de se sentir à part du groupe, mais elle n'avait jamais lu les articles ou fait les exercices de pleine conscience. Lorsque nous sommes arrivées à la séance de groupe où l'on se concentre sur la manière dont on prend soin de soi, elle insista sur le fait qu'il était hors de question de prendre du temps pour elle parce qu'elle ne pouvait pas quitter son bébé.

Après avoir essayé en douceur pendant plusieurs semaines, nous l'avons poussée un peu plus pour qu'elle demande à son mari pour avoir un peu de temps à elle ou pour engager une baby-sitter. Elle finit par fondre en larmes, et nous révéla que son mari était un drogué et un alcoolique. Elle vivait chaque jour avec la crainte de voir son mari revenir intoxiqué à la maison, ne pas rentrer, ou pire. Il avait eu recours à la force dans le passé et avait même eu des problèmes avec la loi. Mais le fait d'avoir un autre jeune enfant et d'être une femme au foyer sans revenu et sans famille disponible faisait que Tammy se sentait complètement coincée.

Pour Tammy, la pleine conscience lui a apporté un certain équilibre intérieur au milieu de cette situation incroyablement difficile. Elle disait : « J'avais l'habitude de me tourner les pouces. Je ne parvenais pas à dormir. Je m'inquiétais tout le temps et me demandais où j'avais pu me tromper, ce que j'avais fait de mal. Je pensais qu'il allait beaucoup mieux et j'ai attendu d'avoir des enfants lorsque j'étais sûre que tout ça était derrière lui. Mais maintenant, c'est pire qu'avant. Ce cours est la seule chose qui me permet de rester saine. Je continue simplement à respirer et à réaliser les tâches qui se trouvent juste devant moi. Payer les factures ? C'est fait. Nourrir les enfants ? C'est fait. Aller au parc. Mettre les enfants au lit. Et j'apprends à continuer à respirer et à rester connectée avec mes enfants durant tous ces moments. »

Maintenant, en lisant cette histoire, vous pourriez me rétorquer : « Attends ! Tammy ferait bien de partir, de trouver une meilleure solution. Si la pleine conscience l'aide à accepter les événements et à rester dans cette situation, ce n'est pas bon ! » En tant qu'instructeur de groupe, je me devais de prendre aussi cette remarque en considération. Est-ce que la pleine conscience ne poussait pas Tammy à rester coincée dans une situation malsaine ? J'ai rapidement conclu que la pleine conscience pouvait l'aider à fonctionner en tant que maman dans une situation moins idéale tout en étant capable de rester présente, ancrée et connectée avec ses enfants. En réalité, l'anxiété, l'inquiétude et le manque de sommeil, bien que complètement compréhensible, ne sont pas des endroits idéaux à partir desquels il est possible de créer des solutions saines.

Autant nos esprits pensent qu'ils sont utiles, les inquiétudes chroniques, la résistance et les luttes contre ce qui se passe, les doutes et les critiques obsessionnels envers soi ou se rabaisser ne sont en réalité d'aucune aide, même lorsque une situation est horrible. De même que le déni de ce qui se passe, la suppression de ses pensées ou de ses sentiments, se débarrasser, éviter ou ignorer ce qui se passe ou encore justifier, rationaliser ou se créer des excuses sont tout autant de réactions inutiles. Toutes ces performances mentales sont des moyens que nous utilisons pour gérer des situations désagréables.

L'expérience d'une amie proche et collègue illustre pour moi très bien ce propos. Psychologue et praticienne sérieuse de pleine conscience depuis de nombreuses années, Tess avait une petite fille de trois ans, Lucy, et elle était heureuse d'avoir son second en route. Elle avait pris rendez-vous pour une césarienne, suivant les recommandations de son médecin, et donna naissance à une très belle petite fille qu'elle prénomma Sophie. Un jour très agréable se passa avec des visites de félicitations des proches et de Lucy qui venait de faire la connaissance de sa petite sœur. Au terme de la seconde journée, ils espéraient pouvoir bientôt rentrer à la maison. Mais, aux petites heures du troisième jour, lors d'une visite de routine, l'infirmière décela une anomalie dans les signes vitaux de Sophie et elle l'emmena pour réaliser des tests de routine. Tess fut réveillée par son mari, qui était pâle et affolé. Il lui dit tremblant : « Quelque chose ne va pas… »

« À ce moment-là, j'ai su que tout avait changé dans ma vie », dit Tess. « Je ne sais pas comment, mais j'ai su que quelque chose de grave était en train de se produire et que ce moment serait la ligne séparatrice entre le moment de ma vie lorsque tout allait bien et la partie suivante de ma vie. Ma formation de pleine conscience me disait que ceci était simplement une pensée, mais cela semblait réel, et en quelque sorte, c'était sûrement vrai. »

Après un diagnostic erroné, un transfert pénible vers un hôpital où Sophie s'était arrêtée de respirer et avait dû être réanimée dans l'ambulance en route vers un centre de soins intensifs, plusieurs moments de mort imminente, plusieurs opérations à cœur ouvert, des centaines d'heures passées dans l'unité néonatale des soins intensifs, Sophie put finalement rentrer à la maison. Elle s'était remise du danger immédiat, mais dut faire face encore à de nombreuses chirurgies cardiaques nécessaires. Aujourd'hui, Sophie est un bébé magnifique, amoureuse de la vie et un vrai miracle.

Tess m'a confié comment la pleine conscience l'avait influencée durant cette période de crise prolongée :

Au premier abord, il n'y avait rien qui pouvait m'aider à me sentir mieux. La douleur de la situation ne pouvait pas être atténuée. Ce fut une expérience de torture prolongée j'ai dû survivre à sept cent cinquante millions de moments tels que l'annonce que mon bébé avait cinquante pour cent de chance de survivre, la regarder partir en chirurgie toute seule, être à ses côtés lorsqu'on lui plaçait son énième cathéter, ou encore apprendre que ma fille allait devoir vivre avec une maladie pour laquelle il n'y avait pas vraiment de traitement.

La pleine conscience ne m'a pas aidée à me sentir mieux ou à voir les choses différemment, et j'étais très loin de l'« acceptation » ou du « non-effort » dans le sens général de ces mots. Par contre, ce que mes années de pratique de pleine conscience m'ont apporté, c'est cette capacité à me permettre d'être présente à tout ce qui se présentait à chaque instant. Même lorsque les situations étaient très critiques, être capable d'être présente et connectée avec Sophie a rendu les expériences moins terribles que ce qu'elles auraient pu être. Instant après instant, c'était simplement moi et elle, et lorsque je n'étais pas à l'hôpital avec Sophie, j'étais capable d'être présente pour Lucy à la maison et de lui donner le reste de mon attention.

Parfois, je ne pratiquais même pas ce qu'on appelle « la pleine conscience ». Je ne portais pas mon attention sur ma respiration, et je n'étais pas spécialement consciente de mes sensations. À d'autres moments, je pratiquais les formes de pratique de pleine conscience les plus radicales rester éveillée simplement instant après instant, peu importe ce qui se passait.

J'étais incapable de te dire où ma pratique intervenait. Ce n'est qu'a posteriori que j'ai réalisé que ma pratique de pleine conscience m'a permis d'être capable de tolérer un niveau de stress très élevé, de voir un être cher vivre dans une douleur énorme, de savoir qu'elle ne survivrait peut-être pas. Une situation comme celle-ci vous amène à un instant absolu à un maximum de pleine conscience. Le monde entier ne m'intéressait plus – j'étais en complète relation avec Sophie et avec Lucy. C'était un peu comme si je m'étais dit : « Je m'en fous de savoir à quel point la situation est critique. Je serai ici quoi qu'il arrive. Je m'en fous si je pense que je ne pourrai pas le gérer. Je serai ici quoi qu'il arrive.

Tess me raconta une autre histoire qu'elle avait entendue d'une amie à propos d'une femme qui venait de finir une retraite intensive de pleine conscience de dix jours juste avant de retourner travailler dans les *Twin Towers* (les tours jumelles) à New York le 11 septembre 2001. Après l'explosion, elle se retrouva dans la cage d'escalier avec une centaine d'autres personnes qui essayaient de descendre les escaliers. Grâce à sa pratique récente de pleine conscience, elle disait qu'elle avait été capable de descendre les marches, une par une, alors que tant d'autres personnes étaient complètement figées sur place ou tentaient de les dévaler dans un fouillis de bras et de jambes. « Ce n'était pas héroïque », disait-elle. « Je ne suis pas restée détendue. J'ai simplement descendu, une marche à la fois, main sur la rampe, une autre marche, en me tenant, une autre marche, et ainsi de suite. »

« Je ne me suis pas sentie héroïque non plus après mon expérience avec Sophie », m'a dit Tess. « C'était simplement rester éveillée et consciente, instant après instant, et traverser l'expérience. »

« A posteriori, il y a d'autres éléments que je peux voir et attribuer à ma pratique de pleine conscience comme rester courtoise avec les infirmières, faire d'elles des alliées plutôt que de répandre mes frustrations sur elles et tout le monde, être capable d'avoir de la compassion, prendre conscience et apprécier toutes les marques de sympathie envers ma famille », ajouta Tess. « D'un autre côté, ma pratique m'a également aidée à être forte et ferme comme oser dire aux gens de se laver les mains avant de la toucher ou me placer devant les gens qui voulaient entamer des procédures médicales inutiles. »

J'ai demandé à Tess ce qu'elle pourrait dire aux autres femmes qui se retrouveraient dans des situations de crises similaires, dans une perspective de pleine conscience. Elle me répondit, avec une certaine assurance : « Faites confiance à votre propre sentiment d'autorité intérieure. Posez-vous la question et identifiez avec précision ce dont vous avez besoin pour survivre. Supprimez toutes les distractions ou activités qui pourraient vous faire sentir encore plus mal. Vous pourrez revenir à tout le reste plus tard. Et gardez ce qui vous aide à rester en contact avec vous-même et vos enfants. »

Les situations peuvent partir en vrille de mille façons différentes, et parfois elles le font. Que ce soit une dispute épouvantable avec votre partenaire, un accident de voiture ou une blessure, un divorce, une maladie grave ou un séjour aux urgences, ou encore la mort d'un être cher ce sont toutes des situations très difficiles que vous *rencontrerez* (ou une situation du même ordre). Et vous bénéficierez de pouvoir y incorporer votre pratique de pleine conscience.

EXERCICE

Se perdre, en pleine conscience

Dans ces moments où, au plus profond de vous, vous avez l'impression que vous allez devenir folle, que vous voulez mourir, frapper quelqu'un ou vous maltraiter, ou simplement lorsque vous voulez vous arracher les cheveux, il existe un exercice particulier de pleine conscience que vous pouvez pratiquer. Voici ce que vous pouvez faire quand vous êtes sur le point de perdre la tête.

Premièrement, concentrez-vous exclusivement sur votre expiration, en allant un peu plus loin comme si vous vouliez éteindre une bougie. Inspirez par le nez et soufflez la bougie imaginaire par votre bouche légèrement entrouverte ou par votre nez, la bouche fermée. Concentrez-vous sur la fin de votre expiration.

Maintenant, portez votre attention sur la paume de vos mains et la plante de vos pieds. Pour le moment, même si ce n'est que quelques instants, ne tirez pas encore de conclusion ou ne prenez encore aucune décision à propos de la situation dans laquelle vous êtes. Si vous êtes enceinte, sentez votre bébé dans votre ventre, protégé et à l'abri. Ou si votre bébé est né, sentez le contact de sa peau contre la vôtre. Si cela vous aide à vous ancrer dans l'instant présent, dites un mot ou une phrase qui vous rappelle votre priorité principale du moment, telle que « Je me mets moi et mon bébé en sécurité », ou « Être ici et respirer ».

En ce moment, vous pouvez faire appel à *l'archétype* ou au symbole universel de la mère pour tirer parti de la force de notre lignée commune de femme. Avec votre esprit et votre cœur, connectez-vous à nos ancêtres mères qui, au cours des millénaires, ont dû faire face à des horreurs indescriptibles tout en protégeant leurs enfants les garder en sécurité, les nourrir, les protéger et les garder au chaud. Plus brave qu'un guerrier, avec plus de résilience qu'un héros (et certainement avec moins de fanfare et d'appréciation), les mères à travers le temps se sont protégées avec force et ont protégé leurs enfants dans les circonstances les plus atroces.

Maintenant que vous êtes une mère, vous avez accès à ce puits de force intérieure. Centrer votre attention sur cette ressource peut vous rappeler que personne ne sait ce qu'il peut gérer tant qu'il ne se trouve pas dans la situation. Votre seule tache est de rester présente et connectée à_votre bébé, de rester éveillée et de voir clairement. Essayez de pratiquer cet exercice autant que possible, instant après instant, même si vous devez prendre une minute à la fois.

Des moments rapides de mamans conscientes

Je vous propose ici un certain nombre d'exercices pratiques que vous pouvez mettre en place à n'importe quel moment de votre journée, peu importe ce qui se passe, pour cultiver cette pleine conscience :

- Trouvez l'endroit de votre corps où vous percevez le plus facilement votre souffle entrer et sortir. Que ce soit au niveau de vos narines, dans votre poitrine ou dans votre ventre, portez votre attention sur cet endroit pendant dix respirations. Cet exercice vous permet de vous ancrer dans votre corps et dans le moment présent.
- Si vous êtes enceinte, prenez conscience de cette respiration comme s'il vous était possible de sentir l'oxygène de votre sang se diriger vers le placenta et ainsi vers votre bébé. Si votre bébé est né, tenez-le dans vos bras et sentez l'endroit où votre respiration et celle de votre bébé peuvent être perçues dans votre corps. Centrez votre attention sur cet endroit pour dix respirations.
- Portez votre attention sur le moment où votre expiration se termine et le moment où votre inspiration commence et ensuite sur la toute fin de votre inspiration et au début de votre expiration. Laissez ces deux moments, ces minuscules moments où vous n'êtes ni en train d'inspirer ni en train d'expirer, être le centre de votre attention pendant les soixante prochaines secondes.
- Portez toute votre attention sur vos paumes et sur la plante de vos pieds pendant dix respirations. Cet exercice ancre votre

attention lorsqu'elle s'égare dans tous les sens ou lorsque vous êtes réellement agitée.

L'exercice suivant ne fait pas partie des exercices traditionnels de pleine conscience. Cependant, il peut vous aider si vous avez le sentiment d'être trop agitée à porter une pleine conscience à la situation, ou dans le cas où vous avez l'impression que votre comportement pourrait être difficile à gérer :

- Trouvez un mot ou une phrase qui est profondément calme, émotionnellement inspirante ou sacrée pour vous. Pour certaines, les mots « amour » ou « paix » sont utilisés. Pendant des millénaires, les gens ont utilisé à travers le monde le mot « Om », qui est le son universel qui représente la source de tout ce qui est. Même une phrase comme « Être calme » ou « Être bien » peut fonctionner. Inspirez simplement par vos narines et prononcez ce mot ou cette phrase en expirant, soit à haute voix, soit dans votre tête, jusqu'à ce que votre attention semble être un peu plus stable.

22

Prise de décision consciente

En tant que maman, vous aurez toutes sortes de décisions, petites et grandes, à prendre chaque jour. Que donner à manger à votre bébé, faut-il et quand vacciner votre bébé, quelle mode de garde choisir, etc. Certaines décisions seront faciles à prendre, d'autres seront très délicates. La pleine conscience ne vous facilitera pas forcément la tâche, mais elle vous aidera sûrement à prendre les décisions qui sont les plus proches de vos valeurs et de la maman que vous voulez être.

Ce qui est certain, c'est que la pleine conscience vous mettra en contact avec les nombreuses sources d'informations qui sont à votre disposition à tout moment pour prendre des décisions judicieuses. Dans la plupart des cas, nous prenons des décisions basées sur une ou deux sources d'informations seulement nous nous basons quasi exclusivement sur notre esprit pensant ou nous laissons nos émotions dicter notre conduite. Idéalement, vous pouvez utiliser certaines des nouvelles capacités que vous avez cultivées pour prendre des décisions.

Lorsqu'il est temps de prendre une décision, utilisez certains des muscles que vous avez entraînés avec vos pratiques de pleine conscience et appuyez-vous sur votre familiarité croissante avec tous les domaines variables de votre expérience. Pratiquez quelques instants la pleine conscience de la respiration. Poursuivez en prenant quelques instants pour porter votre attention sur votre corps et sur vos sensations corporelles, en les nommant brièvement si vous le souhaitez avec un mot ou deux. Chaud. Estomac contracté. Ballonnée. Relâchée. Maintenant, observez vos pensées sur le sujet. Vous en avez probablement beaucoup et certaines en contredisent peut-être d'autres. Si vous pensez qu'organiser vos pensées peut vous aider, écrivez-les sur un bout de papier. Dans le cas contraire, prenez simplement un moment pour observer chacune de vos pensées, qui se suivent comme des feuilles flottant à la surface d'un courant. Vous pouvez prendre note de chacune d'elles, mais rien ne vous oblige à en prendre une. Si vous le pouvez, approchez cette expérience avec curiosité, un peu comme si vous observiez des voix différentes venant de l'intérieur. Remerciez chacune de ces voix pour leur avis. « Je ne veux pas qu'il aille dans cette crèche ; le voisinage n'est pas très sécurisant ! » Merci ; suivante ? « J'aime beaucoup la femme qui dirige le centre. Elle est la plus chaleureuse et la plus sympathique des personnes rencontrées jusqu'à présent. » Noté, merci. Suivante ? Prenez quelques minutes (pas plus de cinq) pour scanner vos pensées sur le sujet, en mettant un doigt léger sur chacune, vous rappelant qu'elles ne sont que des pensées et non des faits.

Ensuite, portez une attention d'acceptation sur vos émotions, vous rappelant que les émotions sont décrites par des mots comme « peur », « tristesse », « gratitude », « culpabilité », « bonheur », ou encore « colère », plutôt que par de longues phrases, qui sont habituellement des pensées qui se font passer pour des émotions. Notez chaque émotion, une par une. Et, dans la mesure du possible, développez un sentiment de compassion, ou du moins un sentiment de reconnaissance pour chacune. « Je suis en colère de devoir reprendre le travail si tôt. Je ne veux pas devoir choisir un mode de garde ! » Mon Dieu, complètement compréhensible. Merci. Suivante ? « Je suis heureuse d'avoir trouvé un moyen pour pouvoir me consacrer quelques heures. » Entendu ! Suivante ? Sondez le champ de vos émotions, sachant qu'elles peuvent se contredire l'une l'autre, et touchez chacune d'elles du bout du doigt, en les accueillant et en poursuivant votre chemin.

Maintenant, tournez votre attention vers les autres sources d'informations. Celles-ci sont peut-être des sources que vous consultez rarement pour prendre vos décisions. Soyez consciente de ce que vous pouvez *voir* de la situation, l'approcher visuellement. « J'adore la propreté des jouets dans cette crèche, mais je n'ai pas vu de barrière de protection au-dessus des marches extérieures. » Qu'entendez-vous, que sentez-vous, que goûtez-vous, que ressentez-vous ? Même si ces détails ne vous paraissent pas directement pertinents dans votre prise de décision sur le moment, notez-les. Ils peuvent contenir des informations utiles.

De plus, porter une attention consciente à la situation dans laquelle vous vous trouvez peut vous aider à cultiver ce qui pourrait s'appeler une « une perspective consciente ». En d'autres mots, la pleine conscience peut vous permettre d'accéder à cet endroit de votre expérience qui est conscient de *tous* les différents aspects qui pourraient contenir des informations pertinentes à partir desquelles vous pouvez prendre votre décision. Dans un sens, c'est un peu comme voir la situation de la perspective d'un oiseau, vous plongez sur chaque domaine de votre être, un par un, pour voir ce que vous y trouverez. Sauf que, dans ce cas présent, cette vision part du centre de votre être, de votre corps, et du moment présent.

Il est bon d'essayer de trouver un équilibre entre l'utilisation de votre instinct (sixième sens) pour prendre vos décisions et reconnaître le discernement d'un esprit clair. Vous gagnez souvent en clarté d'esprit lorsque vous soupesez chaque élément équitablement. Observez vos pensées, vos croyances ou vos histoires à propos de la situation (rappelez-vous que vos pensées ne sont pas des faits, et que chacune détient un niveau variable d'exactitude), vos émotions, vos sensations corporelles, vos cinq sens et votre instinct à propos du problème.

Ensuite, une fois que vous avez examiné votre expérience pendant une dizaine de minutes, asseyez-vous calmement. Portez votre attention sur votre respiration, sur votre corps et sur l'espace dans lequel tous ces éléments émergent sur la conscience elle-même. Laissez aller toutes vos pensées, vos émotions et vos sensations corporelles. Vous les avez reconnues, vous leur avez porté attention et vous les avez consciencieusement notées. Maintenant qu'elles ont été reconnues, elles peuvent poursuivre leur route. Soyez immobile. Soyez calme.

Je dis souvent aux femmes qui suivent le programme que, dans la plupart des situations, il existe une part en vous qui sait exactement quelle est la bonne réponse. Mais cette part est souvent une petite voix calme qui nécessite un certain calme mental pour être entendue. C'est un peu comme si beaucoup de nos réponses se trouvaient au fond d'un étang. Remuer constamment l'eau de l'étang ne fait remonter que la boue et trouble les eaux. Lorsque l'on permet à l'étang de retrouver son calme, les eaux s'éclaircissent et les réponses deviennent visibles.

Parfois, ce qui devient clair, c'est que maintenant n'est pas le bon moment de prendre cette décision, et le mieux est de la retarder. Un des commentaires les plus conscients que vous pouvez dire alors à une autre personne est : « Puis-je revenir vers toi dans un moment ? », ou « Laisse-moi y réfléchir un instant. » Vous pouvez ensuite répondre après quelques respirations, quelques heures ou même quelques jours. Souvent, cela interrompt votre « emploi du temps habituellement bien minuté ». En d'autres mots, prendre un moment pour réfléchir peut vous aider à voir au-delà de votre conditionnement habituel ou de vos réponses en pilotage automatique. Cela vous permet de prendre des décisions conscientes, de répondre d'une façon qui est préférable pour vous et votre bébé.

Parfois, je repense à la fin de ma propre grossesse lorsque je vivais une expérience douloureuse liée à ma grossesse qui se nomme le syndrome du tunnel carpien dans mes mains et dans mes bras. J'étais au supermarché et le vendeur me demanda : « Avez vous besoin d'aide avec vos courses ? » Alors que je me disais intérieurement : « Mon Dieu, ce ne sera pas une partie de plaisir de porter tous ces sacs jusqu'à ma voiture », j'ai répondu automatiquement non (sur base de vieilles idées, plutôt bien enracinées, qui ont à voir avec le féminisme et l'indépendance). Je me suis tournée vers la porte, et ensuite je me suis arrêtée et j'ai dit : « Tout compte fait, oui ! Oui, j'aimerais que quelqu'un m'aide avec ces sacs ! » Le fait d'avoir fait une pose et pris connaissance de mes réels besoins m'a aidée à prendre une nouvelle décision, basée sur ce qui se passait dans l'instant présent.

Être présente dans votre corps et connectée à votre bébé peut également vous aider à vous en tenir à la décision que vous avez prise d'une façon calme et assurée plutôt que d'être sur la défensive et peu sûre de vous. La pleine conscience dans le cadre de prise de décision peut en effet vous aider à vous assurer que vos décisions sont en accord avec vos valeurs, avec vos capacités réelles et avec ce que vous voulez être en tant que maman. La pleine conscience vous évite de prendre des décisions simplement basées sur le fait que la décision est familière ou confortable ou simplement parce que vous vous êtes dit que vous « devriez » vouloir ceci. Être pleinement consciente peut aussi vous aider à résister à la tentation de prendre des décisions prématurément parce qu'il vous serait inconfortable de rester dans l'ignorance.

Par exemple, une tendance à accepter chaque invitation par politesse, par obligation, par peur de rater une opportunité, peut être remplacée par une réponse basée sur vos besoins réels et ceux de votre famille. La pleine conscience peut vous aider à réaliser qu'une invitation ne vous convient pas là, maintenant : « En fait, ma fille a besoin de se reposer, mais nous serions très heureux d'organiser une après-midi de jeux plus tard cette semaine. » En un moment de pleine conscience, vous venez d'éviter de justesse une après-midi bizarre qui finit en désastre plutôt qu'un moment de qualité avec une amie et votre bébé. La pleine conscience peut vous aider à dépasser cette tendance habituelle à refuser l'aide des autres. Vous avez peut-être peur d'apparaître faible ou en détresse, ou vous êtes peut-être fière de votre indépendance. Cependant, lorsque vous vous recentrez sur le moment présent et la réalité de ce que vous et votre bébé avez besoin, vous serez capable de répondre différemment : « Tu sais, ce serait en réalité vraiment super si tu pouvais surveiller la petite Maggie pendant que je cours jusqu'à la banque. » Plutôt que d'agir en mode pilotage automatique et selon des vieux schémas qui ne nous sont plus utiles, prenez quelques respirations en pleine conscience afin de percevoir vos réels besoins du moment.

23 Manger en conscience

Pendant la grossesse et les mois qui suivent l'accouchement, manger prend une importance complètement différente. Il se peut que vous mangiez plus sainement qu'avant, ou que vous mangiez des aliments moins sains dont vous n'aviez pas l'habitude. Peut-être mangez-vous plus qu'auparavant. Peut-être que vous mangez moins ou que vous appréciez moins ce que vous mangez à cause de brûlures d'estomac, de reflux ou de nausées. Vous expérimentez peut-être des envies étranges comme le désir de viande rouge, d'un énorme pot de glace, ou de cornichons avec de la glace. Votre relation à la nourriture est peut-être conflictuelle à cause de la prise de poids durant la grossesse ou à cause de votre désir de perdre du poids après l'accouchement. Vous pouvez apprécier énormément de manger ou au contraire être complètement dégoûtée. La nourriture peut devenir un objet déclenchant de nombreuses pensées, émotions et sensations corporelles durant tout ce temps.

Apporter de la pleine conscience lorsque vous mangez peut vous aider non seulement pendant cette période particulière, mais aussi le reste de votre vie. La pleine conscience peut vous aider à ressentir plus exactement ce dont votre corps a besoin. En vous connectant à votre corps, vous pourrez déterminer plus précisément quand il a faim, soif ou a besoin de certains aliments. La pleine conscience peut également vous aider à déterminer plus facilement lorsque vous êtes satisfaite, lorsqu'il serait judicieux d'arrêter de manger plutôt que de continuer jusqu'au point d'être ballonnée. Vous pouvez sentir à quel point vous résistez à manger des aliments parce que vous mangez peu, ou parce que vous avez tendance à contrôler votre quantité de nourriture, ou parce que vous l'aimez fraîche et épicée. Toutes ces aptitudes peuvent émerger grâce à la pleine conscience.

Cette qualité de pleine conscience que vous avez appris à porter sur vos pensées, vos sentiments et vos sensations corporelles peut être portée sur les pensées, les sentiments et les sensations corporelles en lien avec la nourriture. Être présente lorsque vous mangez, approcher tout ce qui se passe dans votre esprit et dans votre corps avec une attitude non jugeante, de curiosité, et avec un intérêt doux et compatissant, peut vous aider à accueillir en conscience les changements qui émergent dans vos relations avec la nourriture. Vous pouvez accepter votre appétit vorace, votre dégoût pour certains aliments ou odeurs, votre colère et votre peur de prendre trop de poids, votre profond plaisir de la nourriture, avec compassion envers vous-même. Peu importe ce qui se passe pour vous lors du repas, permettez-vous simplement d'être présente. Essayez de cultiver l'esprit du débutant lorsque vous mangez mangez comme si c'était la première fois.

EXERCICE Manger avec l'esprit du débutant

Prenez une orange, une tangerine ou un pamplemousse et essayez cet exercice. Premièrement, commencez par prétendre que vous venez de Mars et que vous n'avez jamais vu cet étrange fruit rond. Tenez-le dans vos deux mains, sentez la texture de sa peau. Est-elle fraîche ? Lisse ? Grumeleuse ? Fermez les yeux et sentez le fruit avec vos deux mains, prenez note de tous les détails.

Portez-le à votre visage et sentez-le avec votre joue. Touchez-le avec vos lèvres, portez-le à vos narines. Inspirez profondément et respirez-le. Utilisez un ou deux mots pour décrire ce que vous constatez comme si vous alliez devoir rendre un rapport complet à vos compagnons restés dans l'OVNI. Placez-le contre l'une de vos oreilles et pressez-le un peu. Entendez-vous un son ?

Maintenant, commencez à peler le fruit tout doucement. Écoutez le son émis par l'épluchage. Prenez conscience des sensations au moment où vos doigts séparent la peau de la chair du fruit. Une fois encore inspirez profondément, et notez les odeurs qui varient à mesure que vous épluchez le fruit. Observez l'intérieur du fruit à mesure que vous l'épluchez.

Lorsque la pelure est enlevée, portez le fruit une fois de plus à votre nez et contre votre joue. Tournez-le dans vos mains. Commencez à séparer les quartiers. Continuez à être présente aux odeurs, à la sensation du fruit dans vos mains. Notez ce qui se passe en vous. Est-ce que votre bouche est en train de saliver ? Votre ventre de gargouiller ? Votre estomac de se retourner un peu ? Des nausées ? Laissez simplement les éléments être là, exactement comme ils sont. Lâchez prise de préférence en ce moment.

Maintenant, portez un quartier à vos lèvres. Mordez dedans. Notez ce qui se passe, à la fois à l'intérieur et à l'extérieur de vous. Pendant un moment, notez simplement si votre esprit évalue l'expérience positivement ou négativement. Vous pouvez noter ces pensées, mais essayez simplement de vous engager dans l'expérience de manger le fruit comme elle se présente. Vous n'avez rien d'autre à faire, nulle part où aller vous mangez entièrement et complètement dans ce moment. Mâchez doucement et laissez le fruit remplir complètement votre bouche. Notez vos observations lorsque vous mâchez, lorsque vous avalez, que ressentez-vous lorsque le fruit descend dans votre gorge, votre œsophage et votre estomac ?

Restez un moment avec l'expérience de « l'orange » ou du « pamplemousse ». Pensez un moment au trajet que le fruit a effectué pour arriver dans vos mains, pensez à sa croissance depuis une graine, en passant par un arbre, sa maturation, sa cueillette, puis son voyage sur de nombreux kilomètres peut-être avant d'arriver dans un magasin. Pensez au nombre de jours, à la quantité de soleil et d'eau, au nombre de personnes qui ont été impliquées dans l'acheminement de ce fruit pour qu'il se trouve dans vos mains et dans votre bouche en ce moment.

Certaines personnes sont impressionnées par cet exercice, d'autres sont agacées, irritées ou encore ennuyées. Mais la plupart découvrent de nombreux nouveaux éléments à propos de la nourriture et à propos du fruit, dont elles n'avaient jamais pris conscience auparavant. La pleine conscience ouvre les yeux sur un monde complètement nouveau de richesse et de profondeur dans les expériences les plus ordinaires. Elle peut même générer un niveau de gratitude et d'appréciation (deux réels antidépresseurs) pour les circonstances les plus banales.

Ce niveau de conscience lorsque vous mangez est une sorte de concentration. Vous pouvez essayer de porter ce genre de concentration à un repas tout entier si vous le souhaitez. C'est une expérience très intéressante ! Cependant, ce n'est par très réaliste pour la plupart de nos repas.

Ce que nous pouvons cependant entreprendre, c'est apporter une pleine conscience lorsque nous mangeons, qui permet de discuter à table tout en nourrissant le bébé et en permettant aux autres parties de notre expérience de coexister. Essayez cette méditation sur la nourriture :

Avant de choisir votre nourriture, prenez un moment pour être consciente de votre respiration. Ensuite, prenez quelques instants pour prendre conscience de toutes vos sensations corporelles. Utilisez brièvement la méditation décrite dans le chapitre 15 « Incarner sa maternité en pleine conscience ». Ensuite, *choisissez un aliment en réponse à ce que vous ressentez dans votre corps.* Vous pourriez être surprise de constater que vous n'avez peut-être envie que de fruits frais pour déjeuner. Vous pouvez réellement vouloir manger un paquet de chips. Vous pourriez avoir envie d'un double cheeseburger ou de calamars avec une salade d'algues dans votre restaurant japonais local. Prenez brièvement note de vos pensées, de vos croyances, ou de vos « je devrais » à propos de votre nourriture et laissez-les simplement passer. Ensuite, choisissez un repas que vous pouvez trouver le plus proche de ce que votre corps voulait.

Avant de commencer à manger, prenez quelques respirations et regardez réellement regarder votre repas. Pensez au trajet qu'il a effectué pour arriver jusque dans votre assiette. Imaginez rapidement les différentes étapes qui ont été nécessaires pour qu'il arrive jusqu'à vous et remerciez toutes les personnes qui ont été impliquées dans ce processus en n'oubliant pas de vous inclure. Prenez place dans votre corps et prenez une bouchée, savourez-la dans votre bouche avec une attitude de curiosité et d'intérêt. Prenez note du goût comme si vous n'aviez jamais mangé ce repas auparavant (même si

c'est le même plat de céréales que vous mangez depuis des années). Si vous devez manger rapidement, eh bien savourez rapidement chaque bouchée, soyez présente à ce que vous ressentez lorsque vous mangez. Si vous avez le temps de manger lentement, prenez-le.

Lorsque vous sentez la moindre sensation de satiété, arrêtez de manger. Attendez quelques minutes pour voir si vous souhaitez manger plus. Une fois encore, notez les pensées qui émergent éventuellement. Elles peuvent être du registre suivant : « Je devrais finir maintenant », ou « J'aurai peut-être faim plus tard et je n'aurai pas la possibilité de manger. » Notez ces pensées avec autant de compassion et de douceur que possible et laissez-les ensuite traverser votre esprit. Emballez votre repas pour plus tard, jetez-le ou prenez encore quelques bouchées. Ensuite, notez une fois encore les sensations.

Tout en terminant votre repas, portez votre attention sur votre respiration pendant quelques instants supplémentaires, consciente des différentes pensées et émotions présentes en ce moment. Notez simplement qu'elles sont là. « C'est merveilleux. », « J'ai trop mangé. », « Ouh, je me sens mal. », « Maintenant, je me sens fatiguée. » Restez présente avec ce qui est là et poursuivez votre journée.

24

La Brute, le Truand – sans oublier le Bon !

Une grande partie de ce livre et du programme « Vivre sa maternité en pleine conscience » se concentre sur l'intégration de la pleine conscience dans les moments difficiles, parce que c'est dans ces moments-là que la plupart des mamans ont le plus dur. Les difficultés peuvent signifier que vous avez perdu la connexion avec votre bébé, que vous vous êtes éloignée du moment présent et des sensations de votre corps, et que vous agissez contrairement à vos valeurs et aux buts que vous vous êtes fixés pour être la maman que vous voulez être.

Cependant, malgré l'emphase mise sur la gestion des moments difficiles, intégrer la pleine conscience dans les moments agréables de votre maternité *est tout aussi important*. Laissez-moi le formuler différemment :

> ***Intégrer la pleine conscience dans tous les moments d'admiration, d'étonnement, de joie, de gratitude, d'amusement ainsi que dans les innombrables autres moments agréables entre vous et votre bébé est*** **tout aussi important** ***que d'intégrer la pleine conscience dans les moments difficiles.***

Je vous ai dit qu'il est parfois plus facile d'être en pleine conscience quand les événements prennent la tournure désirée quand vous vous sentez tranquille, que vous êtes naturellement consciente, présente et connectée avec votre bébé. La vie est belle. Cependant, il peut parfois être plus difficile d'amener la pleine conscience dans les moments agréables.

La pleine conscience améliore votre maternité non seulement en vous fournissant de nouvelles stratégies pour gérer les schémas de pensées difficiles, les situations frustrantes et les sentiments douloureux, mais aussi en vous permettant d'être plus attentive et consciente dans les moments de joie et de satisfaction intense que la maternité vous apporte. L'augmentation de votre capacité à être pleinement consciente améliore la qualité de votre maternité en agissant sur votre lien avec votre bébé et sur la manière dont vous vivez votre maternité.

Ce qui est sûr, comme je l'ai déjà mentionné, c'est que nous sommes très performantes lorsqu'il s'agit de noter tous les éléments négatifs de notre environnement, à la fois dans l'instant présent et dans nos pensées à propos du passé et du futur. Notre attention est souvent attirée par les menaces potentielles, par ce qui n'est pas à sa place, ou par ce qui ne marche pas. Si vous vous sentez déjà démoralisée, ou si vous avez tendance à avoir des pensées dépressives, il vous est probablement plus facile de porter votre attention sur les événements négatifs de votre environnement et de vous rappeler les expériences négatives, plutôt que de porter votre attention ou de vous rappeler les événements agréables. Vous aurez peut-être besoin de vous entraîner à porter votre attention sur les moments agréables de l'instant présent et vous pouvez également repenser intentionnellement à ceux du passé. Ces expériences peuvent vous nourrir et être utilisées comme antidotes contre les moments les plus difficiles.

La roue qui grince

Votre attention n'est pas toujours tournée vers les menaces potentielles ou vers ce qui ne fonctionne pas. En fonction des circonstances et de votre tempérament, votre attention peut être attirée par ce qui prend *le plus* de place en vous ou par la sensation la plus intense dans votre champ de conscience, que ce soit positif ou négatif. Comme peut en témoigner quiconque vit avec une dépendance, l'utilisation de substances n'est pas seulement agréable parce qu'elle aide à supprimer des sentiments inconfortables ces substances vous submergent également d'un trop-plein de sensations extrêmement agréables (spécialement au début).

Il peut y avoir un tas de sensations dans votre champ de conscience, mais c'est souvent les plus intenses qui prennent toute votre attention. Souvent, les moments agréables sont écrasés par des expériences plus choquantes, plus surprenantes. Le plaisir que vous ressentez lorsqu'une brise légère vient souffler dans les cheveux en bataille de votre bébé et que vous vous penchez pour l'embrasser, ou encore ces moments de légèreté lorsque vous commencez à sentir votre bébé bouger dans votre ventre, ou ce mélange complexe de nostalgie larmoyante causée par vos hormones lorsque vous voyez une publicité qui laisse la plupart des femmes indifférentes. Cependant, des sensations subtiles peuvent contenir une richesse, une profondeur et une certaine finesse de vie lorsqu'on y porte attention.

La pleine conscience vous offre cette possibilité d'avoir un accès plus grand à ces expériences subtiles qui donnent, d'une certaine manière, du piment à la vie. Au travers des différents exercices, vous avez été invitée à observer vos pensées, vos sentiments, vos sensations comme des événements transitoires, les laissant traverser votre conscience. À force de pratique, vous serez de plus en plus amenée à être non seulement le témoin d'une émotion ou d'une sensation prédominante, mais aussi d'une quantité invraisemblable d'autres expériences qui se produisent dans le champ de votre conscience au même moment, dont certaines sont même contradictoires. Par exemple, l'ouverture de votre champ de conscience peut vous permettre d'apprécier de manger une pêche mûre lorsque vous êtes affamée à un point qui ne s'expérimente que lorsqu'on est enceinte ou qu'on allaite, même si vous avez une violente crampe dans le mollet et que vos chevilles sont gonflées comme des ballons.

La pleine conscience augmente également votre capacité à diriger le projecteur de votre attention là où vous le souhaitez plutôt que là où il est le plus attiré. Par conséquent, vous pouvez commencer à choisir quelle expérience vous souhaitez examiner avec attention ou explorer plus en profondeur. Loin de contrôler votre expérience ou de la transformer en quelque chose de différent, ce processus vous permet simplement de tourner un peu autour de marcher jusqu'à elle, de la vérifier, de l'observer sous un autre angle, et de sortir votre loupe pour regarder les plus petites expériences. Vous pouvez les voir et les ressentir même en les touchant très légèrement du bout des doigts, sans en fixer aucune, mais simplement en les observant avec curiosité.

Les sensations agréables, particulièrement lorsqu'elles sont plus subtiles, peuvent attirer moins facilement votre regard. C'est pourquoi vous y prêtez probablement moins attention. Vous pourriez remarquer que vous êtes détendue, que vous vous amusez, que vous êtes heureuse ou même joyeusement extatique. Cependant, il vous appartient de porter attention ou d'être pleinement consciente de ces moments de telle manière que vous puissiez en extraire tout le positif.

Folkman et Moskowitz (2000) suggèrent que les émotions positives ne sont pas seulement le pôle opposé aux émotions négatives. En réalité, les émotions positives et négatives courent le long de leur propre échelle, du bas vers le haut, de telle manière que vous puissiez en réalité vous évaluer sur les émotions positives et négatives en même temps ! Ces chercheurs ont émis l'hypothèse que, pour les personnes ayant été diagnostiquées avec le VIH, des niveaux élevés d'émotions négatives et de stress peuvent contribuer à une détérioration plus rapide de la santé et à une mortalité plus précoce. Cependant, ce qu'ils ont trouvé, c'est que le niveau d'émotions négatives n'avait pas réellement d'importance, et que ce qui en avait, c'était leur capacité à vivre leurs expériences agréables. Les personnes qui avaient des expériences agréables en plus de leurs expériences désagréables s'en sont mieux sorties que les personnes qui n'avaient pas autant d'expériences agréables. En d'autres mots, porter volontairement son attention sur les moments agréables vous permet d'avoir des sentiments heureux, mais c'est également bon pour votre santé.

Vous pouvez être pleinement consciente des moments agréables de votre vie exactement de la même manière que vous portez votre attention consciente sur les moments désagréables. Il n'y a aucune différence. La pleine conscience ne fait en réalité aucune différence entre les moments heureux et tristes. Elle traite chaque moment avec cette même observation non jugeante, curieuse, compatissante et douce. La pleine conscience est une opportunité qui traite de façon égale les différents moments. Elle ne rejette ou n'embellit aucune expérience en faveur ou au détriment d'une autre. La pleine conscience est une façon d'approcher toutes nos expériences avec cette même qualité d'attention, sans tenir compte du contenu de ces expériences. Donc, lorsque ces moments agréables se produisent naturellement, penchez-vous vers eux !

EXERCICE

Pleine conscience des moments merveilleux

Lorsqu'un moment agréable se produit durant votre grossesse ou après l'accouchement, utilisez ce signal pour apporter la pleine conscience dans ce moment. Remarquez votre souffle qui entre et sort. Dirigez votre attention sur votre corps, portez votre conscience au centre de votre ventre, plongez profondément dans votre corps amenez votre conscience dans l'instant présent. Notez ce que vous voyez, ce que vous entendez, ce que vous touchez, ce que vous sentez et ce que vous goûtez. Observez ce que vous ressentez émotionnellement. Sans aller dans des pensées décousues ou des histoires à propos de ce que vous vivez, il est parfois utile de noter d'un mot chacune de ces sensations. Chaud. Détendue. Amoureuse. Reconnaissante. Yeux bleus. L'odeur du bébé. Observez votre expérience avec curiosité. Ouvrez votre cœur à ce qui se passe maintenant, dans le moment, en vous, entre vous et votre bébé. Permettez à votre expérience de vous nourrir. Et tenez-la légèrement, comme pour toutes les autres expériences, elle naîtra, atteindra un sommet et puis disparaîtra.

Conclusion
Vivre sa maternité en pleine conscience et après

Vivre sa maternité en pleine conscience est avant tout une façon d'approcher vos expériences durant votre grossesse et le début de votre maternité avec douceur et bienveillance. C'est être capable d'être de plus en plus souvent dans le moment présent, dans votre corps, et en contact nourrissant avec votre bébé, peu importe ce qu'il se passe. C'est observer ce qui se passe au niveau de vos pensées, de vos sentiments et de vos sensations corporelles avec moins de jugements sur le fait qu'ils soient justes ou faux, bons ou mauvais. C'est approcher les situations rencontrées durant la grossesse, l'accouchement et le début de votre maternité le bon, la brute et le truand avec une volonté de les rencontrer comme ils sont.

Ce livre est conçu pour que vous passiez plus de temps dans ce moment, que vous soyez avec votre bébé ou avec votre partenaire, au travail ou que vous marchiez dans la rue. Même si vous ne pratiquez qu'un tout petit peu chaque jour, vous développerez cette capacité à être en pleine conscience se pencher pour observer toutes les sensations, pensées et sentiments qui émergent et disparaissent dans une rivière d'expériences qui coule en continu, à la fois en tant que maman et pour le reste de votre vie. Quand vous pratiquez la pleine conscience, que ce soit au travers des vingt minutes de conscience de la respiration (chapitre 2), par le yoga en pleine conscience (chapitre 4), à travers la conscience de vos sensations corporelles (chapitre 15), ou que vous portiez intentionnellement votre attention sur vos activités du quotidien, vous passez plus de temps à *être*, en plus de penser et de faire. Vous devenez chaque jour plus familière avec ce territoire de la pleine conscience et vous êtes de plus en plus capable de naviguer au travers de la vie d'une manière consciente.

À partir de cet endroit de présence, de conscience, de connexion et de volonté d'accueillir les situations comme elles sont, vous deviendrez de plus en plus souvent capable de répondre aux situations comme elles se présentent plutôt que de réagir aux histoires à propos de ces situations ou à partir de votre désir qu'elles soient différentes. Vous prendrez des décisions et agirez de plus en plus en phase avec vos valeurs, et vous refléterez la maman que vous voulez être.

En tant que maman qui pratique la pleine conscience, vous aurez une capacité croissante à tolérer les inconforts, les vôtres, mais aussi ceux de votre bébé. Le large récipient dont vous disposez et qui contient toutes vos pensées, vos sentiments, vos sensations vous donnera l'opportunité de ne pas vous engager nécessairement dans des comportements malsains (manger, dépenser, travailler à outrance, être furieuse ou consommer des substances), dans le but d'essayer de gérer les sentiments ou les schémas de pensées difficiles. Vous pourrez, de plus en plus souvent, laisser les moments intenses émerger, prendre forme, atteindre un sommet et vous évanouir, un peu à l'image d'une vague dans l'océan ou comme une tempête.

À mesure que vous commencez à approcher vos expériences avec plus de curiosité (« Comment cela va-t-il se passer cette fois-ci ? »), vous développerez une volonté d'essayer de nouvelles choses, basée sur ce que la situation demande. Lorsque vous adoucissez cette lutte avec les situations qui sont comme elles sont, vous libérerez de l'énergie pour être plus pleinement présente et vous engager envers vous-même, votre bébé et les autres. Vivre sa maternité en pleine conscience vous place au milieu de l'action, laquelle est toujours ici, dans l'instant présent, et vous permet de répondre consciemment à tout ce qui se présente.

Et au fur et à mesure où vous devenez plus consciente de la conscience elle-même, de cet espace vaste et illimité dans lequel toutes nos expériences ont lieu, vous pourrez commencer à ressentir un sentiment de paix et de bien-être qui est indépendant des circonstances. *Cette conscience vous montre qui vous êtes.* Vous êtes celle qui est consciente de tous les contenus de vos expériences chaque fois que vous entendez votre bébé gazouiller ou pleurer, chaque fois que vous sentez les larmes vous monter aux yeux, chaque fois que votre cœur se remplit de joie à la vue de votre bébé heureux et en bonne santé ou chaque fois qu'il se serre à la vue de la détresse de votre bébé, vous êtes celle qui sait que tout ceci se passe réellement. Et lorsque vous vous situez de plus en plus souvent dans cet endroit de connaissance, cela peut créer toute la différence.

Comme le dit Jon Kabat-Zinn, le créateur du programme MBSR (Mindfulness-Based Stress Reduction ; Réduction du stress par la pleine conscience) :

> Ainsi, dans chaque moment, quoi qu'il se passe, nous pouvons toujours reprendre contact avec nous-mêmes et observer. Est-ce que la conscience s'inquiète ? Est-ce que la conscience se perd dans la colère, l'avidité ou la douleur ? Ou est-ce que la conscience mise dans chaque moment, même le plus insignifiant, sait simplement, et en connaissant, nous libère ? Interrogez-vous.
>
> De par mon expérience, c'est la conscience qui nous ramène à nous. C'est la seule force que je connais capable de réaliser cette performance. C'est la quintessence de l'intelligence physique, émotionnelle et morale. Elle donne l'impression de devoir être évoquée, mais en réalité elle est présente ici tout le temps et ne demande qu'à être découverte, embrassée, et de s'y installer. C'est à ce moment que le raffinage se fait, dans le souvenir. Et ensuite, dans le laisser-aller et dans le laisser-être, le repos, selon les mots du grand poète japonais Ryokan, « juste ceci, juste ceci. » C'est ce qu'il veut dire par pratiquer la pleine conscience. (2006, p. 4)

Entretenir le jardin d'une maternité en pleine conscience

Beaucoup des qualités que j'ai évoquées tout au long de ce livre peuvent être cultivées, mais elles n'ont pas besoin d'être fabriquées ou créées (si tant est qu'elles puissent l'être). Vous ne pouvez pas les faire apparaître. Par contre, ce que vous pouvez tenter, c'est de fournir les conditions qui sont les plus propices à ces façons d'être.

C'est un peu comme pour cultiver votre jardin, vous ne pouvez pas forcer une graine à germer en l'ouvrant vous-même, pas plus que vous ne pouvez la faire grandir en tirant sur la tige vers le haut. Ce que vous pouvez entreprendre, par contre, c'est de fournir une terre riche en nutriments, en eau, en soleil et enlever parfois les herbes autour de la plante.

Dans votre cas, quels sont les nutriments dont vous avez besoin pour continuer à croître dans la pleine conscience en tant que maman ? Qu'est-ce qui vous aide à être bienveillante envers vous-même, à arrêter de perdre de l'énergie à lutter contre ce qui est ? Qu'est-ce qui vous aide à être plus présente dans le moment, dans votre corps, et en connexion avec votre bébé ?

Vous n'avez *besoin* de rien pour cultiver la pleine conscience, mais il existe des outils qui peuvent vous faciliter la tâche. Par exemple :

- Se consacrer un petit moment de tranquillité chaque jour ou, si vous n'avez pas la possibilité d'être seule, prendre intentionnellement un moment de pause avec votre bébé ou votre famille.
- Lire des livres, visiter des sites internet ou écouter des conférences qui vous inspirent.
- Passer du temps dans la nature, travailler dans le jardin, planter un arbuste, des légumes ou des fleurs dans un bac, passer du temps avec son animal de compagnie.
- Avoir au moins une amie qui est douce, gentille et qui sait écouter, mais qui est aussi honnête avec vous et sait comment mettre des limites.
- En apprendre davantage sur la méditation, pratiquer en groupe, rejoindre un cours de yoga.

- Établir un espace, même petit, chez vous pour pratiquer la pleine conscience, placer sur vos murs des citations inspirantes, installer une sculpture, une pierre ou un objet sacré dans un petit coin, sur votre bureau ou sur votre table de nuit.
- Déposer des rappels dans votre environnement pour vous inviter à pratiquer la pleine conscience. Des objets tels que des citations, des photos, ou même un bracelet ou un collier que vous portez pour vous rappeler votre intention de cultiver la pleine conscience durant votre maternité. Remplacez et intervertissez ces rappels de temps à autre parce qu'au bout d'un certain temps ils perdent leur capacité à être des signaux et deviennent des éléments communs de votre environnement.

Maintenant, quelles sont les herbes envahissantes ou les éléments de votre quotidien qui réduisent votre capacité à vivre votre maternité en pleine conscience ? Dans quelles conditions avez-vous tendance à être dure, critique ou jugeante envers vous-même et les autres ? Avez-vous besoin de « retirer » de votre vie certaines personnes ou environnements, ou de réduire vos contacts avec eux ? Est-ce que vos attentes en ce qui vous concerne sont si hautes que vous échouerez à les atteindre, vous laissant une large opportunité de vous critiquer ? Avez-vous prévu tant d'activités qu'elles vous prennent toute votre attention pour les accomplir, ne vous laissant aucun moment pour être simplement ? Avez-vous des distractions, des habitudes ou des compulsions qui se mettent en travers de votre chemin pour être pleinement consciente (trop de TV, de substances, de publicités) ? Notez certaines de ces activités qui vous rendent la tâche plus compliquée :

- Attendre de vous que vous soyez parfaite ou établir des objectifs non réalistes à propos de la méditation, de la nourriture, de la carrière, de vos activités sportives ou de la maternité.
- Passer trop de temps avec une personne qui critique beaucoup ou avec des gens qui jugent constamment.
- Les environnements chaotiques ou les situations abusives.
- Trop d'activités, ne vous laissant aucun moment libre et non organisé.

Il est possible que certains de ces exemples ne soient pas sous votre contrôle. Vous n'êtes peut-être pas en mesure de supprimer certains éléments de votre environnement et vous n'avez peut-être pas la possibilité de vous créer du temps pour être seule ou de l'espace pour pratiquer à la maison. Il n'y a *aucune condition sine qua non* pour vivre sa maternité en pleine conscience. Vous pouvez être pleinement consciente dans les circonstances les plus chaotiques et difficiles et cela vous offrira une certaine clarté et un certain refuge. Cependant, dans ces situations où vous avez un certain contrôle, essayez d'être un peu plus indulgente envers vous-même.

Enfin, à l'image des tuteurs dans votre jardin, quels soutiens vont vous permettre de faire croître cette graine de la pleine conscience ? Qu'est-ce qui pourra vous apporter un appui ou une aide ? Lorsque vous regardez honnêtement la situation (comme elle est, sans jugement), existe-t-il une aide spécifique dont vous avez besoin ? Avez-vous besoin d'un thérapeute, d'un prêtre, d'un enseignant de méditation, ou de quelqu'un qui aurait emprunté le même chemin que vous auparavant ? Est-ce que le fait de rejoindre un groupe de parole pour jeunes mamans peut vous aider ? Consultez éventuellement le site internet mindfulmotherhood.org pour y trouver de l'aide, mais cherchez-en d'autres si nécessaire.

Le mot de la fin est d'être douce envers vous-même. Il existe un nombre illimité d'opportunités pour cultiver la pleine conscience durant votre grossesse, votre accouchement, votre parentalité et tout le reste de votre vie. La plupart des éléments dont j'ai parlé dans ce livre vous viendront naturellement, et plus que tout, les informations que j'ai essayé de vous transmettre sont simplement des rappels pour rester authentique face à ce qui est le plus réel à chaque moment. Restez fidèle à votre centre (votre respiration, votre corps, votre connexion avec votre bébé), à cette partie de vous qui est éveillée, consciente. Vivez chaque moment de votre maternité comme si c'était la première fois. Plutôt que de le considérer comme un projet énorme ou un effort intense, « Vivre sa maternité en pleine conscience », c'est vous donner la permission de vous poser dans ce moment… dans celui-ci… et dans celui-ci. Posez-vous dans ce qui se passe, quoi qu'il se passe, et explorez les aventures de la maternité avec une ouverture du regard, une ouverture de l'esprit et une ouverture du cœur.

Ressources

Voici quelques ressources que vous pourrez trouver utiles si vous désirez en apprendre davantage sur la manière dont la pleine conscience, la conscience du moment présent ou les pratiques contemplatives peuvent améliorer votre bien-être.

Center for Mindfulness in Medicine, Health Care, and Society (Centre anglophone pour la pleine conscience)

Le programme de réduction du stress par la pleine conscience (MBSR) est peut-être la forme séculaire d'enseignement de la pleine conscience la plus connue. Ce programme est disponible maintenant dans les principaux centres médicaux à travers les États-Unis, il prend la forme de classes qui ont lieu une fois par semaine pendant trois heures durant huit semaines, avec en plus une journée entière de pratique. Pour en apprendre davantage ou trouver un cours MBSR près de chez vous, allez sur le site internet.

www.umassmed.edu/cfm

Association pour le Développement de la Mindfulness (Europe francophone)

L'ADM est une association née en 2009 dans le but de promouvoir et diffuser auprès du grand public les actions autour de l'utilisation de la pleine conscience comme outil de mieux être, en dehors de tout contexte religieux. La MBSR (Mindfulness-Based Stress Reduction) pour la réduction du stress ou la MBCT (Mindfulness-Based Cognitive Therapy) pour la prévention de la rechute dépressive sont des programmes reposant sur la pleine conscience. Ils ont de plus en plus leur place dans le soin de la souffrance physique ou psychique et leur intérêt a été validé scientifiquement dans de nombreux domaines. L'ADM met donc en lien les professionnels des trois pays francophones européens (Belgique, France et Suisse) pour leur permettre d'échanger sur leurs pratiques et leurs dernières recherches. Elle organise des conférences sur ces sujets et oriente le public vers ceux qui instruisent des groupes, notamment grâce à l'annuaire de ses membres. Ainsi, elle offre un espace de réflexion, mais aussi de pratique. Pour ceux qui veulent aller plus loin dans la pratique de la pleine conscience, l'ADM organise régulièrement des retraites silencieuses avec des intervenants qui ont une expérience reconnue de méditation.

www.association-mindfulness.org

La Thérapie cognitive basée sur la pleine conscience

Si vous avez vécu une dépression, vous pourriez envisager de participer à un programme de thérapie cognitive basée sur la pleine conscience (MBCT), lequel est conçu pour aider les personnes qui ont souffert de périodes récurrentes de dépression ou de tristesse chroniques. Ce programme combine les idées de la thérapie cognitive avec des pratiques méditatives et les attitudes basées sur la culture de la pleine conscience. Le programme MBCT a été développé par Zindel Segal, Mark Williams et John Teasdale sur base du programme MBSR de Jon Kabat-Zinn.

Site anglophone : www.mbct.com

Site francophone : http://www.cps-emotions.be/mindfulness

Ressource Mindfulness (Genève, Suisse)

Ressource Mindfulness est un centre créé en 2009 et qui a pour objectif de proposer des interventions basées sur la pleine conscience. Il dispose d'une équipe de professionnels formés à la pleine conscience selon la démarche de Jon Kabat-Zinn, ainsi que dans d'autres domaines comme la psychologie, la pédagogie, les thérapies corporelles, la santé publique, les ressources humaines. Vous pouvez ainsi participer à des interventions basées sur la pleine conscience comme la MBSR, la MBCT, la pleine conscience dans le monde du travail, les professionnels de la santé, la douleur chronique, les sportifs de haut niveau, les adolescents… La mission du centre est d'identifier les besoins, d'élaborer un dispositif d'intervention adapté et d'accompagner.

http://www.ressource-mindfulness.ch

Préparation à la naissance et à la parentalité basée sur la pleine conscience (Genève, Suisse)

Pour les futurs parents

Destinés aux futurs parents, des cycles de cours de préparation à la naissance et à la parentalité basés sur la pleine conscience sont donnés dans le cadre de la formation des étudiantes sages-femmes à la Haute École de Santé de Genève.

http://www.heds-ge.ch/portail/welcome.nsf/pages/mindfulnessF

Pour les professionnels de la périnatalité

L'Université et la Haute École de Santé de Genève offre aux professionnels une formation continue post-diplôme en « Approches basées sur la pleine conscience ».

http://www.heds-ge.ch/portail/welcome.nsf/pages/fc_mindfulnessF

Le Village des Pruniers Centre de retraite (France)

Le Village des Pruniers est un lieu de retraite situé à Thénac (près d'Angoulême, France) où l'on peut se ressourcer, respirer, sourire et prendre le temps de poser un regard profond sur nos actes quotidiens : s'asseoir, marcher, parler, écouter, laver la vaisselle, répondre au téléphone... Mais c'est aussi plusieurs centaines de Sanghas dans le monde entier, qui pratiquent en groupe la pleine conscience et mettent en application les enseignements de Thich Nhât Hanh.

http://villagedespruniers.net

Le centre de méditation Spirit Rock et la méditation Vipassana (Californie, États-Unis)

Si vous êtes intéressée d'en apprendre davantage sur la méditation de pleine conscience ou si vous souhaitez participer à une retraite de méditation dans laquelle vous pratiquez la méditation de pleine conscience avec des enseignants qualifiés durant un à dix jours, je vous invite à prendre connaissance du calendrier des retraites du Centre de méditation Spirit Rock sur la côte ouest des États-Unis ou dans le centre de méditation Vipassana à Barre, MA.

www.spiritrock.org

www.dharma.org/ims

WiseBraine.org (site anglophone)

Visitez ce site internet pour son abondance de « nouvelles et outils pour le bonheur, l'amour et la sagesse » au point de rencontre de la psychologie, des neurosciences et de la pratique contemplative.

www.wisebrain.org

Archives de reportages vidéo sur « Nouvelle Terre » (site anglophone)

Une série de dix interviews en profondeur avec Eckhart Tolle, auteur des livres *Le pouvoir du moment présent* (1999) et *Nouvelle Terre : l'avènement de la conscience humaine* (2005). Ces archives reprennent aussi des exercices, des salles de discussions et vous enseigneront tout ce que vous avez toujours voulu savoir sur la conscience de l'instant présent. Le matériel est téléchargeable et les textes sont disponibles. Cherchez « New Earth » sur le site :

www.oprah.com.

Collaborateurs

Cassandra Vieten, Ph.D.

Cassandra Vieten, Ph.D., est licenciée en psychologie clinique, directrice de recherche à l'Institut des sciences noétiques, codirectrice du groupe de recherche Mind Body Medicine au California Pacific Medical Center Research Institute à San Francisco, Californie, et coprésidente de l'Institut de spiritualité et psychologie. Sa recherche s'est centrée sur les approches de la pleine conscience afin de cultiver un équilibre émotionnel. Elle étudie son implication dans le domaine de la biologie, de la psychologie et dans le cadre des émotions en cas de dépendance et de sevrage. Elle étudie aussi l'impact de la compassion et de la croyance dans la guérison ainsi que les facteurs, les expériences et les pratiques impliqués dans la transformation psychospirituelle. Elle a publié plusieurs articles et chapitres académiques, a présenté dans de nombreuses conférences scientifiques internationales et elle est coauteur de *Living Deeply: The Art & Science of Transformation in Everyday Life* (Oakland, CA: New Harbinger Publications, 2007).

Sylvia Borstein, Ph.D.

Sylvia Boorstein, Ph.D., l'auteur de la préface, est une enseignante fondatrice du Centre de méditation Spirit Rock, psychothérapeute, épouse, maman et grand-mère. Elle est l'auteur de plusieurs livres dont *La vision bouddhiste du bonheur : c'est plus simple que vous ne le pensez* (Saint-Jean-de-Braye, Dangles, 2000, trad. de l'américain par Marianne Coulin) et *Happiness Is an Inside Job: Practicing for a Joyful Life* (New York: Ballantine Books, 2007).

John Astin

John Astin a offert certaines poésies présentes dans ce livre. Il vit au nord de la Californie avec son épouse et sa fille. Parallèlement à son travail en tant que scientifique qui étudie le rôle des pratiques méditatives en médecine et dans les soins de santé, il écrit des chansons, il est musicien professionnel et auteur du livre *Too Intimate for Words* (2005) et *This Is Always Enough* (2007). Il écrit également des poèmes et fait de la prose sur la nature non dualiste de la conscience.

www.integrativearts.com

Jnana Gowan et Powerhouse Yoga

Jnana Gowan, directrice de Powerhouse Education and Seminars, a développé la série de yoga présentée au chapitre 4 de ce livre. Jnana propose des retraites et des séminaires ainsi que des programmes éducatifs pour les enfants et les adultes dans différents domaines. Ses spécialités sont les classes de yoga prénatal basé sur la pleine conscience, des séminaires sur la réduction du stress en entreprise, et des retraites bien-être pour femmes. Une de ses activités préférées dans la vie est son programme de yoga pour les enfants en maternelle qui s'appelle « Le Yoga pour les petits lapins ».

www.powerhed.com

Joanne Le Cocq-Productions Wild Rooster

Joanne Le Cocq, illustratrice de la série de yoga de ce livre, est une fière maman de deux garçons merveilleux, Frank et Evan. Joanne est une célèbre styliste indépendante et artiste qui travaille dans l'industrie du divertissement en Californie du Sud.

www.wildroosterproductions.com

Catherine Verhaeghe Mindful living

Catherine Verhaeghe, traductrice du livre *Vivre sa maternité en pleine conscience*, est maman de trois enfants, Arthur, Théo et Zoé. Elle est docteur en sciences et instructeur MBSR (Méditation de pleine conscience). Elle anime, en France et en Suisse francophone, des groupes MBSR, des formations de pleine conscience en lien avec le monde du travail et la famille.

www.mindful-living.fr

Références

Astin, J. A. (1997). Stress reduction through mindfulness meditation: Effects on psychological symptomatology, sense of control, and spiritual experiences. *Psychotherapy and Psychosomatics*, 66 (2) 97-106.

Begley, S. (2007). *Train Your Mind, Change Your Brain: How a New Science Reveals Our Extraordinary Potential to Transform Ourselves*. New York: Ballantine Books.

Boorstein, S. (2005). Many thanks. Shambhala Sun, May. En ligne : http://www.shambhalasun.com/index.php ?option=com_contentandtask=viewandid=2253andItemid =243 (consulté le 7 août 2008).

Boorstein, S. (2007). *Happiness Is an Inside Job: Practicing for a Joyful Life*. New York: Ballantine Books.

Brazelton, T. B., Cramer, B. G. (1991). *The mother-baby relationship: stages in early interaction*. Excerpted with permission from The Earliest Relationship: Parents, Infants, and the Drama of Early Attachment. Cambridge, MA: Perseus Books Group, Da Capo Press. En ligne : http://life.familyeducation.com/infant/mothers/40413.html (consulté le 7 août 2008).

Buss, K. A., Schumacher, J. R. M., Dolski, I., Kalin, N. H., Goldsmith, H. H., Davidson, R. J. (2003). Right frontal brain activity, cortisol, and withdrawal behavior in 6-month-old infants. *Behavioral Neuroscience*, 117 (1) 11-20.

Carlson, L. E., Speca, M., Patel, K. D., Goodey, E. (2003). Mindfulness-based stress reduction in relation to quality of life, mood, symptoms of stress and immune parameters in breast and prostate cancer outpatients. *Psychosomatic Medicine*, 65, 571-581.

Carlson, L. E., Ursuliak, Z., Goodey, E., Angen, M., Speca, M. (2001). The effects of a mindfulness-meditation-based stress-reduction program on mood and symptoms of stress in cancer outpatients: 6-month follow-up. *Support Care Cancer*, 9 (2) 112-123.

Carlson, L. E., Garland, S. N. (2005). Impact of mindfulness-based stress reduction (MBSR) on sleep, mood, stress and fatigue symptoms in cancer outpatients. *International Journal of Behavioral Medicine*, 12 (4) 278-285.

Chodron, P. (2000). *When Things Fall Apart: Heart Advice for Difficult Times*. Boston: Shambhala Publications.

Chodron, P. (2003). Talking to ourselves. Shambhala International. En ligne : http://www.shambhala.org/teachers/pema/talking.php (consulté le 7 août 2008).

Chodron, P. (2004). *Bien-être et incertitude : Cent huit enseignements.* Paris : La Table Ronde.

Chodron, P. (2007a). The practice of compassion. Shambhala International. En ligne : http://www.shambhala.org/teachers/pema/compassion.php (consulté le 7 août 2008).

Chodron, P. (2007b). *The Places That Scare You: A Guide to Fearlessness in Difficult Times.* Boston: Shambhala Publications.

Chodron, P. (2008). *Comfortable with Uncertainty: 108 Teachings on Cultivating Fearlessness and Compassion.* Boston: Shambhala Publications.

Dass, Ram (1971). *Be Here Now.* San Cristobal, NM: Lama Foundation.

Davidson, R. J., Kabat-Zinn, J., Schumacher, J., Rosenkranz, M., Muller, D., Santorelli, S. F., Urbanowski, F., Harrington, A., Bonus, K., Sheridan, J. F. (2003). Alterations in brain and immune function produced by mindfulness meditation. *Psychosomatic Medicine*, 65: 564-570.

Ellis, D. (2006). Falling Awake. Workshop at the Institute of Noetic Sciences, Petaluma, CA.

Faizal-Cury A. & Menezes R.P. (2007). « Prevalence of anxiety and depression during pregnancy in a private setting sample ». *Archive of Women's mental Health.* 10, p. 25-32.

Folkman, S., Moskowitz, J. T. (2000). Positive affect and the other side of coping. *American Psychologist*, 55: 647-654.

Gangaji (2002). Interview by C. Vieten and T. Amorok. Video recording. November 20. San Anselmo, CA.

Gavin *et al.* (2005) « Perinatal depression : a systematic review of prevalence and incidence ». *Obstetrics and Gynecology.* 106. p. 1071-1083.

Gavin N. I., Gaynes, B. N., Lohr, K. N., Meltzer-Brody, S., Gartlehner, G., Swinson, T. (2005). Perinatal depression: A systematic review of prevalence and incidence. *Obstetrics and Gynecology*, 106 (5:1): 1071-1083.

Grossman, P., Niemann, L., Schmidt, S., Walach, H. (2004). Mindfulness-based stress reduction and health benefits: A meta-analysis. *Journal of Psychosomatic Research*, 57: 35-43.

Hanson, R., Mendius, R. (2007). The neurology of awakening: Using the new brain research for happiness, love, and wisdom. En ligne : http://www.wisebrain.org/Wise BrainMethods.pdf (consulté le 7 août 2008).

Hassan, E. (2006). Recall bias can be a threat to retrospective and prospective research designs. *The Internet Journal of Epidemiology*, 3 (2).

Hofmann Stefan G. *et al.* « The Effect of Mindfulness-Based Therapy on Anxiety and Depression: A Meta-Analytic Review », *Journal of Consulting and Clinical Psychology.* 4, 78/2, p. 169–183.

Hopkins J., Marcus, M., Campbell, S. B. (1984). Postpartum depression: a critical review. *Psychological Bulletin*, 95: 498-515.

Huber, C. (2003). *When You're Falling, Dive : Acceptance, Freedom, and Possibility.* Murphys, CA: Keep It Simple Books.

Huber, C. (2007). There is nothing wrong with us. In *Fabric of the Future: Women Visionaries Illuminate the Path to Tomorrow*, edited by M. J. Ryan. Berkeley, CA: Conari Press. En ligne : http ://www.cherihuber.com/fabric2.html (consulté le 7 août 2008).

Kabat-Zinn, J. (1982). An outpatient program in behavioral medicine for chronic pain patients based on the practice of mindfulness meditation: Theoretical considerations and preliminary results. *General Hospital Psychiatry*, 4 (1) 33-47.

Kabat-Zinn, J. (2006). *Coming to Our Senses: Healing Ourselves and the World Through Mindfulness*. New York: Hyperion.

Kagan, J., Snidman, N., Zentner, M., Peterson, E. (1999). Infant temperament and anxious symptoms in school age children. *Development and Psychopathology*, 11: 209-224.

Kenny, M. A., Williams, J. M. (2007). Treatment-resistant depressed patients show a good response to mindfulness-based cognitive therapy. *Behavior Research and Therapy*, 45 (3) 617-625.

Ma, S., Teasdale, J. (2004). Mindfulness-based cognitive therapy for depression: Replication and exploration of differential relapse-prevention effects. *Journal of Consulting and Clinical Psychology*, 72 (1) 31-40.

Minor, H. G., Carlson, L. E., Mackenzie, M. J., Zernicke, K., Jones, L. (2006). Evaluation of a mindfulness-based stress reduction (MBSR) program for caregivers of children with chronic conditions. *Social Work Health Care*, 43 (1) 91-109.

Neff, K. (2003a). The development and validation of a scale to measure self-compassion. *Self and Identity*, 2: 223-250.

Neff, K. (2003b). Self-compassion: An alternative conceptualization of a healthy attitude toward oneself. *Self and Identity*, 2: 85-102.

Neff, K., Kirkpatrick, K. L., Rude, S. S. (2008). Self-compassion and adaptive psychological functioning. *Journal of Research in Personality*, 41 (1) 139-154.

Nolen-Hoeksema, S. (2000). The role of rumination in depressive disorders and mixed anxiety/depressive symptoms. *Journal of Abnormal Psychology*, 109: 504-511.

Razurel C. *et al.* (2011). « Stress, soutien social et stratégies de coping : quelle influence sur le sentiment de compétence parental des mères primipares ? », *Recherche en soins infirmiers*, 3, 106, p. 47-58.

Rosenzweig, S., Reibel, D. K., Greeson, J. M., Brainard, G. C., Hojat, M. (2003). Mindfulness-based stress reduction lowers psychological distress in medical students. *Teaching and Learning in Medicine*, 15 (2) 88-92.

Segal, Z., Williams, M., Teasdale, J. D. (2002). *Mindfulness-Based Cognitive Therapy for Depression: A New Approach to Preventing Relapse*. New York: Guilford Press.

Sephton S. E., Salmon, P., Weissbecker, I., Ulmer, C., Floyd, A., Hoover, K. (2007). Mindfulness meditation alleviates depressive symptoms in women with fibromyalgia: Results of a randomized clinical trial. *Arthritis Care and Research*, 57: 77-85.

Shapiro, S. L., Schwartz, G. E., Bonner, G. (1998). Effects of mindfulness-based stress reduction on medical and premedical students. *Journal of Behavioral Medicine*, 21 (6) 581-599.

Siegel, D., Hartzell, M. (2004). *Parenting from the Inside Out*. New York: Tarcher.

Speca, M., Carlson, L. E., Goodey, E., Angen, M. (2000). A randomized, wait-list controlled clinical trial: the effect of a mindfulness meditation-based stress reduction program on mood and symptoms of stress in cancer outpatients. *Psychosomatic Medicine*, 62 (5) 613-622.

Stern, D. (1974). The goal and structure of mother-infant play. *Journal of the American Academy of Child Psychiatry*, 13: 402-421.

Stern, D. (1985). *The Interpersonal World of the Infant*. New York: Basic Books.

Teasdale, J. D., Segal, Z. V., Williams, J. M., Ridgeway, V. A., Soulsby, J. M., Lau, M. A. (2000). Prevention of relapse/recurrence in major depression by mindfulness-based cognitive therapy. *Journal of Consulting and Clinical Psychology*, 68 (4) 615-623.

Teasdale, J., Moore, R., Hayhurst, H., Pope, M., Williams, S., Segal, Z. V. (2002). Metacognitive awareness and prevention of relapse in depression: Empirical evidence. *Journal of Consulting and Clinical Psychology*, 70 (2) 275-287.

Tolle, E. (1999). *The Power of Now: A Guide to Spiritual Enlightenment*. Novato, CA: New World Library.

Vieten, C., Astin, J. (2008). Effects of a mindfulness-based intervention during pregnancy: Results of a pilot study. *Archives of Women's Mental Health*, 11: 67-74.

Winnicott, D. (1956). *Collected Papers: Through Paediatrics to Psychoanalysis*. London: Hogarth.

Winnicott, D. (1960). The theory of the parent-child relationship. *International Journal of Psychoanalysis*, 41: 585-595.

Winnicott, D. (1967). Mirror-role of the mother and family in child development. In The *Predicament of the Family: A Psycho-Analytical Symposium*, edited P. Lomas. London: Hogarth.

Winnicott D.W. (2006). *La mère suffisamment bonne*. Paris : Payot.

À propos de l'Institute of Noetic Sciences (IONS)

Noetic Books est une marque de l'Institute of Noetic Sciences (IONS), qui a été fondé en 1973 par l'astronaute Apollo 14 Edgar Mitchell. IONS est une organisation de recherche sans but lucratif 501(c)(3), d'éducation et d'adhésion dont la mission est de faire avancer la science de la conscience et l'expérience humaine qui sert à la transformation individuelle et collective. « Noétique » vient du mot grec *nous*, qui signifie « esprit intuitif » ou « savoir intérieur ». Les domaines principaux de l'Institut sont la conscience de la guérison, les capacités humaines étendues et les visions du monde émergentes. Les travaux spécifiques de l'Institut sont les suivants :

- Le financement et la participation dans des projets de recherche originaux.
- La publication trimestrielle du magazine *Shift: At the Frontiers of Consciousness.*
- Le programme d'adhésion mensuel Shift in Action et ses sites internet associés, www.shiftinaction.com.
- La présentation et le cofinancement de conférences et d'ateliers régionaux et internationaux.
- L'hébergement de séminaires et d'ateliers dans son centre de retraite sur site, localisé sur 200 ares à 30 minutes au nord de San Francisco.
- Le soutien d'un réseau global de bénévoles et de groupes communautaires.

IONS publie aussi *The Shift Report*, une publication semestrielle qui trace les changements dans les visions du monde qui se produisent dans une large gamme de disciplines et de domaines en rapport avec les activités humaines. Des informations concernant ces rapports sont disponibles sur www.shiftreport.org. Pour des informations supplémentaires sur Noetic Books, visitez le site internet www.noeticbooks.org.

Pour en savoir davantage sur l'Institute, ses activités et ses programmes, veuillez contacter

Institute of Noetic Sciences

101 San Antonio Road

Petaluma, CA 94952-9524

707-775-3500/ fax : 707-781-7420

www.noetic.org

Table des matières

PARTIE 2
Les qualités d'une maternité en pleine conscience

PARTIE 3
Une maternité en pleine conscience au quotidien